Carlos Cuauhtémoc Sánchez

SHECCID

CUANDO EL AMOR DUELE

El final de *Los ojos de mi princesa*

DIAMANTE

ISBN 978-607-7627-90-6

Derechos reservados: D.R. © Carlos Cuauhtémoc Sánchez. México, 2016. **D.R. © Ediciones Selectas Diamante**, S.A. de C.V. México, 2016. Mariano Escobedo No. 62, Col. Centro, Tlalnepantla Estado de México, C.P. 54000, Ciudad de México. Miembro núm. 2778 de la Cámara Nacional de la Industria Editorial Mexicana.
Tels. y fax: (55) 55-65-61-20 y 55-65-03-33
EU a México: (011-5255) 55-65-61-20 y 55-65-03-33
Resto del mundo: (+52-55) 55-65-61-20 y 55-65-03-33

informes@esdiamante.com   ventas@esdiamante.com

www.carloscuauhtemoc.com
www.editorialdiamante.com

facebook.com/GrupoEditorialDiamante
facebook.com/carloscuauhtemocs
youtube.com/gpoeditorial
twitter.com/ccsoficial
twitter.com/editdiamante

IMPRESO EN MÉXICO / PRINTED IN MEXICO

ÍNDICE

PRIMERA PARTE
TIEMPOS ALTERNADOS 1978-1980................. 9
  1 Me gusta que me digan Sheccid...................... 10
  2 Tienes amnesia postraumática........................ 12
  3 ¿Puede poner música Martín?........................ 16
  4 Parezco monstruo, ¿verdad?............................ 20
  5 La familia completa, casi............................... 24
  6 Vete, papá.. 30
  7 El hospital es un crisol.................................. 33
  8 Hija, aquí traigo mi maleta............................. 36
  9 Dijo Sheccid, ésa eres tú................................ 40
  10 ¡Yo no pude hacerte eso!............................. 45
  11 Me inscribí en un taller literario................... 47
  12 Quiero conquistar tus ojos........................... 51
  13 Es una herida menor................................... 55
  14 Nunca me ganarás en declamación.............. 58
  15 Yo no me burlaré de ti................................ 62
  16 ¿Por qué no me tocas de verdad?................. 65
  17 Calma y nos amanecemos........................... 66
  18 Tengo mi gato... 71
  19 ¡Mira quién llegó a verte!............................ 76
  20 Ustedes no niegan la cruz de su parroquia....... 82
  21 Bienvenidas al Bliss Club............................. 86
  22 Bertha es una odiosa.................................. 91
  23 ¿Dónde se fue mi héroe?............................. 94
  24 El hueco de mi corazón............................... 99
  25 Tengo una rosa... 103
  26 ¿El hombre increíble?................................. 107
  27 Perdiste, changuito................................... 112
  28 Quítame el jersey...................................... 116

29 Ven al mirador.. 122

30 Las personas nos tocamos unas a otras............. 126

31 ¡Felicidades, saliste caminando!...................... 131

32 Quiero tocarte.. 133

33 Vengo a ver a Ariadne...................................... 136

34 ¿Cómo te fue en Sudamérica?......................... 141

35 Mi carne es débil, como la de todos.............. 143

36 Iba pensando en la montaña rusa.................. 148

37 Disposición al amor... 154

38 Hoy decidí empezar mi propia libreta............ 158

39 Uno de Baldor.. 160

40 ¿Te avergüenzas de haber salido conmigo?...... 165

41 Tengo sed de Dios... 169

42 Es cumpleaños de Tina.................................... 173

43 Tú me corriste una vez, ahora me toca a mí..... 177

44 ¿Dices que yo fui tu salvavidas?.................... 181

45 ¡Voy a llamar a la policía!............................... 183

46 Pornografía.. 187

47 Mi prima usa su cuerpo.................................. 190

48 Saber fundirse en palabras............................. 195

49 Únanse a nuestro círculo de energía.............. 197

50 Compartir la misma brújula............................ 200

51 ¡Eres mi novia, perra!...................................... 202

52 Una pelea colectiva... 206

53 Mi nombre es William Williams.................... 210

54 Harán una redada.. 215

55 No puedes morirte así...................................... 220

SEGUNDA PARTE
CINCO AÑOS DESPUÉS 1985.......................... 225

56 Han pasado cinco años desde mi accidente..... 226

57 Me corrieron de la docencia........................... 227

58 ¡Estoy para servirte, campeona!.................... 233

59 Too late, amor.................................. 236

60 Voy a casarme contigo, ¿sabes?.................. 238

61 Es nuestro cuartel general...................... 243

62 Amor imposible, supongo......................... 248

63 Secándote los pies.............................. 251

64 Véndame la prueba............................... 256

65 Es un problema de los dos....................... 260

66 Inspirarnos mutuamente a la distancia........... 264

67 Prepara un lugar para que duerma tu prima.... 269

68 Mi bien amada................................... 275

69 ¿Tienes corazón de piedra?...................... 279

TERCERA PARTE
DOS AÑOS Y MEDIO DESPUÉS 1987............... 285

70 Mi padre no pudo rescatarla..................... 286

71 ¿Te llevo al aeropuerto?........................ 288

72 Querido William................................. 290

73 Tina se lo buscó................................ 293

74 Pero a mí sí me gustan las religiones........... 298

CUARTA PARTE
VEINTISIETE AÑOS DESPUÉS 2014................ 303

75 Late deslactosado............................... 304

76 Pensé que te habías "ido"....................... 306

77 Eras mi Sheccid, en versión masculina.......... 310

78 No se lo permitiría a nadie más................. 314

PRIMERA PARTE

TIEMPOS ALTERNADOS

1978-1980

ME GUSTA QUE ME DIGAN *SHECCID*

Hace frío. Mucho frío. Frío artificial, seco; como el de una habitación no supervisada con el aire acondicionado al máximo.

Escucho el *bip* pertinaz de un monitor médico a mis espaldas.

Abro los ojos con dificultad. El muro blanco frente a mí se acerca despacio amenazando con aplastarme. Luego se hace oblicuo y se aleja formando un túnel.

¿Dónde estoy? ¿Qué día es hoy? ¿Quién soy?

Susurro apenas:

—Me llamo Lorenna Deghemteri. Algunos me dicen *Sheccid*.

Aunque el agotamiento extremo me empuja a la somnolencia, la conciencia, espabilada ya, me reclama averiguar qué está pasando. Trato de sentarme. No puedo. Mis extremidades no responden. Ni siquiera las siento. Tengo vendado el tórax; el brazo y la pierna del lado derecho. Ambas extremidades sostenidas con tirantes por una estructura aparatosa.

¿Estoy en un hospital? ¿En terapia intensiva? ¿Cómo llegué hasta aquí?

Ordeno al cerebro mover los dedos. Apenas percibo una leve respuesta.

Inhalo y exhalo con rapidez. Me sofoco.

Alguna vez aprendí que el miedo se percibe casi siempre como falta de aire; que el pánico ocasiona sensación de asfixia, por eso, en los momentos críticos debemos acordarnos de respirar. Así que respiro. Respiro despacio.

A ver. De nuevo: me llamo Lorenna Deghemteri, pero me gusta que me digan *Sheccid*. No recuerdo el origen de ese nombre. *Sheccid*. Significa "princesa". Creo.

Vienen a mi mente versos enigmáticos.

Sheccid, yo te conozco antes de verte.
¡Desde hace muchos años te he soñado!
Tengo vastas razones para amarte:
¡en visiones también te he contemplado!

Intento apoyarme sobre el codo para incorporarme un poco. Duele. Tengo las articulaciones anquilosadas. Desisto. Logro llevar la mano libre a mi nuca. La cabeza me punza. Descubro una herida. Me han rapado parcialmente. Acaricio los pelillos pegados a mi cuero cabelludo y el borde de una sutura diagonal en mi parietal derecho.

Hago un esfuerzo por recordar. Es inútil. La angustia me roba el aliento otra vez. Vuelvo a respirar en pausas.

Cálmate; sabes cómo te llamas. Sheccid Deghemteri; sufriste un accidente; te abriste la cabeza, te rompiste las costillas, el brazo y la pierna derechos. Pero estás viva, estás bien; vas a estar bien.

Me angustia no saber qué me pasó, dónde estoy, cómo llegué hasta aquí. Lo único claro es el poema que suena en mi cabeza.

Tu hermosura sin par causa sonrojos
pero tu alma es más bella para verte.
Por eso quiero conquistar tus ojos:
¡entrar por tus ventanas y tenerte!

Paro de luchar contra lo que no entiendo y me dejo llevar por la somnolencia. Sin darme cuenta me quedo dormida.

2

TIENES AMNESIA POSTRAUMÁTICA

Mi respiración se detiene. Abro los ojos de forma repentina en un reflejo imperioso de supervivencia. Inhalo con fuerza; jalo la manguera del suero y los electrodos adheridos a mi cuerpo. Una alarma comienza a sonar.

Se enciende la luz de la habitación.

—¡Doctor! —alguien se acerca, gritando. Enfoco borrosamente. Es una mujer voluminosa con cofia blanca—. ¡Venga, doctor! ¡Venga! Dios mío. ¡Despertó! ¡La paciente despertó!

Trato de arrancarme los cables que me aprisionan.

—Tranquila, hija. Tranquila —la mujerona me detiene con sus brazos carnosos. En ese momento llega otra enfermera, diminuta, para tratar de ayudar. La robusta le grita:

—¡Susana, tráeme un calmante! Pronto.

—¿Dónde estoy? —miro hacia todos lados.

—En un hospital privado, en el sur de la ciudad.

—¿Qué me pasó?

—Tuviste un accidente.

Mi temor se convierte en angustia.

—¿Cuándo? ¿Qué tipo de accidente?

—En un vehículo.

—¿Por qué no me acuerdo de nada? ¿Cómo llegué hasta aquí?

Forcejeo con los cables. Aunque tengo las extremidades derechas enyesadas y un aparato que me sujeta los hombros, esta vez percibo que los dedos me obedecen, puedo moverlos. No estoy paralítica. Al menos.

Susana, la enfermera pequeña, llega con el calmante. Entre luchando por contenerme y diciendo interjecciones, la más corpulenta inyecta en la manguera del suero una sustancia que me roba las pocas fuerzas que aún tengo.

El doctor entra a la habitación haciendo exclamaciones grandilocuentes.

—¡Lorenna! ¡Preciosa! ¡Mira nada más! ¡Qué bien! Despertaste. ¡Cuánta alegría! ¡Bienvenida!

Me toma el brazo sano para revisar mi pulso y presión. Habla con la enfermera:

—¿La sedaron?

—Sí, doctor, tuve que hacerlo. Estaba muy nerviosa.

—¡La prefiero nerviosa! Caray. Tenemos que ayudarla a volver a la vida. No al revés.

—Lo siento.

—A ver, hija. Mírame. Qué bonitos ojos. Voy a revisar tus reflejos. ¿Te duele algo?

—La espalda.

—Es por las llagas. Has estado mucho tiempo acostada.

Abren las cortinas. Levantan el respaldo del colchón hasta dejarme sentada. Alguien me acerca un popote para que succione agua. Alguien más me pasa una toalla húmeda por la frente.

El médico revisa mis pupilas con una lamparita, luego continúa flexionando mis articulaciones y apretándome varias partes del cuerpo.

—Tienes buenos reflejos y sensibilidad en los dedos. Te vas a recuperar.

—¿Qué me pasó?

—Lorenna, dímelo tú. ¿De qué te acuerdas?

—De nada.

Se sienta a mi lado. Me toma de la mano.

—¿Cómo te apellidas?

—Sheccid.

—Mmh. ¿Cuándo naciste?

Me encojo de hombros.

—¿Cómo se llaman tus papás?

—No sé.

Sigue preguntando; las tablas de multiplicar, las capitales del mundo, los nombres de mis profesores, mi domicilio. Por lo que leo en el rostro del doctor, no respondo muy bien.

—A ver. Concéntrate en lo más reciente que recuerdes. Dime todo lo que te venga a la mente.

Recito:

—*Sheccid, yo te conozco antes de verte. ¡Desde hace muchos años te he soñado! Tengo vastas razones para amarte: ¡en visiones también te he contemplado! Ayer te visité en tu habitación. Llorabas, sufrías en tu expresión. Aun pudiendo volverte y abrazarme, ¡tus ojos no alcanzaron a mirarme!*

—¿Dónde te aprendiste ese poema?

—Supongo que en mi escuela.

—¿Cómo se llama tu escuela?

—Escuela Tecnológica Industrial ciento veinticinco.

—¿Qué más?

—Soy campeona de declamación. Mi mejor amiga se llama Ariadne. Le dicen *la Pecosa*. Es jefa de mi grupo.

—Bien... bien. Continúa.

No quiero. No puedo. Es como si mi intelecto se topara con un callejón sin salida.

—Me siento agotada.

—Ni hablar. Descansa, pero haz un ejercicio. Mientras estés dormitando busca tus recuerdos más antiguos y ve hilando uno con otro.

—¿Qué me pasa, doctor?

—Tienes amnesia postraumática. Es un padecimiento reversible en la mayoría de los casos, pero debes ir generando sinapsis poco a poco. Mi teoría como neurólogo es que a alguien en tu estado no se le deben decir las cosas que no sea capaz de recordar por sí solo. He visto que cuando a un paciente como tú se le dice "mira, te presentamos a tu esposa, a tus hijos y a tu perro", se le causa un gran estrés, porque lo que no existe en la mente, no significa nada en la realidad. Así que, Lorenna, no te desesperes —me acaricia el brazo sano—. La buena noticia es que ya estás consciente.

Para él es buena noticia; para mí es espeluznante.

—¿Tienen a mi marido y a mi perro escondidos detrás de la puerta?

—No —sonríe y se pone de pie—. Era un ejemplo. Paso a verte al rato.

—Dígame una cosa. Mi herida de la cabeza ¿qué tan profunda es? ¿Tuve fractura?

Vuelve a sentarse.

—Sí. Sufriste una hemorragia extradural a causa de un traumatismo grave. El hematoma interno te causó una severa presión intercraneal que puso en peligro tu vida. Fue necesario operarte de emergencia para aliviar la presión del cerebro. Eso ocurrió hace casi seis semanas. Hoy volviste en ti… Por eso estamos de fiesta.

—¡Seis semanas!

—Así es. El límite para un pronóstico de buena recuperación. Si no hubieras despertado ahora, tal vez nunca lo hubieras hecho.

—¿Y mi familia? ¿También está de fiesta?

—Sí. Ya le avisamos a tu papá. Viene para acá.

—¿Y mi mamá?

Omite responder. Se limita a taparme con la cobija.

—Descansa.

Aprieto los párpados, inhalo despacio y hago un esfuerzo por recordar. Mi cerebro transita por rutas remotas. Lo permito, esperanzada en que me lleve a algún sitio conocido.

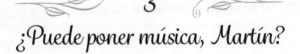

3
¿Puede poner música, Martín?

Terminaba el verano de 1978.

Yo estaba en un avión, a punto de aterrizar.

Miré por la ventanilla. El tamaño de la ciudad era intimidante. Parecía que caeríamos sobre casas y edificios.

Tenía un sobre entre los dedos. Mi prima Tina me lo dio cuando nos despedimos en el aeropuerto. Contenía una fotografía de ella misma, semidesnuda, exponiendo ante la cámara sus senos marcados con rajaduras como de navaja, el rostro enrojecido, la boca rota y un ojo cerrado a causa de la hinchazón. Aunque la fotografía estaba sucia y desenfocada, sin duda era de ella. En el reverso había una nota escrita a mano, pidiendo auxilio.

Guardé el sobre.

Al fin aterrizamos.

Bajé del avión y saludé a mi guardiana asignada. Como menor de edad no podía salir sola del aeropuerto. La aerolínea era responsable de entregarme sana y salva a un adulto tutor. Caminé a toda prisa por los pasillos. La cuidadora iba detrás de mí. Me urgía ver a mis padres y hermano; los imaginaba afuera esperándome con un enorme ramo de rosas.

El aeropuerto estaba en remodelación y la zona de espera era tumultuosa. Pasamos migración por la fila preferencial. Vi mi maleta aproximarse sobre la banda; era inconfundible; mamá le había amarrado un ramillete de estambres en la empuñadura. La pesqué al vuelo y la jalé.

Mi acompañante y yo cruzamos los últimos filtros con rapidez. Franqueamos las puertas de cristal y busqué a mis padres.

Un hombre canoso levantó la mano entre el gentío.

—¡Señorita Lorenna!

Era Martín, el chofer de la familia. Se acercó.

—¿Dónde están mis papás?

—No pudieron venir. Pero aquí estoy yo. Siempre a la orden.

La azafata estaba apremiada por deshacerse de mí.

—Firme aquí, por favor.

Martín firmó el papel; luego caminamos rumbo al estacionamiento.

—¡Un mes en Europa, señorita! —jadeaba cargando la maleta—. ¡Usted debe tener mucho que contar! ¿Cómo le fue?

—Bien, Martín... Bien —no pude decir más porque una especie de nudo me había estrechado las cuerdas vocales.

—No se ponga así, señorita... Ya sabe que su papá tiene un trabajo muy absorbente.

Asentí. Papá fue funcionario de la embajada británica en Argentina y Colombia. Por desgracia se metió en problemas y perdió su categoría diplomática. Sin embargo, se levantó, puso un negocio transnacional en México y se convirtió en empresario.

—¿Y mi hermano?

—No lo he visto, señorita. Ya sabe. Siempre anda en su motocicleta.

—¿Y mamá? ¿Cómo está mamá?

—Más o menos. Tuvieron que internarla otra vez... Fui por ella al hospital antier. Se veía mal de su carita. En ese sitio le dan muchas medicinas...

Sentí una contracción en el vientre. El agobio comenzó a brotar de mis entrañas como un reflujo de autocompasión.

—¿Puede poner múslca, Martín?

—Claro, señorita.

Martín empujó una cinta de Glenn Miller. Era lo único que me faltaba. Quise protestar, pero se me había agotado la energía. Tapé mis oídos con discreción. Agaché la cara. Abrí el bolso de mano y volví a sacar el sobre de mi prima Justina. Era cinco años mayor que yo. Nunca conectamos como amigas, aunque genética y físicamente nos parecíamos demasiado, porque ella era hija del hermano de mi papá, casado con la hermana gemela de mi mamá; una combinación bizarra.

Volví a ver la fotografía en la que mi prima aparecía golpeada y sucia. Al reverso había una nota escrita a mano: "Lorenna, ayúdame. Tengo mucho miedo. Llévame a México. Sácame de aquí".

Media hora después, el chofer estacionó el auto frente al portón de hierro que mi padre había mandado forjar con enseñas inglesas.

—Gracias por cuidarme siempre, Martín —me despedí—. Usted es como de mi familia.

—Y usted, señorita, también. Quiero decir, es como de la mía.

Busqué las llaves y abrí el zaguán. Cargó mi maleta hasta el recibidor. No se atrevió a entrar más.

—Ya sabe que estoy de base en la oficina, pero llámeme por teléfono cuando necesite cualquier cosa.

—Claro.

Se retiró haciendo reverencias innecesarias. Era un buen hombre.

Entré a mi casa. Estaba oscura, en silencio. Todo permanecía tal cual lo había dejado cuatro semanas atrás. Olía a eucalipto y medicamentos volátiles.

Llegué hasta el cuarto de mamá. Abrí la puerta con sigilo.

En la penumbra distinguí el cuerpo de una persona desconocida sentada en la cama, recargada sobre la cabecera, mirándome con ojos muy abiertos. Me sobresalté. La sangre se me heló. Encendí la luz.

—¿Mamá?... ¿Eres tú?

La mujer hizo una mueca que quiso ser alegre y acabó pareciendo macabra. Tenía las mejillas inflamadas, el cuello engrosado, los párpados abultados. Aunque seguía manteniendo el cuerpo extremadamente delgado, casi enjuto, su rostro era otro; esférico, como globo a punto de estallar.

4

Parezco monstruo, ¿verdad?

Me quedé parada en la entrada del cuarto mirando a esa mujer de rostro deforme que se parecía a mi madre.

—¿Mamá? ¿Eres tú? —pregunté con timidez.

—Bienvenida, Lorenna. Al fin llegaste —levantó un brazo invitándome a acercarme.

Caminé muy despacio.

—Hola, mami.

Cuando estuve frente a ella me aprisionó las manos y las apretó; después acarició mis brazos, pasó los dedos por mis hombros y se inclinó para olerme. ¿Estaba ciega? ¿Por qué me tocaba así?

Al final sujetó mi cabeza.

—Eres tú, ¡en persona!, Lorenna.

—¿Qué te pasó, mami? Te ves muy hinchada.

—Parezco monstruo, ¿verdad?

—No tanto así.

—Las medicinas tienen efectos secundarios —señaló su buró atestado de cajitas.

—¿Y ese vaporizador?

—La tos no me deja en paz.

—¿Pero estás bien, mami?

—Sí —vaciló—. Aunque ahora duermo mucho... Más de lo normal.

—Supe que estuviste internada.

—¿Quién te lo dijo? ¿Tu padre? ¿Fue por ti al aeropuerto?

—No. Martín.

—Ah. Martín es un bocón. Le encanta hablar mientras maneja. Un día de éstos va a chocar por distraído. Y por metiche. Pero aquí la que importa eres tú, amor. Hiciste un viaje para celebrar tus quince años. ¿Cómo está Europa?

Tardé en responder. No estaba ciega. Sólo confundida. La observé con un nudo en la garganta.

—Europa está llena de museos —pude articular al fin—. Son interesantes. A veces aburridos. Todo lo que hice fue leer libros de arte y sacar fotografías de catedrales. Traigo como cincuenta rollos para revelar.

—¿Y no te divertiste un poco? ¿Conociste las discotecas?

—Me la pasé en casa de mis tíos.

—¿Y ellos cómo están? —sonrió con la vista fija, reviviendo memorias añejas—. Cuando éramos jóvenes, a toda la gente le causaba gracia que las gemelas de una familia se casaran con dos hermanos de otra... ¡Hace años que no los veo!

—Están bien —mentí—. Te mandan saludos.

—Cuéntame más.

Suspiré; ¿qué tanto debía decirle?

—Mi tía tiene el cabello largo y se ha dejado las canas. No se pinta ni se arregla... Se ve muy acabada. A mi tío casi no lo vi. Mi prima Justina es muy rebelde. Se la pasa diciendo majaderías; toma mucho alcohol y por las noches se escapa de la casa... —me detuve para después continuar con una calma autoimpuesta—. Al final entendí que se porta así porque está muy enojada con su papá. Él a veces... la golpea.

—¿Cómo?

Pensé en enseñarle la fotografía que Tina me dio en el aeropuerto de Heathrow, pero refrené el impulso y me mantuve quieta, casi guardando la respiración.

—Le voy a escribir a mi hermana para que me cuente los detalles —giró la cabeza como buscando una pluma para comenzar de inmediato, pero un pensamiento triste la desa-nimó—. Lo malo es que una carta a Inglaterra puede tardar en llegar hasta un mes... y otro mes de regreso.

—Ahora todo se ha modernizado, mamá. El correo es por avión. En dos semanas mi tía puede tener tu carta y en otras dos tendrás su respuesta. Sólo asegúrate de ponerle un timbre aéreo al sobre para que no lo vayan a enviar por barco.

—Sí... Un timbre aéreo... —acarició mi cabello—. Qué bueno tenerte de vuelta, Lorennita. Disculpa que no haya ido al aeropuerto a recibirte. Esta enfermedad a veces no me deja funcionar... Estoy aprendiendo a manejarla.

Entendí que mi madre tenía miedo. Detrás de las mejillas inflamadas, los párpados hinchados y el bocio garrafal, brillaba el color celeste de sus ojos irlandeses. Estaba ahí. Y estaba aterrada.

—¿Por qué te internaron ahora, mamita?

—Mi mente —lo dijo con una tristeza lúgubre— no funciona.

—Claro que funciona.

—No —sacudió la cabeza—. Hay días enteros en que las voces no se callan.

—¿Qué pasó esta vez?

—Vi a tu hermanito. Luigi. Vino a visitarme. Estaba tan bonito. Vestido con la misma ropa que le pusimos en el funeral. Yo no podía tocarlo. Se mantenía como a un metro de distancia. Platicamos mucho. Después llegaron unos tipos que querían llevárselo. Me puse a gritar. Le dije que corriera y me obedeció. Nos escondimos en el clóset. De ahí me sacaron a tirones. Eran los doctores, pero yo creía que eran los secuestradores. Me inyectaron un sedante muy potente.

—De... ver... —quise tragar saliva y no pude. La lengua se me había pegado al paladar. Busqué a mi alrededor y alcancé el vaso con agua que estaba en el buró.

—Mis visiones son muy reales.

—Mami, ¿por qué te pasa esto?

—Estoy enferma; las sinapsis neuronales son como corrientes eléctricas. En mi caso se cruzan, hacen cortocircuitos. He leído mucho... Sé que Luigi está muerto y no puede regresar. ¡Por eso toco a las personas! Para asegurarme de que son verdaderas —comprendí sus excesivas caricias de recibimiento—; he aprendido que hay gente real e imaginaria. Dentro de mi mente, razono... y discierno; hago un gran esfuerzo para controlar las ideas malas y concentrarme en la realidad; eso me agota, y me doy cuenta de que soy diferente; entonces me deprimo y lloro. Pero lo hago a solas, porque estoy sola...

Era verdad. Estaba sola. Papá casi nunca la acompañaba. Ella siempre lo culpó de haber sido el responsable directo del accidente en el que falleció mi hermano (pero a buen seguro también ella era responsable, y yo, y mi hermano mayor: ¡todos lo descuidamos; todos estábamos distraídos en esa playa! Mi hermanito era un niño de siete años que no sabía nadar bien).

—Ya no te atormentes, mamita. Yo te voy a acompañar. Te lo prometo. Voy a estar a tu lado. Te extrañé mucho.

La abracé. Se puso tensa. Me empujó para que me separara.

—Ya sabes que no me gusta mucho el contacto físico... me hace sentir sofocación.

—Sí. Discúlpame.

—Es bueno saber que ya estás aquí.

—Sí, mamita. Descansa.

Me acurruqué junto a ella sin tocarla y lloré.

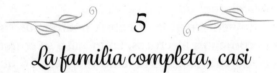

5
La familia completa, casi

Estuve con mi mamá un largo rato. Cuando la escuché roncar, me levanté sigilosamente y fui a ducharme.

Dejé correr el agua caliente sobre mi espalda sabiendo que se estaba desperdiciando. Pero no me importó. Quise disfrutar el preciado líquido; darme ese lujo; algún lujo.

Toda mi vida había pensado en otros, le había dado el lugar a otros.

Fui gemela congénita de un niño nacido con severas deformaciones internas; a mi hermano Luigi lo operaron catorce veces; comía a través de una sonda. Cuando no estaba convaleciente, se encontraba al borde de la muerte. Si yo lloraba, mis padres corrían a atenderlo a él; si él lloraba, sobrevenía el fin del mundo. En la cuna contigua, me quedaba afónica sin que nadie me hiciera caso; después simplemente optaron por sacarme de la habitación para que no molestara al enfermito. Crecí marginada e ignorada; atendida por niñeras, olvidada en mi propio hogar. Durante los primeros siete años mis papás casi nunca me abrazaron. Hasta que Luigi murió. A esa edad. A los siete. Entonces mamá entró en un duelo eterno y se desentendió aún más de mí. Un día, papá la sacudió y le dijo: "Deja de llorar, voltea a tu lado, mira quién está ahí, tenemos otra hija que nos necesita". Ella no escuchó o no comprendió porque estaba lidiando con sus propios fantasmas. Mi padre entonces optó por contarme cuentos en las noches. Sólo tenerlo tan cerca, leyendo a Perrault o a Andersen, para mí sola, me hizo la niña más feliz del mundo. Durante dos meses seguidos me leyó cuentos cada noche, después tuvo que viajar por cuestiones de trabajo y cuando regresó se olvidó de mí otra vez... Y yo me volví arisca de nuevo. Todos los adultos se preguntaban por qué siendo tan bonita era tan retraída. Según la opinión generalizada, mi hermosa cara no correspondía con mi timidez. Pero era simple: yo había crecido pensando que estorbaba, que no valía nada, que los demás importaban y yo no.

Esa tarde se me antojó pensar al revés y dejé correr el agua caliente sobre mi espalda, consciente de que los niños del Serengueti nunca se bañaban y que los tuaregs del Sahara se morían de sed. Sólo cuando las yemas de los dedos comenzaron a arrugárseme como pasas, salí de la ducha.

Escuché ruido en la estancia.

Tal vez mi madre se había levantado. Tal vez estaba tratando de caminar hacia la cocina para servirse algo de comer. Terminé de vestirme a toda prisa y corrí dejando una estela de gotas que me escurrían del pelo empapado; me topé de frente con mi hermano mayor.

—Hola, pequeña —extendió sus brazos hacia mí. Era el único en el mundo que me había protegido de vez en cuando—. Ya llegaste. Ven acá.

—Joaquín —lo abracé. Tres años mayor que yo. Veinte centímetros más alto y treinta kilos más fuerte; traía ropa de excursión húmeda, llena de lodo, con una mochila en la espalda—. ¡Ingrato! —le reclamé—. No fuiste por mí al aeropuerto. ¡Después de un mes sin vernos, dejaste que me recogiera el chofer!

—Perdóname, preciosa. Pensaba ir. Lo tenía planeado. Pero antier exploramos el río subterráneo de San Jerónimo ¡y nos perdimos dentro de las grutas! Pasamos cuarenta y ocho horas de caminata y nado en total oscuridad.

—¿No llevaron un guía?

—Fuimos con un estúpido al que le dicen *Kalimán*. Nos dijo que sabía la ruta pero el tarado se perdió. Quisimos ahorrarnos dinero y casi morimos.

Moví la cabeza. Joaquín vivía en otro mundo, al límite del peligro.

—Eso es lo que te gusta. Eres adicto a la adrenalina.

—Por eso no fui al aeropuerto.

—No te preocupes.

—Lo importante es que ya estamos aquí todos. La familia completa —aunque papá no estaba—. Casi.

—Bonita frase. *La familia completa, casi.*

—Nuestros adultos son todo un tema —bajó la vista.

—Sí —yo necesitaba respuestas—. ¿Qué le pasó a mamá? La encontré muy mal.

El entusiasmo de Joaquín se extinguió. Su rostro reflejó al mismo tiempo tristeza y preocupación. Bajó la mochila sucia que llevaba en la espalda y la depositó en el suelo.

—Tuvo un ataque muy feo.

—Cuéntame.

—Hace dos semanas, como a las tres de la mañana, fui al baño y la escuché hablando con alguien aquí. En este mismo sillón. No hice caso. Pensé que teníamos visitas. Luego comenzó a gritar. Como si la hubiesen golpeado. Encendí la luz. Se arrastraba por el suelo gateando; tratando de huir de algo que la perseguía. Se metió al clóset y se quedó quieta en silencio absoluto. Papá y yo tuvimos que llamar a los doctores.

Pensé en los horrores de la esquizofrenia: una de las peores enfermedades humanas, quizá la menos comprendida y la más espeluznante, porque convierte a una persona normal en una especie de endemoniado a quien pocos aceptan y con quien nadie quiere convivir.

—¿Sabes qué es lo peor? —la idea no me daba tregua, y aunque llevaba implícita un reclamo hacia mi hermano, la dije con voz muy fuerte—. Lo peor es que está sola. ¡Ella me lo dijo! ¿Ya te diste cuenta? La casa parece un museo abandonado. Mamá no tiene una enfermera que la cuide. Ni un marido ni un hijo que vean por ella. ¿Qué pasaría si vuelve a tener otro ataque? ¿Sabes que puede dañarse a sí misma?

—Lupita viene a verla todos los días.

—Lupita es cocinera. Hace la sopa y se va. Eso no basta. ¿Dónde está papá?

—Estaba aquí cuando salí.

—¿Estaba aquí? —me río—. ¿Hace dos días? Te fuiste a las grutas dejando a mamá enferma y sin ayuda ¡hace dos días!

—Papá estaba aquí, carajo. Él debe cuidarla. Es su responsabilidad.

—¡Es responsabilidad de todos!

—No te pongas regañona. ¡Tú te fuiste a Europa un mes entero!

—¡Pero mi madre no tenía problemas cuando me fui! ¡Si hubiese sabido que enfermaría no me hubiera ido!

—No grites. Baja la voz.

Hubo un momento de calma tensa; percibimos el ruido indefinible de una persona cerca, espiando. Giramos la cabeza hacia la habitación de nuestra madre. La piel se me erizó. Ella estaba de pie bajo el marco de madera que daba acceso al cuarto.

—Mami. ¿Estás bien?

—Tengo que decirles algo.

Su voz era distinta. Más aguda, más fuerte, más ruda. Como la de un reo maltratado que de pronto decide exigir sus derechos.

Nos acercamos a ella.

—Sí, mami.

—Me quiero divorciar de su padre.

Los párpados hinchados le impedían mirarnos de lleno y el labio engrosado parecía caído hacia la derecha.

—¿De qué hablas, mamita?

—Escúchenme lo que les voy a decir. En este verano, tú, Lorenna, fuiste a Europa; tú, Joaquín, te la pasaste haciendo excursiones, y yo estuve en el hospital. Su padre se quedó solo en casa... ¿y saben lo que hizo?

—¿Qué? —no pude evitar un gesto de repeluzno anticipado.

—Trajo a otra mujer a dormir aquí.

El dato me pareció ilógico.

—¿Cómo sabes, mamá? —preguntó Joaquín—. ¿No lo soñaste? ¿No tuviste una alucinación? Acuérdate de que tu mente te hace creer cosas que no son ciertas.

—A ver, hijo. Cállate —la orden fue demasiado categórica para ser desobedecida—. Soy una mujer enferma, pero no idiota —caminó hacia nosotros levantando y exhibiendo una bolsa de tela—. Encontré cosas en mi cuarto. Véanlas. No son mías.

—¿Estás se...? —Joaquín quiso preguntar.

—Sí, señor. ¡Estoy segura!

En ese momento la verja metálica del garaje se deslizó por el riel y las luces de un auto iluminaron momentáneamente los cristales del recibidor.

Era papá. Acababa de llegar.

Mamá comentó:

—Ahora sí, aquí está toda la familia. No casi, sino toda.

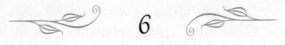

6

Vete, papá

Mi padre entró a la estancia con sigilo. Casi de puntitas.

Nos encontró reunidos en la semioscuridad. De inmediato percibió la tensión.

—Hola, Lorenna —fue todo lo que dijo después de cuatro semanas de no verme.

—Hola, papá.

—¿Qué pasa? ¿Está todo bien?

—¿De dónde vienes? —susurró mamá—. ¿Por qué no fuiste al aeropuerto por tu hija?

—Mandé al chofer. Tuve una junta de trabajo que no pude posponer.

Joaquín se adelantó y le quitó a mi madre la bolsa de tela.

—Queremos enseñarte algo —los movimientos rápidos de mi hermano contrastaban con su voz vacilante—. Mamá encontró algunas cosas en su cuarto. Está preocupada porque no sabe cómo llegaron hasta ahí.

Mi padre echó un vistazo al contenido de la bolsa y alzó las cejas. Carraspeó. Su piel era tan blanca que se transparentaba cuando la sangre le irrigaba las mejillas.

—Qué... qué... es...

Tanto su tartamudez como su sonrojo fueron señales inequívocas de culpabilidad. Joaquín se sintió más seguro y volteó la bolsa sobre la mesa para expeler su contenido.

Había un estuche de maquillaje violeta (demasiado extravagante para el uso diario), la envoltura vacía de un condón, y un liguero de ropa interior roja, como la que se usa para juegos sexuales. Los tres objetos eran tan delatores que resultaba absurdo suponer que una amante de mi padre, en caso de existir, hubiese tenido el descuido o la malicia de dejarlos.

—Trajiste a una mujer a la casa —dijo mamá.

—Para nada. No sé qué es todo esto.

—Lo encontré en nuestro cuarto. Primero vi la envoltura del condón detrás del escusado. Alguien quiso desecharla y se fue para otro lado. Me puse a revisar los cajones del tocador y encontré el maquillaje violeta. Revisé detrás de los muebles y debajo de la cama; ahí estaba el liguero.

Mi padre se rascó el labio superior tapándose un poco la boca.

—De... de... deben ser cosas de Lorenna.

Aunque su parapeto debió causarme risa, en realidad me estremeció. ¡La acusación de mamá era cierta!

—No lo puedo creer —Joaquín comenzó a dar vueltas, furibundo—, después de lo que te pasó en Argentina sigues haciendo estupideces.

Mi padre agachó la cara unos segundos, pero sólo para tomar fuerzas. Él era un vikingo; alto, rubio, de ojos claros. Un peleador recio y soberbio. Por más que lo sorprendieran cometiendo un error, jamás pedía disculpas. Tenía una habilidad notable para revertir sus fallas y achacárselas a otros.

—A ver —protestó—. Momento. Yo no sé de dónde salieron esas cosas —acometió contra Joaquín—. ¡Y a tu padre no le hablas así! —jugó a mostrarse el ofendido—. Si me vuelves a faltar el respeto me largo de casa.

Joaquín no se arredró.

—¡Increíble que salgas con eso ahora, papá! ¿Te tomaste unas copitas de nuevo?

—¡Cómo te atreves! ¿Qué te importa si tomo o no unas copitas? Y ya me cansé de que nadie me valore, así que no tiene ningún caso que viva aquí.

Era el papel de la obra teatral que mejor representaba. Todos nos sabíamos el parlamento (porque en nuestra familia era importante estar juntos y guardar las apariencias). Por tradición, a sus amenazas de dejarnos le seguiría la súplica de mi madre que trataría de suavizar las cosas: "No te pongas así, sólo queremos decirte lo que sentimos", y él contestaría: "Pero me están difamando y no lo voy a soportar, ¡así que me largo para siempre!", y mamá diría: "No te vayas, por favor, no seas tonto", para después dirigirse a nosotros y ordenarnos: "Pídanle perdón a su padre".

Pero esta vez, la tragicomedia no prosiguió.

—Vete, papá —dijo Joaquín—. De verdad. Si andas con otra mujer y tuviste el descaro de traerla a esta casa, es cierto: no tiene ningún caso que vivas aquí.

—¿Ah, sí? Pues me voy de veras.

—Te estás tardando —Joaquín le tronó los dedos—. Vete.

Papá se abrió paso hasta la recámara principal, sacó una maleta y comenzó a aventar ropa sobre la cama. Esperaba que mamá interviniera y nos dijera a todos que nos tranquilizáramos. Como vio que permanecíamos impasibles ante su amenaza de abandono, se detuvo unos segundos mirando el velís. Lo observé de perfil. Sentí lástima por él. Y por mí. Eso era injusto. Las familias dependen en gran manera de la actuación paterna. Cuando el líder se equivoca, puede echarle a perder la vida a todos los que dependen de él. Sus hijos y, por supuesto, su esposa.

Volteamos a ver a mamá. Con repentino terror nos dimos cuenta de que se estaba tirando de los cabellos como si quisiera arrancárselos. Le preguntamos qué pasaba. Pero no oía. Su mirada nos traspasaba.

EL HOSPITAL ES UN CRISOL

La enfermera delgada y pequeña se autonombra mi asistente personal. Durante su turno entra a verme cada media hora.

—Eres increíble —me dice una mañana—. Todos los días amaneces mejor. Te ves hermosa.

—¿Hermosa? —protesto—. ¡Me rasuraron medio cráneo! Parezco una prisionera mohicana a la que le arrancaron la cabellera.

Sonríe y me mira con ternura.

—Deberías estar orgullosa. Tienes el aspecto de una guerrera. Prácticamente volviste a la vida. Pocos pueden contar algo así.

—Pero sigo atada a esta cama.

—Te vas a recuperar. Y cuando lo hagas, serás más fuerte que antes.

La euforia de la enfermera me causa agrado y rechazo a la vez.

—¿Susy te llamas, verdad?

—Sí.

—Dime una cosa, Susy. ¿A cuenta de qué te imaginas que puedo ser más fuerte después de lo que me pasó? Todo accidente deja secuelas y las cosas cambian para mal. Tú ves muchos casos graves en este lugar y sabes que tengo razón.

Acerca una silla y se sienta a mi lado.

—La mente es muy poderosa —lo dice como si contara una confidencia—. En efecto, hay pacientes que salen más enfermos que como entraron porque sólo piensan en lo malo: lo repiten, lo declaran, lo presumen y se invisten de dolor exagerado; regresan a sus vidas llenos de amargura. Pero déjame decirte que son la minoría. Casi todos reaccionan al revés. Usan la enfermedad como un tiempo de reflexión para valorar la salud, salen de aquí más grandes espiritualmente, ¡con nueva perspectiva!, agradecidos por haber recibido otra oportunidad. El hospital es un crisol o un horno donde algunos se queman y otros templan su carácter.

—El hospital es un horno... —susurro y trato de aligerar el tema—, sobre todo cuando apagan el aire acondicionado. Hace un calor infernal. Y cuando lo prenden, se vuelve una pingüinera. No tienen un punto medio.

—Me encanta que bromees. Considérame tu amiga.

—Ya en serio, Susy —necesito decírselo a alguien—. Estoy aterrada. Es horrible recordar sólo algunas cosas; haber despertado después de mes y medio y no ver a mis amigos ni a mi familia. ¿Dónde están todos?, caray. No puedes decir que esto es normal. Cuando alguien que estuvo en coma vuelve en sí, seguramente lo rodean sus seres queridos. ¡Pero aquí no hay nadie más que tú!, y te lo agradezco, Susy, no tengo nada en contra tuya, pero a ti te pagan por cuidarme. ¿Dónde se fueron todas las personas de mi mundo? ¿Murieron? ¿No quieren verme? ¿No saben dónde estoy? ¿Por qué ni siquiera me llaman por teléfono? ¿Por qué nadie quiere decirme la verdad? ¡Ni tú, que quieres ser mi amiga! Estoy aterrada —repito—. ¡Por eso duermo tanto! Cuando cierro los ojos es como si viajara al pasado... Un pasado muerto en el que tengo vida; porque en el presente estoy viva y me siento muerta...

—No digas eso, Lorenna —Susy parece realmente interesada en apaciguar mi cellisca—. Tampoco yo estoy enterada de lo que te sucedió ni de por qué tu familia y amigos no han venido a verte. Sólo sé que eres una mujer muy valiente y que tienes unos ojos dulces, de alma grande. Alguien como tú siempre se abre paso; pero recuerda que estás en un crisol. Y que la mente es muy poderosa. Aférrate sólo a las ideas que te animen. Verás que todo toma su sitio pronto. Lo que has pasado no es una tragedia. Es un milagro.

Me quedo callada. Aparto la cara, aprieto los párpados y siento que las lágrimas me bordean las pestañas. Las palabras de Susy reverberan en mi conciencia con un viso inquisitivo. La disyuntiva es clara. Después de esta experiencia saldré del crisol quemada, autodestruida o engrandecida, con mayor sensibilidad y temple.

Susy me acaricia la frente. Después de un rato sale.

Decido volver al pasado, buscando respuestas.

8

Hija, aquí traigo mi maleta

Mamá tuvo una fuerte recaída. Pasó las siguientes dieciséis horas hablando con seres imaginarios y sufriendo periodos agudos de ansiedad. Decidimos llevarla al hospital. La evaluaron cuatro médicos; después nos dieron la mala noticia: necesitaban reingresarla al pabellón psiquiátrico por tiempo indefinido.

Cuando salimos, sin ella, me sentía devastada; exangüe; sin energías. Joaquín no quiso subir al auto con nosotros. Echó a correr por la calle. Luego pasó por su motocicleta y supe que condujo en una carretera rural durante varias horas a toda velocidad. Por fortuna no se mató.

Mi padre y yo regresamos a la casa en auto, sin cruzar una sola palabra. Yo iba perdida en mis pensamientos, repasando incongruencias y tratando de comprender: él fue diplomático de la embajada en Argentina ¡y sedujo a una practicante becaria! (o se dejó seducir, según su versión, que para el caso era lo mismo). Sin embargo, todo fue una trampa de sus enemigos. Le tomaron fotografías y salió en los periódicos. Dijeron que la becaria era menor de edad. Tuvimos que huir de ese país que tanto amábamos; exiliados y ridiculizados. Llegamos a México ¡y estaba volviendo a cometer las mismas tonterías!

¿Por qué mi padre era así? Tan débil... ¿Su desenfreno obsesivo por mujeres lo estaba llevando a la depravación? ¿O era pervertido antes de manifestarlo con esos escapes? ¿Hasta qué punto podía confiarse en él? ¿Y en mí? ¿Yo quién era? ¿Qué genes albergaba en mis células?

Nos encerramos el resto del domingo, cada uno en su habitación. Yo me la pasé llorando y él, haciendo su maleta. Era demasiado orgulloso y porfiaba con la idea de irse, a menos que, como siempre, sus hijos le pidiéramos perdón y le suplicáramos que se quedara. Pero esta vez no lo hicimos.

En la noche recibí la visita de Ariadne, mi mejor amiga, y no quise salir. Estaba demasiado frustrada para hablar con ella.

Casi no dormí.

Al día siguiente me levanté como autómata.

Era lunes; primer día de clases del nuevo ciclo escolar.

Me duché y subí al auto que solía manejar Martín para llevarme a la escuela. Ya estaba dentro del vehículo cuando me di cuenta de que esta vez no conducía el chofer. Al volante estaba mi papá.

—Buenos días —me saludó—. Voy a llevarte a la escuela yo.

—Está bien.

Manejó despacio. Entonces lo dijo:

—Hija, aquí traigo mi maleta.

¿Así que esta vez no era una simple amenaza? ¿Se iba? ¿A dónde? ¡Mamá estaba en el hospital! ¿Joaquín y yo nos quedaríamos solos? Entonces sucumbí ante la usanza de humillarme.

—¿Por qué te vas, papi? Perdóname. Perdona a Joaquín. No debió correrte de la casa. Tú eres nuestro papá. Y es verdad que no nos gusta lo que estás haciendo... con otras mujeres, pero de todos modos debemos respetarte...

—Lorenna, necesito decirte algo —me interrumpió—, voy a irme de la casa un tiempo, no porque Joaquín me haya corrido. O bueno, sí, también por eso, pero sobre todo por el problema que tuve en Argentina. La semana pasada llegó un fallo judicial en mi contra. Me están exigiendo una indemnización millonaria. El sábado no fui al aeropuerto a recogerte porque estaba con mis abogados. Tengo que volver a Sudamérica para presentar el amparo. Aún puedo parar el problema. Necesito viajar. Es urgente.

—A ver —traté de entender—, con un fallo en tu contra, te pueden meter preso si regresas. ¿O no?

—Existe ese riesgo. Pero voy bien protegido. No debo esconderme, porque siempre sería un prófugo; mi empresa se dedica a hacer negocios internacionales.

Los ojos se me nublaron. Casi no pude identificar las calles por las que transitábamos.

Llegamos a la escuela.

—No quiero que te vayas —¿qué íbamos a hacer mi hermano y yo solos?

—Serán sólo unos días...

—A menos que... las cosas se compliquen, y te detengan.

—Eso no va a suceder, hija.

—¿Me llamarás por teléfono?

—Claro. Ahora, escúchame. Tengo unos ahorros. Si es necesario, busca la carpeta verde en mi buró. Adentro está una llave para abrir el último cajón de mi clóset, sobre el que pongo mis zapatos. Hay mucho dinero ahí. Úsalo si es necesario, y adminístralo bien. No olvides ir al hospital o llamar para ver cómo está tu mami.

Lo observé, amedrentada.

—O sea que sí estás considerando la posibilidad de no regresar pronto.

—Sólo tomo precauciones. ¿Me entendiste?

—Sí, papito —tenía el alma rota—. Buscaré la carpeta verde y esa llave. Si hace falta.

—Hasta luego, mi amor.

Hizo un movimiento para abrazarme. Yo no le correspondí. Me quedé estática. Luego saqué mi nueva credencial de la mochila.

—Tengo que irme. Las clases ya van a empezar.

—Te juro que todo va a estar bien, hija.

Asentí. Me limpié la cara y salí del auto.

Entré a mi nuevo salón viendo hacia el suelo.

Quería que el piso se agrietara para dejarme caer a los detritos azufrosos del centro planetario. Varios compañeros me saludaron sonrientes. Noté muchas caras nuevas. Conocía a pocos, pero ellos me conocían a mí. Tenía fama de amigable. La gente me quería por mi natural urbanidad condescendiente y servicial.

Identifiqué a Ariadne, mi amiga pecosa, sentada en primera fila. Pasé por su espalda y fui al rincón trasero. Me dolía el cuerpo, como si hubiese levantado pesas el día anterior. De alguna forma así había sido.

Escuché las presentaciones típicas del primer día de clases.

El profesor habló, luego mis compañeros dijeron su nombre, metas y aficiones. Cuando llegó mi turno pequé de escueta:

—Soy Lorenna Deghemteri. Mucho gusto; gracias.

El maestro caminó entre las filas y se acercó a mí.

—¿Eres extranjera?

—No.

—Tu apellido y tu fisonomía parecen poco comunes.

—Mis padres son de otro país. Yo nací en Coyoacán.

—Ah. ¿Es tu primer año en este colegio? —echó un vistazo a sus registros y pronunció en pausas—: ¿De-ghem-te-ri? Nunca te había visto. Quiero decir, me acordaría de ti. Por tus ojos.

¿Acaso el profesor me estaba coqueteando? ¡Eso era absurdo! Además, había gatos con ojos más llamativos y nadie los molestaba.

Agaché la cabeza dejando que el cabello me cubriera la cara y expliqué:

—Entré a esta escuela a mediados del ciclo escolar pasado. Antes viví en Buenos Aires. Y antes de eso, en Bogotá. Hoy estoy en México. Pero no sé por cuanto tiempo. Mi familia es impredecible.

El maestro cambió a un tono paternal.

—¿Te sientes bien?

—Sí, profesor. ¿Puedo ir al baño?

—Claro.

Salí del salón y eché a correr.

9
Dijo Sheccid, ésa eres tú

Me encerré en el sanitario. Sentía una opresión en el pecho que dolía.

Después de varios minutos alguien tocó a la puerta.

—Está ocupado.

—Soy yo. Ariadne.

Abrí despacio.

—Amiga... —apareció frente a mí con ese gesto tierno e infantil que la caracterizaba.

—Ho... hola.

—Ya regresaste de tu viaje.

—Sí, Pecosa. Desde el sábado.

—Me has estado evadiendo. Fui a verte a tu casa ayer y no quisiste recibirme. Luego no contestaste el teléfono. Me dijo tu papá que estabas enferma. ¿Qué tienes? ¡No nos hemos visto en cuatro semanas!

Su reclamo era muestra de interés real. Ariadne era la única persona en quien podía confiar.

—Estoy muy mal, amiga. Pero no del cuerpo.

Me analizó unos segundos.

—Ven —el baño no era buen lugar para ponernos al día—. Salgamos de aquí —puso su brazo sobre mi espalda y me invitó a caminar—. Cuéntame. ¿Qué tienes?

Avanzamos por los pasillos de la escuela. En pocos minutos daría inicio la ceremonia inaugural del año escolar. Un río de estudiantes se dirigía a la explanada principal. Eran tantos y tan desordenados que por lo menos tendríamos veinte minutos libres antes de que la celebración comenzara.

—¡Dense prisa! —gritaba un prefecto, hostigando como el pastor que arrea a su rebaño—, ¡vayan al patio central!

Me senté con Ariadne en una banca dándole la espalda a la corriente de alumnos. Le conté, en

41

versión resumida, todo lo que había sucedido en mi vida los últimos días. La síntesis sonó terrorífica.

El sol daba directamente a mi amiga y sus cientos de pecas en la barbilla, mejillas, nariz y frente la hacían parecer como si hubiese cruzado una tormenta de tierra.

Un maestro de ceremonias, al micrófono, daba la bienvenida. Casi no quedaban alumnos en los pasillos.

—Ahora entiendo por qué no quisiste recibirme ayer cuando fui a buscarte.

Se oyó la música del Himno Nacional. La ceremonia a la Bandera estaba comenzando.

El prefecto Roberto llegó hasta nosotras y nos regañó:

—¿Qué hacen aquí? ¡Vayan de inmediato al patio!

Caminamos. Aunque seguía sintiéndome mal, percibí cierta mejoría indefinible, como cuando vomitas después de una intoxicación. Ariadne me tomó de la mano y quiso consolarme, pero su caricia amistosa se sintió insegura. Nos detuvimos hasta el final del tumulto.

—Ahora yo tengo que platicarte algo muy importante —me dijo—. Algo que sucedió en el verano y te afecta a ti.

En ese momento el maestro de ceremonias anunció a un declamador. Ariadne alzó las cejas, se puso de puntitas y reflejó en su rostro un chispazo de interés. Me tocó el brazo.

—¡Qué casualidad! Escucha. ¿Te acuerdas de José Carlos? —su voz sonó repentinamente vivaz—. Va a declamar. ¡Justo de él quería hablarte!

—¿De José Carlos? ¿El tipo que vendía revistas pornográficas?

—No. No. Eso fue un malentendido. Lo conocí mejor... En el verano, mientras estabas de viaje. Pasó algo. Tengo que contarte...

—¿Pasó algo?

El año escolar anterior, José Carlos fue objeto de mil burlas entre compañeros, porque lo vieron en un auto promoviendo material obsceno y porque quiso presentarse en público declamando, pero se le olvidó el poema frente a toda la escuela... Para colmo, me declaró su amor asegurando que había soñado conmigo antes de conocerme y que yo era la encarnación de su mujer anhelada.

Arrugué la cara sin ocultar mi desinterés por el tema.

—¿Y por qué podría afectarme a mí algo referente a ese sujeto?

—¿Te cae muy mal?

—Ni fu ni fa.

José Carlos había tomado el micrófono. Esta vez parecía más seguro de sí mismo. Quizá había estado practicando. Dijo con claridad:

—Dedico este poema con todo cariño a mi princesa. Sheccid, porque quiero conquistar sus ojos.

Ariadne me codeó.

—¿Escuchaste? ¡Te dedicó el poema! A ti. Lorenna. A ti.

—¿A mí?

—Dijo *Sheccid*. Ésa eres tú. Así te dice.

Moví la cabeza.

—Qué estupidez.

—¡Eres su musa!

—Ariadne, no entiendo. El año pasado decías que José Carlos era peligroso.

—Me equivoqué.

Algunos compañeros se volvieron haciendo señas para que nos calláramos.

El declamador interpretó su poema con fuerza. Como actor de teatro profesional. La audiencia lo siguió en el drama. Me asombré de su desenvoltura escénica. No parecía el mismo muchachito tímido que me pretendió el año anterior.

Tú, cada noche en tus sueños
soñarás que me querías
y recordarás la tarde
que tu boca me besó...
Pensarás: "No es cierto nada,
yo sé que lo estoy soñando",
pero allá en la madrugada
te despertarás llorando,
por el que no es tu marido,
ni tu novio, ni tu amante,
sino el que más te ha querido,
¡con eso, tengo bastante!

Terminó el poema de Rafael León y los ochocientos alumnos aplaudieron entusiasmados.

Miré alrededor. Era extraño. A los estudiantes de mi secundaria les gustaban esas presentaciones. La oratoria y la declamación eran actividades en las que nos distinguíamos como institución. Incluso solíamos ganar los concursos regionales.

Ariadne me tocó en el brazo.

—¿Qué te parece?

—Al menos ahora no se le olvidó el poema.

—Te voy a enseñar algo, ven.

—¡Espera!

—¡Vamos al aula!

—Si descubren que escapamos del homenaje nos van a suspender… imagínate. ¡Desde el primer día de clases!

—Hoy todo es caótico, Lorenna; nadie nos va a llamar la atención si estamos fuera de lugar. Diremos que nos extraviamos. Quiero que leas algo. Es importante. Mejor dicho, es urgente —se echó a caminar—. ¡Ven! ¡Sígueme!

¡YO NO PUDE HACERME ESO!

—Hermosa, despierta —siento una mano en la frente.

Mi cerebro ha revivido los recuerdos remotos con tal nitidez que más me parece como si al abrir los ojos estuviese entrando al verdadero sueño.

Escucho el lejano *bip* del monitor cansino que mide mis signos vitales.

—Lorenna —dice Susy—. Te harán nuevos análisis.

Dos hombres jóvenes cargan mi cuerpo para pasarme a la camilla con ruedas. Me empujan hasta un pasillo blanco, brillante, frío. Llegamos al elevador; bajamos a la zona de estudios radiológicos y llego hasta la sala de tomografías. Observo la forma en que me meten a una máquina ruidosa para diseccionar mi cerebro en cientos de fotografías transversales. El proceso es largo y ligeramente claustrofóbico. Luego soy llevada a otra cama en la que acomodan placas radiográficas sobre mi cuerpo y disparan múltiples tomas. Conectan tubos de ensayo a una aguja que llevo insertada en el brazo para sacarme sangre. Cinco tubos.

Cierro los ojos. No puedo parar los recuerdos.

Permanezco en la sala de observación. El neurólogo llega por un costado.

—Todo se ve bien —dice sin que yo le pregunte—. Tu cerebro está completamente deshinchado. Las fracturas de tu clavícula y húmero derechos están casi soldadas. También la de tu rodilla. Tal vez te quiten el yeso pronto. No tarda en llegar el ortopedista que te operó. Él lo decidirá. Ahora vamos a ver cómo va esta otra lesión de tu muñeca.

Tengo un vendaje extraño que me cubre parte del antebrazo izquierdo hasta la mano. Me quita el vendaje y despega con cuidado la gasa adherida a la piel.

—¿Qué me pasó aquí? —pregunto.

—Tú dímelo...

—Maldita sea —me arrepiento de haber soltado la frase—, perdón; no me acuerdo.

—Mejor mira hacia el otro lado, Lorenna. Prefiero que no veas esta herida.

Me niego a obedecer. Tengo derecho a saber... El médico no insiste en quitarme ese derecho. Termina de retirar la gasa y descubre una cicatriz pequeña, transversal, nada aparatosa. La limpia con un hisopo y revisa que los puntos hayan cerrado bien. Entonces lo entiendo.

—Esto no fue por el accidente de tránsito... Es un corte hecho con navaja... a propósito.

—¿Sigues sin recordar?

Mi amnesia se convierte en daga que cercena la poca estima propia que me queda. ¿Esto es posible? ¿Quise matarme?

—No soy suicida, doctor —digo incapaz de asumir esa culpa—. ¡Jamás he pensado en quitarme la vida! Olvidé muchas cosas, pero amo la vida. ¡Sé que amo la vida! ¿Qué me pasó? —la pregunta es casi una imploración de clemencia—. ¡Alguien tuvo que cortarme el brazo! Yo no pude hacerme eso.

—Relájate, Lore. Ya te acordarás.

—¡No! —insisto levantando la voz casi en un grito—. Dígame qué me pasó. Cómo fue el accidente. Dónde están mis papás.

—Tu papá acaba de llegar a la ciudad. Nos llamó del aeropuerto. Viene para acá.

—¿No estaba en la ciudad? ¿Por qué? ¿Se quedó a vivir en Argentina? ¿Nos abandonó? ¿Lo tenían detenido? ¿Supo lo que me pasó? ¡Dígame algo, carajo! —esta vez no me disculpo.

—Cálmate, Lorenna. Te está subiendo la presión. Respira despacio. Cierra los ojos. Controla tu angustia. Ahora sí voy a tener que ponerte un sedante. Ahí va. Te sentirás mejor. Duerme un rato.

11

Me inscribí en un taller literario

La Pecosa caminaba a toda prisa escapando de la ceremonia inaugural. Yo la seguía.

—¿Por qué es tan importante lo que quieres enseñarme?

—Ya lo verás. Este verano pasó algo especial. Me inscribí en un taller literario.

No comprendía la urgencia. Hablaba mientras caminaba. Apenas podía seguirle el paso.

—Interesante. Me hubiera gustado estar en ese taller.

—Te hubieras aburrido. Fue lo mismo de siempre. Lleno de fantoches que se creen autores y ni siquiera saben escribir un recado a su mamá. Mis compañeros se la pasaban hablando mal Incluso de escritores famosos. Era insoportable; no hacíamos nada excepto criticar. La maestra Jennifer Areli nos había prometido que si nuestros artículos tenían calidad, le pediría al director que imprimiera una revista del taller para repartirla en la escuela el primer día de clases.

—Pues a mí nadie me dio ninguna revista.

—No la imprimieron. Fracasamos. Pero, bueno... Ese día estábamos recopilando artículos, los mejores, según nosotros, cuando alguien tocó a la puerta del aula. ¿Sabes quién era?

—José Carlos —adiviné.

—Sí. Abrió Mauricio, un grandulón payaso que se creía el más intelectual del taller. José Carlos se veía pequeño junto a Mauricio. Le preguntó qué quería. José Carlos contestó con volumen alto: "Vengo a buscar a la maestra Jennifer Areli; supe que ella dirige el taller de escritores". Mauricio le dijo que la maestra era coordinadora externa y no estaba presente. Que nosotros mismos manejábamos el taller. Entonces José Carlos le explicó: "Yo quería participar. Amo escribir. En realidad soy escritor, o voy a serlo. Eso es lo que más me gusta, y lo hago bien. Creo. No pude inscribirme al taller porque también soy ciclista, tuve entrenamientos y competencias todo el verano". Se detuvo. Mis compañeros lo miraban como conteniendo las risas. Me escondí para que no me identificara. Abrió su portafolios y sacó una carpeta con muchas hojas escritas a máquina. Como cien. Copias al carbón; perforadas al centro y sujetas con un broche de metal. Continuó: "Yo llevo una libreta de apuntes personales. Le llamo *Conflictos, creencias y sueños*. De esa libreta saqué varios escritos. La mayoría son de amor. Me gustaría que los analizaran, y si alguno les parece bueno, lo incluyeran en la revista del taller, en una sección de 'invitados'. Sé que no es usual, pero se los pido por favor". Y repitió: "Me encanta escribir". Mauricio fingió ser cortés; le dijo: "Sí, por supuesto". Recibió el fólder y cerró la puerta.

—Ya me imagino lo que sucedió después —adiviné—, se burlaron de tu amigo.

—¡Obvio! Mis compañeros esperaron unos segundos y estallaron en carcajadas. Todos. Al mismo tiempo. Se armó una fiesta de imitaciones. Mauricio hizo una parodia con voz amanerada: "Vengo a darles mis conflictos, creencias y sueños para que los pongan en su revista. Porque soy escritor, o voy a serlo, y también soy ciclista". Las carcajadas fueron estridentes. Algunos pasaron al frente e hicieron su propia imitación de un tipo escribiendo mientras andaba en bicicleta. Olvidamos el trabajo de esa tarde. Todo el enfoque del grupo se volcó en remedar al desconocido. Mauricio abrió el fólder y leyó algunos párrafos de José Carlos en voz alta, hablando como débil mental. Después, otros se arrebataron la carpeta rompiéndola en pedazos para leer fragmentos y seguir carcajeándose, doblando el cuerpo y deteniéndose el estómago. Cuando se cansaron, recogieron los pedazos de papel y tiraron la carpeta a la basura. Me quedé sorprendida de tanta estupidez. No cabía duda de que estaba rodeada de mediocres. Decidí que renunciaría al taller literario. Cuando todos salieron, fui al bote y saqué los papeles rotos. Esa tarde los pegué y leí algunos.

Llegamos a nuestro salón. No había nadie. Sobre las sillas había mochilas, bolsas y portafolios de todos nuestros compañeros. Ariadne fue hasta sus cosas.

—Necesito mostrarte algo.

Sacó un fólder de cartulina con hojas mecanografiadas en copias al carbón. Algunas estaban rotas y reconstruidas.

—El fólder de José Carlos —adiviné.

—Sí. Tienes que leerlo. Son mensajes para ti.

—No me digas que por esto estás tan emocionada.

—Sí. Las notas son mejor logradas que cualquiera de nuestros artículos del taller literario. Hay varias reflexiones generales, pero la mayoría son cartas y poemas.

—Ay, amiga. A mí no me interesa esto.

—Debería interesarte. ¡Casi todos los escritos están dirigidos a ti! O bueno, a su musa inspiradora. Su Sheccid.

—Me da exactamente igual. El tipo tiene malas mañas.

—¿Por qué dices eso?

—No me cae bien.

—Estás siendo arrogante como mis compañeros del taller.

Su comentario me enfadó. ¿Cómo se atrevía a decirme eso?

—Lo que pasa es que tú te enamoraste de él, Ariadne. Pues quédate con él. Y con su cuaderno.

A mí no me apetece leer los disparates de un desconocido.

Me miró decepcionada. Cerró la carpeta y dijo:

—Lorenna, siempre te has quejado de que tu mamá no te demuestra amor, de que tu papá es indiferente, de que nadie te quiere en realidad... pero cuando una persona escribe algo para demostrarte cariño, te vuelves burlona y despectiva.

Me quedé estática; el diagnóstico de Ariadne me hacía responsable directa de no merecer el afecto de nadie. Esta vez sus palabras dolieron.

—Ouch —musité apenas.

—Disculpa, Lorennita. Me sobrepasé.

—Tú siempre eres muy sincera.

—Es que me sacas de quicio. Te estoy platicando algo que me sucedió a mí y te interesa a ti —abrió la carpeta en una hoja que había separado y me la dio—. Lee esto. Hazlo. O, a ver, espera. Mejor no. Déjame leer a mí —me la quitó—; escucha.

Asentí.

Comenzó.

Oí por primera vez el poema que se quedaría adherido a mi memoria y brotaría de ella en los peores momentos y traumatismos de mi vida.

12

Quiero conquistar tus ojos

Sheccid:
No es común platicarle a una persona
la tremenda impresión que te ha causado.
Hoy me arriesgo a expresarlo en esa zona,

donde sé que podré ser rechazado.
Te pido por favor que entiendas esto:
siempre has formado parte de mi vida.
Soy la voz de un corazón honesto
que te ama rectamente y sin medida.

Hoy debes saber, princesa mía,
lo que Dios me reveló un buen día:
que el amor colosal que te profeso
proviene de un milagro, de un suceso:

Sheccid, yo te conozco antes de verte.
¡Desde hace muchos años te he soñado!
Tengo vastas razones para amarte:
¡en visiones también te he contemplado!

Ayer te visité en tu habitación.
Llorabas, sufrías en tu expresión.
Aun pudiendo volverte y abrazarme,
¡tus ojos no alcanzaron a mirarme!

Y vi tu corazón entristecido.
Te descubrí sufriendo, solitaria,
en un terrible ambiente ensombrecido,
¡anhelando una caricia necesaria!

Admiro la belleza de tus formas
aunque amo más el fondo de tu ser,
mi éxtasis se sale de las normas
pues veo tu corazón resplandecer.
Tu hermosura sin par causa sonrojos
pero tu alma es más bella para verte.
Por eso quiero conquistar tus ojos:
¡entrar por tus ventanas y tenerte!

A veces al soñarte o dibujarte
nuestras almas gravitan a la luna,
hacemos el amor en buena parte,
¡tu esencia y la mía se hacen una!

Me volveré un poeta hasta la muerte.
Estoy dispuesto a todo por cuidarte,
protegerte, atenderte, conquistarte;
defenderte, servirte, acompañarte.

Mi amor por ti ya no enmudeceré.
Por eso te anticipo con franqueza
que pronto frente al mundo gritaré:
¡dedico esta vida a mi princesa!

Ariadne terminó de leer.

Yo había abierto la boca a propósito, para manifestar mi asombro legítimo.

—¿José Carlos escribió esto?

—Sí, pero lo interesante es otra cosa. Hace rato en la ceremonia lo escuchamos declamar. Dijo: "Le dedico esta poesía con todo cariño a mi princesa, Sheccid, porque quiero conquistar sus ojos". ¿Te acuerdas? Y, mira, aquí dice —regresó la página, releyó—. "Por eso te anticipo con franqueza que pronto frente al mundo gritaré: 'Dedico esta vida a mi princesa'".

—¿Quién es ese tipo?

—Alguien que está dispuesto a todo por ti.

—No, no. A ver. Él jamás dijo "dedico este poema a Lorena Deghemteri". Dijo "Sheccid" —hojeó la carpeta—. Todo esto dice lo mismo y, según entiendo, Sheccid es el nombre de una musa que inspira obras creativas a alguien. Pero todos los hombres pueden tener su Sheccid. De hecho pueden cambiar de Sheccid. A lo mejor así me decía el año pasado, pero hoy se lo dice a alguien más... tal vez a ti...

Ariadne me miró con interés, analizando y disfrutando la posibilidad. Reflexionó por lo bajo:

—Yo siempre he pensado que mi pareja debe ser un muchacho que piense así. Que escriba así.

Me quedé callada. A decir verdad yo había soñado lo mismo. Y en lo más hondo de mi ser, me sentía honrada de haberme convertido en la musa de un poeta. Pero en el exterior sólo quería que no me molestara nadie. Dije:

—José Carlos será tu pareja, Ariadne. Convive con él. Eres una chica extraordinaria. Haz que te conozca. Dile que leíste sus escritos. Tienes la excusa perfecta.

Frunció las cejas y ladeó la cara.

—¿A ti no te interesa, Lorenna? Porque, bueno, tú tienes muchos pretendientes y no te hacen falta hombres. ¿Verdad?

Me quedé muda. Tenía la claridad de juicio suficiente para comprender que sin importar cuánto me impresionara la retórica de José Carlos, yo no estaba en una situación adecuada para pensar en tener pareja.

—Pecosa —quería ser sincera—, en este momento no me interesan los hombres.

—¿Ninguno?

—Ninguno. Agradezco mucho tu deseo de ayudarme a hacerme sentir amada. Me hiciste cambiar de opinión sobre José Carlos. Sin embargo ahora lo que menos necesito es inmiscuirme en un romance con alguien.

Ariadne asintió varias veces.

—Claro... entiendo... Bueno, él está enamorado de tus ojos —continuó razonando a su favor—, y tú lo has dicho muchas veces: es algo circunstancial; hay gatos con ojos más llamativos y nadie los molesta.

—Sí, amiga. No te preocupes. Te dejo el campo libre.

13

ES UNA HERIDA MENOR

Despierto.

Estoy en el sanatorio, de vuelta. Ya no tengo el monitor a mi espalda ni estoy amarrada a la estructura aparatosa.

Saboreo los recuerdos que he podido revivir.

Pienso en el tipo que se atrevió a decir que antes de conocerte ya me conocías. Que ayer me visitó en mi habitación. Mientras yo lloraba y sufría en mi expresión, y aun pudiendo volverme y abrazarlo, mis ojos no alcanzaron a mirarlo.

Es difícil concebir que un compañero de mi escuela haya pensado tanto en mí al grado de soñarme, dibujarme con la imaginación y escribirme de esa forma. No sé si el asunto es romántico o enfermizo. Me cautiva la idea de ser idolatrada por un desconocido y, a la vez me incomoda. ¿No es eso lo que hace un practicante de vudú para atraer el amor de alguna desentendida? ¿Y no es eso también lo que urde el depravado que espía a una vecina a quien desea obsesivamente?

Y vi tu corazón entristecido.
Te descubrí sufriendo, solitaria...

Tu hermosura sin par causa sonrojos
pero tu alma es más bella para verte.
Por eso quiero conquistar tus ojos:
¡entrar por tus ventanas y tenerte!

¿Entrar por las ventanas (de mis ojos) y tenerme? ¿Me descubrió sufriendo, solitaria? ¡Caramba! ¿Cuándo me vio? ¿Cómo adivinó?

La paráfrasis oprime tanto fibras sensibles de mi corazón como botones rojos de alerta en mi conciencia.

¿Quién fue José Carlos? ¿Cómo se atrevió a escribirme ese tipo de cosas? ¿Me escribió realmente a mí? ¿Y yo le contesté? ¿Le correspondí? ¿Qué sucedió entre nosotros? ¿Me ama todavía? Si es así, ¿por qué no ha venido a visitarme al hospital? ¿Por qué me ha abandonado como si me hubiese dado por muerta? ¿Es eso? ¿Estoy muerta para él? ¿Por qué no ha venido nadie de mi escuela?

Algo muy grave tuvo que haber pasado para que todos me dieran la espalda.

Susy entra a mi cuarto a revisar los fluidos del suero. Enciende el aire acondicionado.

Me he espabilado por completo.

—¿Cómo te fue en los estudios de laboratorio?

—Bien y mal —contesto—. El doctor dijo que estoy perfecta... pero descubrí que tengo una cortada muy profunda en la muñeca izquierda... ¿Tú sabías eso?

Asiente.

—Es una herida menor.

—¿Menor? ¡Susy! ¿Menor? ¡Yo la veo muy mayor! ¡Mejor dicho, tiene un significado mayor!

—El significado se lo das tú.

—No lo creo, Susana. Esa silla es una silla aunque yo quiera que sea otra cosa.

Acomoda una manta sobre mis piernas y levanta un poco el respaldo de mi cama.

—¿Quieres ver la tele?

—No. Y no me cambies el tema, por favor. ¿Cómo me hice esta cortada?

Se detiene. Adivino que sabe más de lo que quiere decirme.

—Todo pasó el mismo día.

—¿Cómo pudo ser eso?

—Te cortaste el brazo y luego te accidentaste.

—¿Estaba drogada o borracha?

—Más o menos.

Soplo por la nariz y miro hacia otro lado.

—Increíble. ¿Por qué rayos no me acuerdo?

—Tranquila. Ya te acordarás. ¿Cuál es la prisa?

—¿Y esta herida de mi muñeca también será como marca de honor? —ironizo—. Todos dirán: "¡Mira a la suicida superviviente!".

—No creo que alguien diga eso.

—El mundo entero me verá como una fracasada que no vale nada.

—Eso depende de ti.

—¡Y de lo que otros puedan ver! —señalo el vendaje—. Tengo cicatrización queloide. Jamás podré ocultarlo.

Susy pone su mano sobre la mía y habla:

—Lorenna, nadie sino tú misma determina cuánto vales. Las opiniones de otros son sólo opiniones. Complacer a todos es imposible. Enfócate en tu futuro y aprende del pasado. Mientras más fuerte sea tu carácter, más fácilmente lograrás deshacerte del mal que te persiguió y generar el bien.

—Ajá —esta vez no tengo ganas de escuchar sus conminaciones.

Susy comienza a darme masaje en las piernas.

—No te preocupes, pequeña —me dice—. Pronto vas a estar bien.

—Sí, gracias... —quiero que se vaya—, ¿no ha llegado mi papá? Me dijo el doctor que venía para acá.

—Aún no llega.

—¿Puedes dejarme sola otro rato?

—Claro.

Recoge sus utensilios y sale.

14

Nunca me ganarás en declamación

Pedí permiso para recitar frente a toda la escuela. También me inscribí al concurso de declamación. Yo fui la campeona el año anterior. No quería perder esa posición sólo porque un enamoradizo de tercero que quería impresionarme se había levantado como el nuevo declamador estrella.

Un lunes de ceremonia cívica caminé nerviosa por el patio, practicando el poema que iba a recitar.

Entonces lo vi. José Carlos estaba sentado en una banca de piedra justo en mi camino. Aunque por un momento pensé en tomar otra ruta, decidí pasar frente a él. Incluso saludarlo.

—Hola.

Levantó la vista con sorpresa; sacudió un poco la cara y volvió a enfocar, como si quisiera comprobar que no estaba viendo un espejismo.

Era moreno claro, de nariz afilada, ojos negros y rasgos hispánicos. Tenía las cejas rectas muy pegadas a los párpados superiores, de modo que su mirada surgía naturalmente profunda y fuerte.

—Sheccid —susurró.

—Me da mucha risa la forma en que me nombras —contesté—. Algunos compañeros han comenzado a decirme así para burlarse.

—¿Burlarse?

—Sí. ¿Qué sentirías si de pronto yo llegara y te llamara Jacinto, o Romulino, sólo porque te vi cara de un juglar de la Edad Media que se llamaba así? ¿No te parece una tontería?

Bajó la vista. Apretó los dedos.

—Nunca he querido ofenderte. Yo te digo Sheccid porque... tú eres mi Sheccid.

—¿Y eso qué significa?

—Todo.

Tragué saliva. Quise decir que había leído su poema, que de alguna forma había "conquistado mis ojos", porque antes había sido invisible para mí y ahora lo veía, que me gustaban sus escritos y que mi amiga Ariadne estaba loca por él, pero preferí mantenerme distante.

—Por eso he venido a disculparme —le dije—. He hablado mal de ti. He dicho que eres un depravado. Aunque lo seas, eso no me da derecho a publicarlo. Por eso, repito, te pido una disculpa.

Sus ojos hundidos parecieron redondos por el asombro, luego torció los labios y se agachó. Era muy delgado. Más bajo de estatura que yo. Tímido (sólo se desenvolvía bien al declamar, pero eso no contaba, porque era una dramatización aprendida), pensativo, cauteloso.

—¿Te disculpas para quedar bien contigo misma? No me pareces muy sincera.

Cambié el tema de la charla.

—Te oí declamar hace dos semanas —le dije—. Me impresionaste.

—Gracias —volvió a mirarme de frente como respondiendo "lo hice para ti", pero siguió callado.

—¿Puedo sentarme?

—Sí.

—¿Qué escribías?

—Nada.

—¿Me dejas leer?

Dudó un segundo, luego accedió y me mostró la hoja sin soltar la libreta. Eran frases cortas, poéticas, un tanto atrevidas, dirigidas a una mujer a la que él anhelaba dar un toque de valor. Leí dos veces la página sin comprender del todo.

—"Quiero tocarte, princesa" —me burlé un poco—. ¡Vaya! ¿Eso qué significa? ¿Quieres tocar el cuerpo de una mujer?

Cerró el cuaderno y trastabilló como un boxeador que pierde el equilibrio.

—Lo digo en sentido... espiritual.

—¿Vendes pornografía?

Fue como darle un golpe a la mandíbula.

—No.

—¡Ariadne te vio!

—Sí. Sí... me vio. Pero no es lo que parece.

—Muchos piensan que eres un pervertido.

—Están equivocados.

—¿Y la nalgada?

—No te la di yo.

—Estabas en el auto con esos pandilleros haciendo majaderías a las mujeres.

Comenzó a retorcerse los dedos.

—Sí... mi error fue acompañarlos.

Yo sabía la historia. José Carlos quiso formar parte del grupo. Cuando vio lo que sus compañeros estaban haciendo, protestó. Entonces lo sacaron del auto en movimiento. Se golpeó la cabeza con un poste al caer. Era fácil de explicar. ¿Por qué no lo decía? ¿Por qué tenía tanta capacidad para explayarse por escrito, pero no podía articular una discusión completa en persona?

—¿Y cómo evolucionó la herida que te hiciste en la frente?

—Evolucionó bien —contestó—, me dieron tres puntadas.

Se levantó el cabello para enseñarme su cicatriz.

—A ver —me acerqué a él—. Mira, caray —le toqué la herida rozándola apenas con mis dedos; luego deslicé el torso de mi mano sobre su cara—. Estás ardiendo. ¿Tienes fiebre?

Movió apenas la cabeza negativamente.

Simulé interés en la cicatriz, y me acerqué más; tanto que pude sentir el calor que emitía su rostro enrojecido. Mantuve el juego unos segundos más. Era interesante tener tanto control sobre alguien. Su piel se enchinó ante mi cercanía; pero yo no sentí esa reacción. Me imaginé besándolo y entendí que no. El amor de pareja no podía forzarse. Debía tener de ambas partes ingredientes más naturales, más físicos; si se me permite el término, hasta más sensuales. En cuanto a su idealización poética, el juego me parecía divertido. La magia de vivir un amor imposible nos podía hacer bien a los dos.

Le susurré al oído:

—A veces al soñarte y dibujarte, nuestras almas gravitan a la luna, hacemos el amor en buena parte, ¡tu esencia y la mía se hacen una!

—¿Qué dijiste?

Temblaba. Literalmente.

Me puse de pie.

—Nada...

—¿Sheccid, tú...?

Lo interrumpí con otra pregunta:

—¿Te inscribirás al concurso de declamación?

Dijo que sí con la cabeza. Estaba aturdido.

—Nunca me ganarás en declamación —lo desafié—. Voy a darte unas clasecitas. Observa lo que voy a hacer en la ceremonia.

15
Yo no me burlaré de ti

Declamé en la ceremonia cívica. Lo hice bien. Tuve éxito. Pero en cuanto terminé la presentación ocurrió algo inconcebible: mi profesor de Lengua y Literatura preguntó si habría alguien capaz de superarme. No sé por qué lanzó ese reto al aire. Hubo unos segundos de estatismo. Después murmullos. Para sorpresa mía y del mismo profesor, un compañero salió de la formación y avanzó al frente.

José Carlos.

Caminó con pasos lentos y seguros.

Los estudiantes aplaudieron al verlo subir al estrado. Tomó el micrófono y comenzó a declamar un poema cómico. Hizo reír a la audiencia. Yo permanecí a su lado en el estrado. Cuando terminó, se desató una ola de aplausos y gritos espontáneos. De la nada se creó una rivalidad paradójica entre grupos. Se formaron facciones antagónicas. Hombres contra mujeres. Segundos años contra terceros. Simpatizantes de José Carlos contra simpatizantes de Deghemteri. Los aplausos se convirtieron en porras, como cuando seguidores de dos equipos rivalizan en el estadio de futbol.

Regresé al micrófono y me paré junto a él para declamar otro poema. De hecho un fragmento, porque a la mitad de mi exposición se apoderó del pedestal y recitó otros versos en respuesta. Hice lo mismo después. Luego él. El espectáculo causó revuelta. Provocamos sin querer un caos de gritos y aplausos desordenados.

La maestra Jennifer Areli, coordinadora general, detuvo la exhibición diciendo que no estaba de acuerdo en fomentar ese tipo de rivalidades; pidió un aplauso final para los dos y dio por terminada la ceremonia.

—Te luciste —le dije a José Carlos antes de bajar del estrado—. Caballero de noble armadura que arremete contra las mujeres en público —palmeé con sarcasmo—. Bravo.

—Fuiste tú la que me provocaste —contestó—. Hace rato. Dijiste que nunca podría ganarte y que me darías unas clasecitas.

—¿El poeta tímido está debatiendo?

—No todo en la vida se arregla con belleza física —esta vez el golpe a la mandíbula me lo dio él a mí—. También conviene mostrar calidad humana de vez en cuando —¿estaba reclamándome que minutos antes jugué con él al acariciarle la cara y verlo temblar? Siguió hablando y me di cuenta de que no. Estaba reclamándome otra cosa. Repitió las palabras que le susurré al oído—. ¿"A veces al soñarte y dibujarte, nuestras almas gravitan a la luna, hacemos el amor en buena parte, ¡tu esencia y la mía se hacen una!"? Deghemteri, leíste mis escritos...

Pensé decir que sólo había leído uno. Que de hecho fue Ariadne quien me lo leyó en voz alta y conservó la carpeta porque estaba loca por él.

—Sí —acepté escuetamente—. Los leí. ¿Y cuál es la falta? ¿Por qué me lo reprochas? ¡Los dejaste en el taller de literatura para que los publicaran! Son una selección que tú mismo hiciste de tu libro al que llamas *Conflictos, creencias y sueños*. ¿Ves que estoy bien enterada? En mi opinión no debiste dejarlos en manos de cualquiera. Son muy personales. ¡Ahora pertenecen al dominio público, y muchos los criticarán y se burlarán de ellos!

—¿Tú también?

Me miró, indefenso. Había en su gesto el desabrigo de alguien que ha hablado con sinceridad, y todo lo dicho ha sido tomado en su contra. Sentí ternura por él. Entendí que tal vez nunca llegaríamos a ser pareja, pero si podíamos llegar a ser buenos amigos. Los mejores.

—No, José Carlos. Yo no me burlaré de ti.

Sonrió leve, casi imperceptiblemente.

—Esa libreta personal contiene materiales que algún día usaré como base para escribir un libro —me dijo—. En realidad los dejé ahí con la esperanza de que llegaran a ti... de alguna forma.

—Pues lo lograste.

Esta vez su sonrisa era abierta y radiante.

—Prepárate bien —me desafió ahora él—, porque nunca podrás ganarme un concurso de declamación.

—Ya lo veremos.

16

¿POR QUÉ NO ME TOCAS DE VERDAD?

Escucho ruidos en la habitación.

Entreabro un ojo.

Es la señorita del comedor que me ha traído alimentos. Los deja sobre mi mesilla.

Hace frío otra vez. Frío artificial, frío seco. El aire acondicionado de este cuarto es una desgracia.

De pronto recuerdo frases sueltas que no parecen tener sentido. Empiezo a decirlas en voz alta, como cuando una canción pegajosa suena en nuestra mente de forma reiterada e involuntaria.

Quiero tocarte, princesa.

Tocarte con mis manos y mis palabras.

Tocarte cada noche. Cada mañana. Cada día.

Cargarte y rescatarte del dragón que te custodia.

Quiero darte un regalo continuo con mi toque; exaltarte, y hacer que ese toque te engrandezca...

Voy a tocarte algún día...

Pero también, lo confieso, me gustaría recibir un toque tuyo...

¿Qué es eso? ¿Por qué mi memoria caprichosa es capaz de hacerme recitar frases sin sentido pero no puede darme pistas de cómo llegué a este hospital?

Esas líneas eran las que José Carlos estaba escribiendo aquella mañana, sentado en la banca de piedra. Él me permitió leerlas y me burlé preguntándole si quería tocar a una mujer, en sentido erótico. Escondió el cuaderno y me dijo que su escrito tenía una connotación espiritual.

La carta era para mí...

Quiero tocarte, princesa.
Tocarte con mis manos y mis palabras.
Tocarte cada noche. Cada mañana. Cada día.

Me tapo los oídos y hablo en voz alta para acallar los versos.

—¿Quieres tocarme? ¿Y dónde rayos estás? ¿Por qué no has venido a verme? ¿Por qué no me tocas de verdad?

Se han llevado del cuarto (espero que para siempre) el monitor a mi espalda con su fastidioso *bip* acusante. Lo malo es que hace mucho frío; lo bueno es que hay silencio alrededor y eso me permite calentarme en la llama de mis recuerdos. Aunque esta vez resultan apremiantes.

17

Calma y nos amanecemos

El teléfono sonó en mi casa.

—¿Me comunica con Lorenna Deghemteri, por favor?

—Para servirle.

—Soy el doctor Parménides.

Brinqué.

Era uno de los psiquiatras que internaron a mi mamá en el pabellón para enfermos mentales.

—¡Doctor Parménides! —lo saludé emocionada—. ¡Gracias por devolverme la llamada! He hablado casi todos los días al hospital, desde hace tres semanas ¡y nadie me ha querido dar informes de mi mamá! ¿Cómo está? Dígame que ya la van a dar de alta. ¡Por favor!

—Su mami está mucho mejor. Pero todavía tiene momentos de inestabilidad. Definitivamente ya puede irse a casa, siempre y cuando haya una persona adulta que venga aquí, firme la salida y se haga responsable de cuidarla.

—Mi papá no está —le informé—, se fue de viaje. Pero mi hermano es mayor de edad. Él puede firmar y hacerse responsable.

—¿Qué edad tiene tu hermano?

—Diecinueve.

—Está bien. Vengan el próximo sábado.

El siguiente sábado a las ocho de la mañana entré al cuarto de Joaquín para despertarlo. Gimió entre las sábanas.

—¡Arriba, holgazán!

—Mmh, qué. ¿Por qué tan temprano?

—¡Hoy van a dar de alta a mamá!

—¡Pero no a esta hora!

—A mí me dijeron que el sábado ¡y ya es sábado! No tarda en llegar Martín, para llevarnos. Tú tienes que firmar. Eres el adulto de esta casa. ¡Muévete!

Joaquín estaba desvelado y crudo. Hizo un esfuerzo sobrehumano para meterse a la ducha. Seguí apurándolo. Le di un licuado de fibra como desayuno y lo empujé al auto de Martín. Subió al asiento trasero cediéndome el delantero; se puso los audífonos, encendió su *walkman* de casetes y se acostó.

El hospital psiquiátrico estaba al otro lado de la ciudad. Como a cuarenta kilómetros.

Me sentía ansiosa. No paraba de retorcerme los dedos.

—¿Puede poner música, Martín?

—Claro.

Y puso otra vez la cinta de Glenn Miller.

Esta vez la escuché con tolerancia. Miré por la ventana del auto susurrando en secreto oraciones al Creador. Yo nunca había recibido instrucción religiosa. Mi familia era agnóstica, pero en mi naturaleza secreta existía la necesidad de creer. Así que creía. Necesitaba recuperar a mi madre; la quería conmigo, a mi lado; era mi amiga, mi compañera. Yo la cuidaría, dormiría a sus pies, le ayudaría a recobrar la cordura. Ella también necesitaba la caricia de una mano y el susurro sincero de un elogio al oído. Yo se lo daría. No la dejaría volver a tener otro disgusto. Pedí a Dios en silencio que ese día me fuera concedido el milagro de recuperarla. Pero fui más allá en mis rezos. ¡Quería de vuelta a mi padre también! ¡A mi familia entera!

Por fin llegamos al hospital. Bajé del auto corriendo. Joaquín tardó en reaccionar. Cuando mi hermano llegó a la recepción yo ya había preguntado por el psiquiatra de mamá y la enfermera estaba tratando de localizarlo por el conmutador.

—Lo siento —dijo la recepcionista—. Me informan que el doctor no ha llegado; y no va a venir hoy.

—Pero habrá dejado indicaciones en el expediente de mi mamá para darla de alta. Eso nos dijo. Van a dejarla salir hoy. Mi hermano es mayor de edad. Él va a firmar como responsable.

El teléfono frente a ella sonó. Lo contestó y luego se ocupó en otros asuntos. Nos dejó sin atención durante largo tiempo.

—Por favor —insistí—, ¿mi mamá va a salir?

—¡Calma y nos amanecemos!

Siguió haciendo otras cosas. Mi hermano se desesperó.

—Oiga. ¿Puede checar si mi madre va a ser dada de alta?

—No me grites. Ya te dije que calma y nos amanecemos.

—¿Eso qué significa? Dennos una respuesta.

Buscó en los archivos, de mala gana. Sacó un fólder, lo revisó y volvió a guardarlo.

—No —habló con sequedad—, no hay ninguna indicación para dejarla salir. Ella está internada por tiempo indefinido.

—¿Cómo? —pregunté sintiendo un mareo repentino—. ¿Sigue enferma?

—Seguramente.

—¿Podemos verla?

—Las visitas están restringidas.

Mi hermano dio un manotazo al mostrador.

—No pueden jugar así con nosotros. Nos dijeron que la iban a dar de alta hoy. ¿Dónde está el doctor? Algún doctor.

—Compórtate o llamaré a seguridad.

—Pero es que usted no entiende. Queremos que nos dejen ver a mi mamá. No pueden encerrarla sin derecho a visitas —volvió a golpear la barra—. Están cometiendo secuestro. Los vamos a demandar.

La recepcionista apretó un botón y casi de inmediato llegaron dos policías. Como mi hermano seguía despotricando se fueron contra él. Lo amagaron y lo sacaron del edificio a empujones. Se sacudió hasta llegar a la puerta. Incluso trató de darle un puñetazo al policía que lo llevaba a jalones, pero el guardia fue más ágil y le respondió el intento de agresión con un golpe de tolete en el estómago. Grité angustiada al ver a Joaquín caer al piso. Corrí hasta él y me puse en cuclillas para asistirlo. Temblaba. Apretaba los dientes con furia. Lo calmé. Se incorporó despacio limpiándose lágrimas de rabia.

—Esto está mal —me dijo—, muy mal.

—¿Qué hacemos?

—No sé —se puso de pie y caminó hacia la calle abriéndose paso entre los curiosos—. Pidamos ayuda a alguien. Un abogado. No sé. Tratemos de localizar a papá... —agachó la cabeza; lo pensó mejor—. Hagamos una estrategia. Mañana.

—Yo no me voy a ir así.

—¿Qué quieres?

—Tengo que verla.

—No nos van a dejar entrar de nuevo.

—A ti no.

Regresé.

18

Tengo mi gato

El policía que golpeó a mi hermano con su tolete quedó como centinela entrecerrando la puerta de vidrio para supervisar quién accedía. Al pasar junto a él, me detuvo.

—¿A dónde vas? Tú ocasionaste el problema hace rato.

—Fue mi hermano.

—No puedes pasar.

Miré al guardia de frente.

—Yo jamás haría un escándalo —expuse mi rostro angustiado con total indefensión—. Necesito saber cómo está mi mamá. ¡Ayúdeme por favor!

El guardia se quedó quieto, contemplándome. Parpadeó y carraspeó.

—Pasa.

¿Qué sucedió? ¿Por qué cambió de opinión tan repentinamente? Noté que me veía al alejarme. ¿Acaso le gusté? Moví la cabeza y arrugué la nariz con aversión. Pero luego comprendí que contaba con un arma muy sutil, que jamás usaba, y podía ayudarme a abrir puertas. No debía ir con la recepcionista otra vez. De hecho, no debía ir con ninguna mujer; debía detener a un doctor, hombre, y pedirle ayuda.

Me paré en el pasillo y respiré hondo. Alisé mi cabello y ensayé una sonrisa suave. Elegí a un doctor joven que caminaba de frente hacia mí. Le corté el paso y comencé a platicarle mi problema. Me miró con desprecio. Dijo que tenía prisa, que acudiera a la recepción.

El rechazo me hizo sentir indecente.

Estuve quieta por varios minutos. No había hecho nada malo. Me repuse y volví a intentarlo. Pero ya no coqueteé. Esta vez elegí a un doctor canoso y hablé con sinceridad. Se detuvo. Era uno de los directores, conocía al doctor Parménides y estaba enterada de mi madre.

—Te voy a llevar a verla —resolvió con amabilidad.

Salimos a un patio lateral. Me trató como a un visitante a quien se le brinda un viaje turístico.

—Ésta es la zona de enfermos mentales intermedios —explicó—, tienen esperanzas de recuperación, pero siguen graves. Y en aquel edificio —lo señaló—, se encuentran los que ya están casi recuperados. Como tu mami.

Pasamos junto a una niña de escasos diez años, que dormía meciéndose levemente en una hamaca. Sus ojos parecían hundidos en cuencas demasiado profundas, enmarcadas por ojeras oscuras. Tenía poco cabello y el poco que tenía era ralo y reseco. Los pómulos angulosos de su rostro la hacían parecer una calavera. Su piel era amarilla, arrugada, pegada de forma grotesca a sus huesos delgados.

—¿Qué le pasó a esa niña? ¿Tiene cáncer?

—No. Y no es una niña. Es una señora de treinta y dos años.

—¿Cómo? —el asombro me hizo disminuir el paso—. Parece una momia viviente.

—Así es. Ella cree que cualquier alimento le hace daño. Y no come.

—Increíble.

Atravesamos el patio y llegamos a otra recepción.

—Espérame aquí. Mira. Esos cuadros artísticos enmarcados en la pared fueron pintados por los mismos pacientes.

Me entretuve viéndolos. Algunos eran geniales.

A los pocos minutos, el psiquiatra regresó.

—Pasa por favor —me condujo a una salita. Ahí estaba mi mamá.

Tenía el rostro deshinchado casi por completo, aunque se movía despacio con pasos muy cortos. Corrí a abrazarla. Ella apenas me correspondió. En cambio se acercó a mi oído musitando:

—Escribí una carta.

—¿Sí?

—Toma —sacó un sobre cerrado de la bata y me lo pasó—. Envíala por avión. No se te olvide ponerle timbre aéreo. Si se va por barco tardará meses.

—¿Para quién es?

—Para tu tía. Hace mucho que no la veo. Le escribí todos los recuerdos bonitos de nuestra infancia. Le va a gustar leerlos.

El sobre estaba cerrado con pegamento.

—Yo... Yo quisiera conocer esos recuerdos. ¿Puedo leerla?

—No, niña. Es de mala educación. Manda la carta. Luego escribo otra para ti.

—Mami, ¿cómo te has sentido? ¿Estás bien? ¿Quieres irte a casa?

—Está nevando mucho. Prefiero quedarme aquí. Tengo un gato que me da calor. Duerme conmigo.

—Aquí no hay gatos, mamá. Y tampoco está nevando.

Dio un paso hacia mí. Puso ambas manos a mi cara para tocarme despacio. Cerré los ojos. Deslizó sus yemas por mis mejillas, cabeza, orejas, cuello, brazos. No pude soportarlo. Comencé a llorar. Con los ojos cerrados, balbucí:

—Soy yo, mami. Tu hija —dejé que siguiera explorando con sus dedos—. Puedes confiar en mí. Acércate, huéleme.

—Sí. Ya me di cuenta. Eres tú, preciosa. ¿Por qué lloras?

—Te extraño, mami. Me haces falta.

—Tú también me haces falta.

—Pronto vas a estar conmigo. En casa. Te voy a cuidar muy bien.

Negó con la cabeza.

—A mí me gusta aquí. Tengo mi gato. Afuera está nevando.

Una carga de pesadumbre me abatió. Perdí la capacidad de hablar, pensar y moverme.

Cuando se llevaron a mi mamá, volví a sentarme en el sillón. Aunque más bien me dejé caer.

El psiquiatra se acercó y se sentó a mi lado.

—Lo siento.

—Usted me dijo que ella estaba mejor.

—La agarraste en mal momento. Por lo regular discierne con mucha claridad.

—¿Cuándo la darán de alta?

—En cuanto venga un adulto y firme... Mañana, si es posible.

Asentí. Me despedí y salí del hospital.

Joaquín estaba dormido en el asiento trasero del auto.

Martín me llevó a la oficina de correos.

Mandé la carta de mi madre sin abrirla.

Esa noche me senté frente al ventanal y respiré despacio viendo con nostalgia la forma en que la luz se ocultaba, quitándole a los objetos el color.

Así me percibí. Grisácea, mortecina. Como esa vaga refracción del ocaso que anuncia la llegada de la noche; como la flor de pétalos fotosensibles que se cierra en la oscuridad.

Me tiré en la cama y lloré acurrucada en posición fetal. Sentí que me faltaba el aire.

Recordé que días atrás platiqué con mi maestra Jennifer Areli. Le conté de mis circunstancias familiares y de mis periodos intermitentes de angustia y depresión. Ella me aconsejó: "Aprende a respirar, Lorenna, el miedo se percibe casi siempre como falta de aire... De hecho, está comprobado que el pánico ocasiona sensación de asfixia; en los momentos críticos acuérdate de respirar, inhala despacio; incluso hay disciplinas que se especializan justo en eso: en enseñarnos a respirar; ojalá que algún día puedas tomar un curso al respecto. Te ayudaría mucho".

Regresé a la ventana e inhalé con desesperación comprendiendo que en realidad necesitaba el oxígeno de sentirme amada.

¿Y si hablaba con José Carlos? ¿Y si le platicaba todo lo que me estaba pasando? Él me comprendería... Pero generaría otro problema: mi acercamiento confidencial lo ilusionaría respecto a un romance que no podía suceder... No ahora. No conmigo... Yo sólo necesitaba un amigo. Alguien que me quisiera sin mayor interés.

Volví a la cama y me tapé la cara con la almohada para comprobar si la falta de aire me causaba más angustia. Pero no fue así. Yo ya estaba sintiendo toda la que se podía sentir...

¡MIRA QUIÉN LLEGÓ A VERTE!

—Lorenna, abre los ojos —esta vez Susy descorre la persiana por completo y deja entrar la luz resplandeciente.

Protesto:

—¿Qué haces? —tapo mi cara con la mano libre—. Cierra esa cortina.

—Te tengo una sorpresa. ¡Mira quién llegó a verte!

Tardo en enfocar, hay un hombre parado frente a mi cama.

¿Será posible?

—¡Papá!

—¡Hija, linda! ¡Despertaste! Bienvenida.

Se inclina sobre mí para abrazarme; lo hace con cuidado evadiendo los catéteres.

—¿Dónde estabas? —pregunto—. ¿Cuándo regresaste de Sudamérica?

Mi padre se separa y echa un vistazo indagador a la enfermera.

Susy le aclara:

—Su hija tiene amnesia postraumática. Sólo recuerda algunas cosas. Otras no.

—Ah, okey. Entiendo. Princesa —vuelve a dirigirse a mí—, de Sudamérica regresé hace mucho. Pero recientemente tuve que ir a Houston por motivos de trabajo; cuando me avisaron que habías despertado regresé lo más rápido que pude...

—¿A Houston? —algo no concuerda; yo desperté hace ocho días y hay varios vuelos desde Texas diariamente (tenemos muchas cosas que aclarar).

—Pero ya estoy aquí. ¿Te cuidan bien en este sanatorio?

—Sí. Me cuidan bien.

(¿Les delegaste a las enfermeras que me echaran un ojo mientras tú te ibas a recorrer el mundo? ¿Te aburría contemplar a tu hija en estado de coma?).

—Con permiso —Susy sale de la habitación y nos deja solos.

Al fin estamos él y yo frente a frente.

—Lo bueno es que ya despertaste, preciosa. No lo puedo creer. Llegué a pensar...

Se detiene.

Lo ayudo.

—Que moriría...

Toma asiento en la codera del sillón reclinable junto a mí.

—Ay, hija. Sí. Los médicos no me daban muchas esperanzas —permanezco callada para forzarlo a seguir hablando. Lo hace—. Este año hemos pasado las peores pruebas. Y los últimos dos meses... no se diga. Hemos vivido en una angustia continua. Lo bueno es que tú te vas a recuperar. Jamás hubiera podido soportar tener que sepultarte a ti también.

Tardo en hilvanar las ideas. Mi inteligencia se ha vuelto lenta.

—¿Dijiste "también"? —Capto el mensaje; me hago hacia adelante—. ¿No hubieras soportado sepultarme a mí "también"? ¿A quién tuviste que sepultar, papá?

Se pone de pie, arrepentido de haber dicho algo que yo no sabía.

—Disculpa —murmura.

—¿Dónde está mamá?

Agacha la cara. Se ve ojeroso, marchito, demacrado. No tiene que explicarme más. Su rostro pálido lo dice todo. Yo estuve seis semanas inconsciente y ahora vuelvo en mí sin la menor idea de los peores momentos vividos. Mi mente los ha bloqueado "por algo". No tengo idea de cómo me accidenté, ni por qué quise cortarme las venas, ni de cómo...

Estoy tan pasmada que en vez de llorar más, experimento sequedad en las mucosas. Una sensación de pesadumbre me empuja el pecho como si mis costillas se volvieran a romper.

No tiene otra salida más que terminar de explicarme:

—Tu mami nos dejó hace un mes. De alguna forma fue lo mejor. Estaba sufriendo mucho.

—¿Qué le pasó? —logro preguntar.

—Se le paró el corazón...

Es fácil decirlo. Otra cosa muy distinta debió ser vivirlo. Ella sufría arritmias cardiacas, pero nunca para llegar a tener un ataque, a menos que fuera... Se me enchina la piel. ¿Qué monstruosidades psicóticas habrá visto o escuchado al grado de entrar en un estado de pánico capaz de afectarle el corazón?

—¿Y mi hermano? —pregunto apenas—. ¿Está bien?

—Sí. Perfecto. Él está bien.

En ese momento entra el médico a la habitación. Detrás de él entran tres doctores más.

—¡Señor Deghemteri! Qué bueno que llegó. Su pequeña no ha dejado de preguntar por usted. ¿Verdad, Lorenna?

Digo que sí con la cabeza. Cierro los ojos y aprieto los dientes tratando de no llorar. Escucho que los adultos platican sobre mí.

Quiero tocarte, princesa.
Tocarte con mis manos y mis palabras.
Tocarte cada noche. Cada mañana. Cada día.
Cargarte y rescatarte del dragón que te custodia.

Los médicos y mi padre siguen hablando en voz muy baja; cuchicheante. Creen que me quedé dormida.

—El ortopedista ya le quitó el sujetador del hombro y el yeso de sus extremidades; ahora tiene estos aparatos ortopédicos que le permiten moverse más. Se está recuperando asombrosamente. Las escoriaciones causadas por permanecer acostada en la misma posición durante mes y medio han comenzado a cicatrizar.

Quiero darte un regalo continuo con mi toque; exaltarte, y hacer que ese toque te engrandezca...

—Eso es en lo que a su cuerpo se refiere. Pero en cuanto a su mente, tenemos otro problema. Sufre amnesia selectiva. Ha bloqueado determinados acontecimientos traumáticos. Ella misma debe ir trayendo poco a poco, de su subconsciente, los recuerdos velados. Nosotros no podemos decirle nada que ella no sea capaz de recordar por sí sola.

A la vista de todos, soy normal. Pero no es cierto. Porque hay un hueco enorme en mi corazón. Porque mi alma contiene una oquedad de extraña geometría.

—En el área de sus memorias, tenemos que ayudarla. Señor Deghemteri, ¿usted puede conseguirnos su mochila escolar y algunos objetos personales de ella, que pueda revisar o leer?

—¿Libros? —pregunta mi padre.

—Sí. Libros también. Lea con su hija relatos que conozca. Póngale la música que le gusta. Haga que escriba sus recuerdos... juegue con ella los juegos de mesa que le agraden.

Sheccid: tengo un hueco enorme en mi corazón... Esta concavidad es tuya. El hueco de mi esencia no puede ser llenado por nadie. Está moldeado a tu forma.

Después de un rato los médicos salen de la habitación.

Cuando calculo que mi padre se ha vuelto a quedar solo conmigo, le reclamo:

—¿Y ahora cómo le vas a hacer, papá? No sabes qué música me gusta, ni qué libros he leído, y nunca te sentaste a jugar un juego de mesa conmigo.

Mi padre responde con calma:

—Siempre es bueno hacer los ejercicios terapéuticos ayudado por un psicólogo profesional. Yo te lo voy a conseguir.

Abro los ojos y lo observo, contrariada.

—No te preocupes. Yo puedo hacer los ejercicios sola...

—Lorenna, tú ya casi estás bien... Me explicaron que en una semana más te pueden dar de alta. Y necesito decirte algo: ya no vamos a regresar a nuestra casa.

Entrelaza los dedos de ambas manos y luego tuerce las muñecas como queriendo romperse las falanges.

—¿De qué hablas?

—Nos vamos a ir a vivir a Houston. Allá renté un departamento, cerca de mis oficinas. Entrarás a una nueva escuela.

Me inclino hacia delante.

—¿Por qué nos vamos a ir? —siento como una descarga eléctrica—. A mí me gusta mi escuela en México. Yo quiero quedarme aquí. Aquí están mis amigos.

—Lo siento, hija —se ve decidido; no parece importarle romper las reglas del neurólogo; casi creo que lo disfruta—. Tenemos un problema precisamente con tu escuela. Estoy demandando al director y a la coordinadora. Por causa de ellos tu madre murió y tú sufriste el accidente.

—No entiendo nada.

—Rompieron los límites de la ética educacional. Se metieron en tu vida privada y ocasionaron un grave problema en nuestra familia...

—¿Cómo puede ser eso? —de verdad me parece imposible. ¿De qué manera un director y una maestra podrían ocasionar mi accidente, y el empeoramiento de mamá?—. Estás bromeando, ¿verdad?

—Hija. Yo no puedo explicarte muchas cosas. El doctor dijo...

—¡Qué importa lo que diga el doctor! —imploro—. Tú eres mi papá. ¿Por qué quieres sacarnos a mi hermano y a mí del país? Otra vez... No me digas que... ¿estamos huyendo?

Él me contesta.

—Sí. Estamos huyendo. Tenemos que salir de aquí. Y pronto.

20

Ustedes no niegan la cruz de su parroquia

Una noche alguien llamó a la puerta de mi casa.

Encendí la luz.

Tras las rejas de la calle estaba un espectro de mí misma.

Joaquín me alcanzó y murmuró:

—¿Qué rayos...?

¡Era Justina! Mi prima. Junto a ella había dos enormes maletas floreadas. Salí y le abrí. Brincó de alegría al verme, como el viajero del desierto que se descubre parado frente a un oasis.

—¡Lorenna!

—¡Qué haces aquí, Tina! ¿Cómo diste con nuestra casa?

Quiso explicarme todo con rapidez, su lengua se enredó entre los dientes. No hablaba español. Lloró de alegría y entendimos de inmediato el porqué: acababa de atravesar el Atlántico, en un vuelo demorado del que nadie tenía conocimiento y persiguió en taxi la dirección que le anoté en una servilleta.

—Lorenna... —repitió.

—¿Por qué no nos avisaste que vendrías? —pregunté en inglés.

—Sí lo hice. Mandé un telegrama: "Escapé. Voy allá. Llego semana entrante".

—No lo recibimos...

—¡Qué mal!

—Sí, caray. Mira. ¿Recuerdas a tu primo, Joaquín?

Hacía años que no se veían. Ella saltó y lo abrazó. Mi hermano sonrió sin poder ocultar su asombro. Dijo en español:

—Ustedes no niegan la cruz de su parroquia.

Tina movió la cabeza sin comprender. Le expliqué:

—Dice que nos parecemos mucho.

—Ah.

—¿Escapaste de tu casa? —pregunté pensando en el sobre que me dio en el aeropuerto. Ella respondió con otra pregunta:

—¿Le enseñaste la foto a mis tíos?

—No...

—Muy mal, primita. Muy mal —hizo estiramientos musculares y movió la cabeza de un lado a otro como si quisiera desentumirse el cuello—. Te di la foto para que ellos hicieran algo. Para que me mandaran dinero y me ayudaran a venir. Pero pasaron los meses y no supe nada de ti, ni de la ayuda que te estaba pidiendo.

—Perdóname, Tina... Mira. Por aquí las cosas no han estado bien. Desde que llegué de Europa estallaron los problemas en la familia. Mis papás ni siquiera están. Ya te contaré. Por eso no pude hablarles de ti, ni enseñarles tu foto ni tu nota pidiendo auxilio.

—Ya, ya. Olvídalo.

—Siéntate, por favor. ¿Te ofrezco algo de comer? Debes de venir muy cansada.

Tina prefirió explorar la casa a grandes zancadas.

—Vine aquí a aprender el idioma español, ¡y a trabajar! —dijo mientras saltaba de un lado a otro—, apenas logré conseguir dinero para mi pasaje. No tengo boleto de regreso —comenzó a hacer sentadillas y a castañetear los dedos—. Pronto hablaré español y tendré dinero. A eso vine.

—¿En qué piensas trabajar?

—En lo que sea. Soy artista. Sé cantar, mezclar música en dos tornamesas y preparar bebidas —levantó ambas manos abriendo y cerrando los puños; me asombró su energía incongruente—. Me gustan las fiestas. Sé hacer muchas cosas. Pero necesito ayuda para encontrar una escuela de español y un empleo...

Hablaba sin parar, se carcajeaba a todo pulmón por bromas que ella misma inventaba y cortaba sus comedias en rarísimas pausas dejándose caer en cualquier parte; luego sacudía los hombros, se ponía de pie de nuevo y seguía su perorata retomando el hilo del monólogo inconcluso con asombrosa exactitud.

—De acuerdo, prima. Mañana comenzaremos a buscar algo para ti. Por lo pronto, descansa. ¿Caray, por qué te mueves tanto? ¿No puedes estarte quieta?

—Tengo ganas de bailar.

—¿Sin música? ¿Sola?

—Salgamos a algún lado.

—Otro día...

Tenía una mirada perdida, como si te traspasara. Cuando entró a mi cuarto y se tiró sobre la cama tuve la sensación de que con ella entraba una legión invisible de fantasmas.

La primera noche dormimos juntas. Mejor dicho, intentamos dormir. Su hiperactividad, al principio curiosa y atractiva (nos tuvo a Joaquín y a mí expectantes, con una sonrisa de desconcierto en el rostro), después se volvió un fastidio. Si su estado de vigilia era tormentoso, su sueño lo era más. Resoplaba, daba patadas como si abrigase el tic defensivo de un soldado en plena guerra; giraba, se destapaba porque tenía calor, y a los cinco minutos se tapaba porque tenía frío. Acabé yéndome al sillón de la sala.

Tres noches consecutivas intenté dormir con mi prima. No lo logré. Entonces le pedí por favor que se fuera al sillón de la sala. No quiso. Me dio un discurso sobre las reglas básicas de hospitalidad y los pormenores de una enfermedad degenerativa que le aquejaba en la espalda y le impedía recostarse en lugares inapropiados. Eso sí, como mis padres no estaban, se ofreció a poblar la recámara principal. No lo permití. Fui yo quien terminé instalándome en el cuarto de mis papás.

Tina parecía un remolino. Como era común que a nuestros familiares les faltara algún tornillo cerebral, no nos pasó por la cabeza la posibilidad de que Tina pudiera estar drogándose.

Quisimos ayudarla.

Visitamos con ella la escuela de idiomas de Acatlán, y aunque no conseguimos inscribirla en ningún curso de español, pudimos insertarla en un programa universitario de cuidados forestales para recuperar el bosque de Naucalpan. Ahí por lo menos conviviría con estudiantes ecologistas y estaría entretenida. Ella lo aceptó con la condición de que siguiéramos ayudándole, ahora a conseguir empleo. Necesitaba dinero y se aburría mucho por las noches... Insistía en que sabía mezclar música y preparar bebidas. Sus aspiraciones laborales apuntaban a bares o centros nocturnos. Algo con lo que ni Joaquín ni yo estábamos familiarizados.

Una tarde le dije:

—Acumulas mucha ansiedad. Pareces un volcán en erupción continua.

—Como los de Hawái —se carcajeó.

—Exacto.

—Mira, Tina. En los momentos críticos debemos acordarnos de respirar despacio. La respiración es nuestra mejor aliada. Pero no sabemos hacerlo. Me lo dijo una maestra. Por eso busqué en el periódico algún lugar donde enseñen a respirar y lo encontré; es una academia de yoga. Llamé para pedir informes. Me invitaron a tomar una clase gratuita. El jueves tengo cita. ¿Quieres acompañarme?

—Claro. Pero que sea tarde. Por la mañana sembraremos eucaliptos en Acatlán.

21
Bienvenidas al Bliss Club

El siguiente jueves fui con mi prima a la plaza comercial donde se encontraba la academia de yoga. Tenía un letrero volumétrico con el símbolo del yin-yang y las palabras *Bliss Club* en dorado.

Tocamos un timbre. Alguien nos preguntó por el interfono qué se nos ofrecía. Me pareció extraño semejante hermetismo en medio de tantos locales comerciales. Después de identificarnos, nos abrió la puerta una joven descalza vestida con bata rosa.

—Pasen. Tomen asiento. La clase muestra está por comenzar. Pero antes necesito que me den algunos datos —nos alargó una tabla para escribir.

Llenamos los formatos.

Dos hombres salieron de una oficina caminando rumbo a la que parecía ser la sala de sesiones. Nos miraron y se detuvieron a saludar. El más alto, como de treinta y cinco años, iba vestido de gris con una camisa satinada, brillante, y un enorme reloj de oro que discordaba con la filosofía de desapego oriental. El otro era un joven de mi edad cuyo rostro me pareció familiar.

—Bienvenidas al Bliss Club —dijo el alto de camisa brillante—. Qué agradable tener a dos hermanas tan bellas de visita.

—Somos primas —aclaré—, ella viene del extranjero y no habla español.

—Genial, así podré practicar mi inglés —comenzó a charlar con Tina construyendo frases elementales y usando un acento autóctono rasposo. A Tina no le molestó. Se puso de pie y siguió la plática.

—Yo te conozco —querellé al otro joven—; ¡ibas en mi escuela!

—Sí —me dijo—, yo también te conozco... Tú eres Sheccid.

—¿Quién te dijo que me llamo así?

—José Carlos. Era mi amigo. Sólo hablaba de ti. Día y noche. ¿Cómo está él? Hace casi un año que no lo veo.

—No sé... yo tampoco lo frecuento.

—O sea que el pobre no pudo conquistarte.

Negué con la cabeza.

—Tal vez aquí encuentres lo que necesitas —completó soltando un improperio gramatical—. *Habemos* muchos hombres guapos.

—No vine a buscar hombres.

—Es cierto, perdón. ¡Vienes a la clase de yoga!, por favor, sígueme.

Tina se quedó platicando con el sujeto de camisa satinada. Mi excompañero escolar me guió a la sala de sesiones para dejarme con la maestra.

—Por si no lo recuerdas, mi nombre es Mario Ambrosio —me tendió la mano—. En el Bliss Club tenemos muchos servicios interesantes. Cuando quieras platicamos de ellos.

Tina no entró a la clase. Se quedó afuera con el sujeto que (después me enteré), era el dueño del negocio.

Cuando me hallaba en medio de los ejercicios tratando de poner la mente en blanco, me sobrevino un pensamiento espeluznante.

Recordé quién era Mario Ambrosio. Ariadne lo mencionó varias veces. Perdí toda serenidad. ¡Él era el chico que vendía pornografía! ¡El que había invitado a José Carlos a subirse a un auto para promover materiales ilegales y después fue reportado como extraviado!

—Tranquilízate. Serénate —me dijo la instructora al detectar mi distracción—. Controla tu mente.

Me puse de pie.

—Lo siento. No puedo.

En la sala de espera ya no había nadie. Sólo la chica de la bata rosa que nos recibió.

—¿Dónde está mi prima? —le pregunté.

—Salió con el Patrón. Creo que iban a tomar un café.

Sin pedirle permiso caminé a la oficina.

Mario Ambrosio estaba sentado frente a un escritorio.

—Ya sé quién eres —le dije—. Cuando te perdiste, ocasionaste una histeria colectiva en la escuela. La policía estuvo buscándote durante meses.

Juntó ambas manos y echó el respaldo del sillón hacia atrás.

—Nunca me perdí. Sólo estuve de viaje un tiempo.

—No regresaste a la escuela.

—Mi trabajo es muy exigente.

—Me imagino... —él se dio cuenta de que yo sabía quién era y qué hacía. Me miró de frente. Ya no había en su gesto ni galanteo ni temor. Por el contrario. Había un desafío cínico. Como el del ladrón descubierto infraganti que se retira despacio apuntando con la pistola.

—No te atrevas a hacerle algo a mi prima —le dije.

—¿Y qué le voy a hacer? Aquí sólo brindamos felicidad...

Salí con mucha prisa. Busqué a Justina por toda la plaza comercial. No la encontré.

Esa noche regresó tarde a casa. Yo estaba dormida ya. Una lejana retahíla de timbrazos se fue haciendo más cercana en mi conciencia hasta que volví a la realidad. Miré el reloj. Eran las dos de la mañana. Joaquín se había encerrado a piedra y lodo. Salí al garaje. No fue sino hasta que recibí el rocío de la madrugada cuando comencé a espabilarme. Me asombró ver a mi prima Tina abrazada al cuello de aquel hombre rimbombante de camisa abrillantada y reloj ostentoso, dueño del Bliss Club. Ambos estaban borrachos.

—Vaya —dijo él con esa fonación característica de la ebriedad—, hasta que nos abres la puerta. Ya nos íbamos.

—¡Yo necesito una copia de las llaves! —barbulló Tina—. ¡Las quiero mañana mismo!

—Adiós, amor —el hombre la tomó por la cintura—. Me la pasé de pelos contigo.

—¿Vas a contratarme en tu bar?

—No. ¡Tú vas a ser la dueña de ese bar!

Rieron. Se despidieron con un beso en la boca, largo y asqueroso.

El hombre sostuvo a mi prima poniéndole una mano en la nalga.

—Goodbye —Tina trastabilló.

El sujeto sonrió y levantó una palma mirándome a mí.

Ayudé a Justina a entrar, tomándola del brazo para que no se cayera. Quise entablar conversación con ella. Le pregunté si estaba bien, pero no podía hablar, ni caminar. A duras penas llegamos a mi recámara. Se desplomó vestida en la cama. Entonces traté de reconvenirla.

—Estás loca, Tina. Apenas hoy conociste a ese hombre y ya te andas besando con él. ¡Mira nada más cómo te has puesto!

—Vine a México a divertirme.

—Pero hazlo con inteligencia. Escapaste de tu casa porque sufrías maltrato físico. Tu papá, o no sé quién, te golpeaba. Debes cuidarte para que no vayas a caer en manos de otro maltratador.

Comenzó a carcajearse. Apenas pudo decir:

—A mí nadie me golpeaba. Al que me ponga una mano encima, lo mato.

—¿Y la foto que me diste en el aeropuerto?

—Es falsa.

—¿Cómo?

—Es un fotomontaje.

La miré, desconcertada. ¿Qué clase de persona era?

Abrazó la almohada y me dio la espalda.

22

BERTHA ES UNA ODIOSA

Estoy en el gimnasio terapéutico del sanatorio asida a las barandas de una cinta con motor. Doy pasos muy cortos tratando de mover las articulaciones sin estirarlas demasiado. Termino el ciclo. Con ayuda de Susy me siento después en un aparato de rehabilitación para miembros superiores. Necesito recuperar la tonicidad muscular. Hago los ejercicios con resignación impensada, casi con agrado. Volteo a mi alrededor. El cuadro es angustioso e inspirador a partes iguales. Hay camillas para magnetoterapia, electroestimulación, rayos infrarrojos; tinas de hidromasaje, bicicletas fijas, escaladoras, y pacientes en condiciones mucho más graves que yo haciendo su mejor esfuerzo para salir de la prisión de un cuerpo aletargado.

Termino la gimnasia del día.

Regreso a mi silla de ruedas. Susy me conduce de vuelta al cuarto.

Pasamos por la recepción. Me sorprende y me molesta encontrar a la asistente de mi padre.

—Bertha —saludo—, hace tanto tiempo que no te veía.

—Pues aquí estoy, Lorennita. Sigo fiel a la causa.

—¿Qué haces por estas latitudes?

—Vine con tu papá. Le he estado ayudando a empacar para el viaje. Me delegó la tarea de recopilar tus cosas. Acomodé todo en los velises que van a mandarse a Houston. ¡Cuánta ropa y zapatos tienes! ¡Se ve que te encanta ir de compras! Pero ya está todo empacado. Te aparté una caja con tus cosas personales. Lo que dijo tu neurólogo que necesitabas. Tu papá fue por ella al coche. Espero que no te falte nada.

—Ah... —quiero sonreír, pero sólo enseño los dientes—, ¿y viniste hasta aquí a decirme eso?

—No. A mí me toca hacer todos los trámites administrativos y, ya sabes, tengo cita con la aseguradora para ver lo de tu alta.

La observo... Noto un detalle en su rostro que me molesta. No logro identificar qué es, pero siento aprensión repentina.

—Gracias, Bertha. Voy a mi cuarto.

—Ahí te veo en unos minutos. ¡Despídete de este horrible hospital! Pasado mañana lo dejas.

Susy empuja la silla de ruedas.

—Lo siento —susurro a mi enfermera—. Bertha es una odiosa.

Al entrar a mi cuarto nos encontramos con la sorpresa de que hay varios médicos esperándome. (¡Otra vez!). No me gusta ser famosa. Y menos por mis achaques. El neurólogo suele explicar a sus invitados la historia de mi evolución clínica y los doctores hacen preguntas, toman notas, me felicitan y prometen regresar con otros colegas. Me han entrevistado y tomado fotografías para artículos científicos. Les parece fascinante que yo haya vuelto a la vida y me esté recuperando con tanta rapidez. El hecho de que siga con amnesia parcial también les encanta. Cada mañana alguien me pregunta si ya recordé más cosas.

Mi doctor comienza a hacerme una exploración que al principio parece rutinaria y después se torna excesiva. Revisa mis reflejos, presión, temperatura, peso, medidas, flexión de articulaciones, la herida de mi cabeza. Los visitantes observan y siguen hablando en sus términos inentendibles. De pronto llega mi padre cargando una caja de cartón. Detrás de él, Bertha.

—Buenos días —papá lanza un saludo general.

Mi neurólogo da por terminada la revisión y contesta:

—¡Señor Deghemteri! ¿Qué trae en esa caja?

—Lo que usted pidió. Cosas de mi hija.

—¿Como qué?

—Este... como... —no sabe.

Bertha entra al rescate.

—Libros; varios libros. Plumas, lápices, cuadernos; los más importantes y personales. El diario de la chica; algunos casetes, su *walkman*, un rompecabezas que había en el librero de su cuarto...

El neurólogo aclara a los invitados:

—Estamos usando un tratamiento de relaciones remotas para que nuestra paciente vaya abriendo poco a poco nuevas puertas en sus recuerdos. Conforme ella analice objetos relacionados con escenas de su pasado, lea textos y escriba lo que siente, su cerebro conectará más rutas del mapa que ha perdido.

Los doctores opinan y preguntan. Yo aprieto los puños. Estoy furiosa por la intrusión a mi vida privada y a mi mente. Para ellos yo soy sólo un objeto de estudio, rata de laboratorio, protozoario estrambótico en su microscopio; si muriera o quedara idiota les daría igual; no les importo como persona. Tampoco soporto la idea de que Bertha haya entrado a hurgar en mi habitación, empacado mi ropa, y revisado mis pertenencias para someter a su estúpido escrutinio lo que según ella era "lo más importante y personal" para mí.

Empiezo a jadear con rapidez. Susy, la enfermera, se da cuenta y tiene el valor para salir en mi defensa.

—Doctores, Lorenna necesita descansar —me tapa con la sábana—. ¡Por favor!

Como un hato de estudiantes revoltosos con alta autoestima, los doctores se despiden y salen pavoneándose.

Suspiro. Disfruto el silencio.

—Gracias, Susy.

Ella también sale.

Sólo se quedan mi papá y Bertha. Él trata de hacerme plática.

—Me dijeron que fuiste al gimnasio. ¡Muy bien! No dejes de hacer tus ejercicios.

Me incorporo. Entonces veo a Bertha de nuevo y siento como una bofetada al descubrir qué fue lo que me molestó de su rostro.

Cierro los puños como reflejo de un encono inesperado. En el mentón de Bertha se ve acentuada una línea de maquillaje mal difuminada. No es un color usual. Ella se pinta con tonalidades ¿violetas?

¡Los objetos que mi madre encontró en su cuarto, la envoltura de condón, el liguero rojo y la polvera de rubor, eran de Bertha!

—Papá...

—¿Qué pasa, hija?

—¿Puedo hablar contigo a solas un minuto?

¿DÓNDE SE FUE MI HÉROE?

Mi padre echa un vistazo a Bertha como pidiéndole que salga.

—Me despido —dice ella fingiendo iniciativa propia—, voy a las oficinas del sanatorio para ver lo de la cuenta... —levanta las manos en señal de retirada—, lo lograste, preciosa. Te felicito. Ya te van a dar de alta. Nos vemos pronto.

La mujerona mira con complicidad a mi padre y sale.

Percibo el fuego de la sangre en mis mejillas. Respiro despacio tratando de contener el cúmulo de emociones desbordantes. Papá camina por la habitación. Entrecierra las persianas y mueve los controles del aire acondicionado.

—Hoy hace calor. ¿No crees? Este aparato no funciona bien.

Lo encaro:

—Así que es ella.

—¿Mande?

—Bertha. Es tu amante... Usa el color de maquillaje que mamá encontró en su cuarto.

Para mi sorpresa, papá no lo niega. Opta por el suicidio moral.

—Sólo tuvimos un acercamiento. Uno. Te lo juro.

—En nuestra casa.

—Fue una estupidez. Pero entre ella y yo ya no hay nada.

—Despídela.

—Bertha lleva toda la administración de nuestra empresa. Es mi brazo derecho... ¡Yo ya aprendí la lección! ¡Jamás voy a cometer los errores de antes! De verdad. Créeme.

Quisiera creerle. Quisiera pensar que él no le dio sepultura a mi madre tomando secretamente de la mano a su amante.

Dirijo la charla hacia una cuestión más trascendental.

—¿Por qué?

—Ya te dije que fue un error y no sucederá otra vez.

—No. Escúchame. Quiero preguntarte otra cosa, papá.

—Dime.

Antes de mencionarlo, ya percibo el estrangulamiento de unos reclamos que hace mucho tiempo he querido expresar. Me doy cuenta de que no será fácil.

—¿Por qué me abandonaste? —lo digo al fin.

—¿Cómo?

—Yo crecí muy sola, papá —comienzo despacio y voy adquiriendo fluidez, pero es una fluidez angustiosa—. Mamá se la pasaba cuidando a mi hermano gemelo enfermo. A mí me encerraban con una nana (que no me hablaba ni me tocaba), y una televisión. Sólo tú me hacías caso de vez en cuando y me contabas cuentos por las noches. De Charles Perrault. Lo recuerdo perfectamente. *Pulgarcito*, *Barba Azul*, *Ricardo del Copete*. Yo te admiraba. Eras mi héroe —casi no puedo aguantar la presión de fuerzas internas que bullen en mí como vapor—. A veces me cargabas y yo te abrazaba el cuello con mucho cariño —prosigo—. Cuando Luigi murió, le dijiste a mamá: "No llores más; tenemos otra hija maravillosa que nos necesita mucho, mírala, es tan bella, tan inteligente, tan dulce". ¡Ésas fueron tus palabras exactas! Pero mamá ya había dado muestras de su enfermedad y estaba empeorando rápidamente. No te escuchó. Y yo me preguntaba una y otra vez si, al menos para ti, yo era una hija maravillosa; si de verdad me considerabas bella, inteligente y dulce —me detengo unos segundos sin poder evitar el rictus de dolor que producen las garras de un llanto salvaje que intento domar y contener—. ¡Yo era importante para ti, papá! —continúo con el alma hecha jirones—. ¡Y tú lo eras todo para mí! —gimo un poco; me controlo—. ¿Dónde se fue mi héroe? —siempre he sido una niña callada y sumisa; experta en ocultar mis sentimientos; ahora los estoy expresando y aunque duele, no puedo detenerme—. Cuando vivíamos en Argentina y saliste en ese periódico en el que te acusaban de haber seducido a una menor de edad, yo no lo creía, papá. En la escuela me peleé a golpes con una niña que me enseñó la noticia y se burló de mí. Luego supe que era verdad y lloré todas las noches durante un mes —me limpio la cara de un arañazo—. ¡Tú no le fuiste infiel a mamá solamente! ¡Me fuiste infiel a mí también! ¡Y a Joaquín! ¡Eras nuestro guía, caramba! —hago una pausa—. ¿Lo puedes entender? Eras nuestro ejemplo a seguir... La poca autoestima que me quedaba tú la echaste por el caño. Acabaste conmigo. Luego me di cuenta de que tenías problemas con la bebida y quise pensar que todo era por culpa de tu alcoholismo —él levanta la mirada como queriendo protestar; siempre ha dicho que no es alcohólico; pero permanece callado, tiene los ojos llorosos—, y te justifiqué; igual que mamá... creyendo que en cualquier momento volverías a ser el padre protector y amoroso que algún día fuiste conmigo... creyendo que volverías a leerme un cuento por las noches, alguna vez. Sin importar que yo tuviera quince o dieciséis años de edad. Porque no importaba la edad. ¡Yo siempre he sido tu niña! ¡Necesitaba que me acariciaras, que me dijeras *bonita*! Necesitaba un papá que me abrazara, ¡que me cargara y me protegiera! —no puedo seguir;

el llanto me lo impide; apenas logro agregar—: ¿Por qué me dejaste?

Encorvado sobre la silla, se talla la cara sonrojada de impotencia y culpa; tiene un gesto de derrota; se ve acabado, canoso, más enfermo que yo.

—Perdóname, hija —logra articular al fin—. Nunca había escuchado lo que sientes... Pero, sí te he protegido... Y no te he dejado... Por eso nos vamos a Houston. Lo hago para cuidarte.

—No entiendo.

—El problema que tuvimos hace poco como familia no lo ocasioné yo. Al menos no sólo yo. Se metió gente muy perversa a nuestra casa. Gente mala a la que tú y tu maestra Jennifer Areli perjudicaron después, y ahora esa gente quiere vengarse de nosotros. Especialmente de ti...

Sigo sin comprender absolutamente nada. Tampoco me interesa saber. Sólo quiero sentirme amada.

—¿Te puedo pedir un favor, papá?

—Lo que sea.

—Abrázame.

—Mi princesa —se pone de pie y se aproxima.

Abro los brazos. Él se inclina y me abraza. Entonces escucho sus sollozos en el oído. Y lo disfruto. Yo necesito la protección de mi papá. Necesito el cuidado del hombre que me dio el ser y patrocinó mi educación y bienestar. ¡Necesito volver a confiar en él! ¡Recuperar a mi líder; a mi héroe a quien admiraba ciegamente cuando era niña! Al maestro y amigo que me enseñaba cosas y se preocupaba por mí.

—Gracias...

—Nunca te voy a dejar, hija.

Antes de que se vaya le digo:

—Otro favor.

—Sí.

—No vuelvas a traer a Bertha.

24

EL HUECO DE MI CORAZÓN

Esta noche, cuando mi padre se va y me quedo sola en la habitación del hospital, abro la caja de mis pertenencias personales.

La estúpida Bertha puso dentro accesorios como aretes, llaveros, maquillaje y perfumes. Pero también algunos libros y cuadernos.

Saco un fólder como con cien hojas mecanografiadas; son los escritos de José Carlos. Seleccionados de su libro personal *Conflictos, creencias y sueños*.

("... contiene materiales que algún día usaré como base para escribir un libro. En realidad los dejé ahí con la esperanza de que llegaran a ti... de alguna forma").

Ariadne me mostró orgullosa esa carpeta, y me leyó algunos párrafos, pero no quiso dármela. ¿Qué hace entre mis cosas? ¿Cómo llegó hasta aquí?

La hojeo.

La Pecosa tachó varias páginas como para mostrar acuerdos o desacuerdos, puso anotaciones marginales, textos de contestación; incluso dibujó corazones y muñequitos al calce de algunas páginas. Me parece una falta de elegancia, porque la mayoría de esos poemas y reflexiones están dirigidas a Sheccid. ¡Y ésa soy yo!

Tomo la carpeta y leo uno de los escritos.

Me quedo pasmada.

Se trata de una autodescripción precisa y extraña del autor.

EL HUECO DE MI CORAZÓN

¿Vida normal?

Absurdo.

Soy ser ardiente encerrado en un cerebro sin tregua.

Me usurpan ilusiones rotas, utopías desgajadas, esperanzas vanas.

Hay un hueco enorme en mi corazón.

Mi alma contiene una oquedad de extraña geometría.

A ojos ajenos, mi vida es normal. Pero no es cierto: teniéndolo todo, soy infeliz:

- *Padre de carácter fuerte, líder, honesto, esforzado.*

- *Madre dulce, mimosa, hacedora de detalles, cuidadora de mantener viva la llama amorosa del hogar.*

- *Hermanos menores (tres), traviesos, alegres, fastidiosos.*

Cuerpo sano. Mente sagaz.

- *Sin problemas remarcables. No he sido víctima de abuso sexual, físico o emocional... No formo parte de estadísticas asombrosas ni de pronósticos lastimeros.*

A la vista de todos, soy normal.

Pero no es cierto.

Porque hay un hueco enorme en mi corazón.

Porque mi alma contiene una oquedad de extraña geometría.

Sheccid:

Esta concavidad es tuya.

El hueco de mi esencia no puede ser llenado por nadie. Está moldeado a tu forma.

Dios ha permitido ese espacio vacío en mí. Incluso lo ha puesto ahí, para que no lo ocupe nadie sino tú. Él mismo podría habitarlo, llenarlo y hasta rebosarlo con su infinito amor, pero no quiere. ¡Lo ha dejado abierto con el único fin de hacerme entender que yo no soy el importante, que mi mundo no puede girar alrededor de mí sino de ti! Que aun con la provisión divina, debo seguir sintiendo tu ausencia. Que sólo el amarte me completa y le da sentido a mi existir, porque tú fuiste creada para llenar mi vacío.

Princesa de ojos bellos:

No sé cómo será tu vida. No sé si será normal (o extrañamente anormal, como la mía). Pero si alguna vez te falta el aire o sientes que por más que estés rodeada de bondades la nostalgia te lacera y te confunde, revisa tu corazón, tu propia esencia... Y si ves que tiene un hueco, ve sus líneas.

Tal vez descubras mi forma, y que sólo amándome estarás completa. Tal vez comprendas que a mi lado tu vida tendrá más sentido, pues sólo yo fui creado para llenar tu vacío.

Permanezco muy quieta.
Vuelvo al leer despacio.

A la vista de todos, soy normal. Pero no es cierto. Porque hay un hueco enorme en mi corazón. Porque mi alma contiene una oquedad de extraña geometría.

¿A quién se le pudo ocurrir algo así? El documento corto, sencillo, parece redactado por una persona demasiado analítica para los estándares de nuestra escuela. Y de nuestra edad. Vuelvo a dudar de que lo haya escrito José Carlos. Quizá lo copió. Tal vez era un plagiario que robaba poemas ajenos para atribuirse su autoría.

Sheccid: Esta concavidad es tuya. El hueco de mi esencia no puede ser llenado por nadie. Está moldeado a tu forma.

Alguna vez leí que una manera de comprobar la legitimidad y originalidad de un libro es que haya consistencia de principio a fin...
He leído varios escritos de José Carlos y tienen la misma esencia... el estilo de la misma pluma.
Recuerdo ahora a aquellos jóvenes con taras mentales o sociales que tienen, como compensación natural, una gran capacidad numérica o memoria fotográfica. ¿Será un caso similar? ¿Y cuál será la tara de mi compañero? ¿Qué mala sorpresa esconderá en contrapeso a su habilidad para escribir?

... sólo el amarte me completa y le da sentido a mi existir, porque tú fuiste creada para llenar mi vacío.

¿Y si no hay truco? ¿Y si sólo se trata de un joven que ha desarrollado la capacidad de expresarse, como pianistas infantiles que dan conciertos, o pintores adolescentes que exponen sus cuadros en galerías? No puedo negar que la virtud humana existe y que no sólo las cosas malas son posibles.

... Si alguna vez te falta el aire o sientes que por más que estés rodeada de bondades la nostalgia te lacera y te confunde, revisa tu corazón, tu propia esencia... Y si ves que tiene un hueco, ve sus líneas. Tal vez descubras que a mi lado tu vida tendrá más sentido, pues sólo yo fui creado para llenar tu vacío.

Yo no escribo mucho. Mi especialidad es aprenderme poemas y recitarlos. Dejo de cuestionar y comienzo a memorizar.*El hueco de mi corazón.*
Esta vez sin analizar porqués, sintiendo el significado de cada palabra. Al repasar, reviso mis propios vacíos del alma. Es extraño. Tal como lo describe el mensaje, hay un hueco en mi ser, que no puede ser llenado fácilmente.

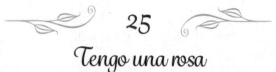

25

Tengo una rosa

El descubrimiento de ser querida y admirada por José Carlos me había devuelto la autoestima. Eso se reflejó en mi rostro, porque muchos compañeros volvieron a fijarse en mí, y a tratar de conquistarme. El fenómeno ocurrió especialmente con un chico recién inscrito. El prefecto Roberto llegó al laboratorio, antes de la clase de Química, y presentó al nuevo alumno.

—Jóvenes, les informo que este joven, Adolfo Gómez, formará parte de su grupo a partir de hoy. Adolfo estuvo estudiando en otra ciudad y acaba de trasladarse aquí. Así que terminará con ustedes el ciclo escolar. Denle un aplauso de bienvenida.

El "nuevo" entró al salón sonriendo. Las chicas suspiraron al verlo. Varias compañeras se acercaron y lo rodearon. Adolfo medía como uno ochenta de estatura, era de espaldas anchas y complexión robusta, casi en el límite de la esbeltez. Tenía una cara cuadrada, ligeramente autóctona con rasgos de mestizaje descarado entre español e indígena. Lo más raro de Adolfo era su largo cabello castaño con una banda alrededor de la cabeza. No parecía de nuestra camada. Seguramente había perdido un año o dos de estudios, porque se veía mayor. Camelia quiso explicárselo:

—Es raro que te hayan dejado entrar aquí —parecía muy grande de edad—, no admiten estudiantes de pelo largo.

Él sonrió.

—Sí... lo sé. Ya me leyeron el reglamento cien veces. Entré a la escuela bajo amenaza de muerte por mi cabello.

—Tendrás que cortártelo —insistió Camelia—. Es una lástima.

El maestro de Química entró al laboratorio.

Todos volvimos a nuestros lugares.

Pasó lista. Cuando dijo mi nombre y contesté "presente", noté que Adolfo me miraba con la ambición del escalador que contempla una montaña cuya cima piensa alcanzar.

El profesor parecía malhumorado. Nos explicó los pasos de un experimento mientras su auxiliar repartía sustancias y microscopios.

Durante la práctica algo salió mal.

En la mesa contigua, donde mi amiga Ariadne era líder, un bromista le quitó el lente principal al microscopio y jugando lo dejó caer al desagüe. La Pecosa levantó la mano e informó:

—Disculpe, profesor. El lente de nuestro microscopio se acaba de ir por la coladera.

Hubo risitas contenidas. El maestro caminó con rapidez.

—¿Qué dices? —echaba lumbre por las pupilas—. ¿El lente se fue "solo" por la coladera? ¿Cómo pudo ser eso?

Era el momento en que Ariadne debía delatar al culpable. No lo hizo. Ella era la responsable de esa mesa. El maestro la amenazó con expulsarla de la escuela si no devolvía el lente extraviado. Usó argumentos groseros y humillantes. El regaño fue inusual y fuera de proporciones. Todos en el aula presenciamos sin hacer nada, ni opinar siquiera, una de las injusticias más grandes que habían sucedido en nuestro grupo.

Ariadne salió llorando del salón.

En cuanto terminó la clase fui tras ella. La busqué en los baños. Quizá se había escondido ahí como lo hacía yo cuando quería que nadie me viera. No la hallé.

La siguiente clase había comenzado y no había encontrado a mi amiga, así que decidí deambular por los jardines.

Quizá sería interesante hablar con José Carlos. Decirle que encontré a su amigo Mario Ambrosio, preguntarle qué sabía de él, comentarle lo del Bliss Club y pedirle su opinión respecto a si mi prima corría algún peligro.

Entonces lo vi. Mi corazón comenzó a palpitar con más rapidez.

José Carlos había saltado la reja del jardín en un acto temerario y se encontraba en zona prohibida, ¡agachado frente a un rosal, tratando de cortar una enorme rosa roja!

¿Qué rayos hacía? ¡Era penadísimo dañar esas plantas! Estaba en cuclillas, luchando contra las fibras correosas del tallo. Echaba rápidas miradas a su alrededor, consciente de que si era sorprendido se ganaría un castigo.

El prefecto apareció dando la vuelta en la esquina del pasillo lateral.

Me puse de pie y grité agitando una mano.

—Hey... Roberto —lo hice voltear y detenerse en su camino, de modo que José Carlos pudiera escapar—. Ven —me acerqué a él—. Tengo una rosa.

—¿Qué dices? ¿Qué haces aquí, Deghemteri?

—Perdón. Tengo una duda. ¿Es cierto que las clases se van a suspender?

—Sí, habrá un festival de cultura, pero eso será hasta al rato. ¡Por lo pronto, deberías estar en tu salón!

—Ya lo sé. Salí porque necesito pedirle permiso a la maestra Jennifer para retirarme. No puedo estar en el festival.

José Carlos se hallaba de espaldas al prefecto. No consiguió cortar la rosa. Dejó el tallo doblado. Saltó el alambrado, se apresuró a salir del jardín y se puso a salvo. Sacudió su pantalón. Luego apuntó con el dedo hacia la rosa rota, se tocó el pecho a la altura del corazón y me señaló a mí. Su mímica fue exacta y entendible. Me estaba diciendo que había tratado de cortar esa flor para dármela. Luego hizo el ademán de lanzarme un beso. Agaché la cara sintiendo el calor de un ligero sonrojo. Se me acabaron los argumentos de discusión con el prefecto. Roberto lo notó. Giró la cabeza. Apenas vio en la esquina la sombra de José Carlos, que se había echado a correr.

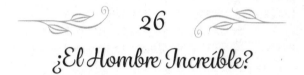

26

¿El Hombre Increíble?

Ver a José Carlos en ese arranque audaz y quijotesco, peligrando para regalarme una flor, derribó mis barreras. ¡Era tan bueno sentirme querida!

En esos tiempos de penuria emocional necesitaba soñar de nuevo, imaginarme feliz junto a una pareja que me quisiera de verdad.

Caminé por la explanada central. La escuela estaba irreconocible. Había una gran algarabía en el patio. Los prefectos y la gente de mantenimiento terminaban de colocar gradas improvisadas en el perímetro. Las clases se habían suspendido; nos visitaban alumnos de Sonora que brindarían un espectáculo artístico. Esta vez, el acto no tenía la formalidad de las ceremonias cívicas, y a los anfitriones se nos había permitido mezclarnos con los grupos y amigos de nuestra elección.

Busqué a Ariadne. Quería charlar con ella.

El festival de cultura comenzaría en cualquier momento. Varios compañeros me hicieron señas proponiendo que me acomodara junto a ellos. Rechacé todas las invitaciones con una sonrisa forzada. Pregunté por la Pecosa. Nadie la había visto. Al fin logré localizarla entre la multitud. Fui hacia ella. Pero lo que vi me hizo detenerme en seco. Ariadne estaba sentada en la parte alta de las gradas junto a alguien a quien no esperaba ver a su lado...

José Carlos.

Sentí una punzada en el vientre y un leve mareo. Ignoraba que los celos pudieran doler.

Mi amiga parecía muy interesada en algo que José Carlos le decía al oído ¡a pocos centímetros detrás de ella! Luego la vi sonreír y voltear hacia él como si quisiera besarlo.

¿Qué estaba pasando? ¡No entendía nada! Me quedé quieta mirando con mucha atención. José Carlos se separó un poco y sacó algo de su mochila. ¡Una pequeña bolsa! Se la dio a la Pecosa. Ella la abrió despacio y dibujó una expresión de asombro y felicidad. Se giró por completo y lo abrazó por el cuello.

Sacudí la cabeza. ¿En qué momento cambiaron las cosas? ¿Y cómo? ¡La rosa que José Carlos trató de cortar en el huerto prohibido de la escuela no era para mí! Era para Ariadne. ¡Pero el tipo me coqueteó y dijo con señas que me quería! ¿Se trataba de un seductor a ultranza, de un poeta liberal o de un enamorado del amor que se había cansado de esperarme? ¿Y qué pasaba con Ariadne? ¿Mi amiga me estaba traicionando? Aunque, bueno (me quité el cabello de la frente frotándome con fuerza excesiva)... yo le di ese derecho cuando me leyó el poema "Quiero conquistar tus ojos":

Todos los hombres pueden tener su Sheccid. De hecho pueden cambiar de Sheccid. A lo mejor así me decía el año pasado, pero hoy se lo dice a alguien más... tal vez a ti... José Carlos será tu pareja, Ariadne. Haz que te conozca.

Me arrepentía de haber proferido esas palabras. Mordí mi labio inferior. Lo declarado se cumple.

Alguien tocó mi hombro. Volteé. Era el nuevo estudiante de cabello largo. Adolfo Gómez.

—Bonita —me dijo—, ¿quieres sentarte conmigo? Tengo dos lugares apartados. Aquí, en frente. Ven.

Me acerqué.

—Claro. Gracias.

—¿Cómo te llamas? —preguntó.

—Sheccid.

—¿Sheccid? Qué raro nombre. Yo creí haber escuchado cuando el maestro pasó lista que te llamas Laura o Lorna.

—Lorenna.

—Ah. ¡Tienes dos nombres! Lorenna Sheccid.

—Exacto.

Durante todo el festival de cultura sonorense estuve mirando a Ariadne y a José Carlos. En dos horas no pararon de reír y hablarse al oído. Vi cómo él le acarició la cara y ella le tomó la mano de forma amorosa. Mi tristeza se convirtió en ira y la ira en despecho. Balbucí:

—El mundo es una porquería. No se puede confiar en nadie.

Mi nuevo compañero notó que yo estaba furiosa, pero no me preguntó por qué. Sólo quería hablar de sí mismo.

—Yo me llamo Adolfo, pero me dicen *Kalimán*.

—¡Kalimán! —su apodo era único y risible—. ¿El Hombre Increíble? ¿Como la radionovela?

—Sí, así me pusieron mis amigos porque hago malabarismos en motocicleta. Me gusta mucho andar en motocicleta.

—Mi hermano Joaquín me platicó de un amigo suyo, a quien apodan *Kalimán*, que los llevó a las grutas de San Jerónimo y por su culpa se perdieron.

—Sí, qué pena —reconoció—, lo mío no son las cavernas —alzó las cejas y enseñó sus dientes grandes como una mazorca—. ¿Joaquín es tu hermano? ¡Qué casualidad! Joaquín es un buen motociclista. También hace malabarismos. No como yo, claro. Nos conocimos en un club de motos. ¡Qué pequeño es el mundo! Lorenna Sheccid, ¡te invito a dar una vuelta en mi motocicleta!

—Lo siento. A mí no me gustan las motos.

—¿Qué te gusta hacer?

—Leer.

—¿Algo más divertido?

—Declamar.

Adolfo era guapo y raro a la vez, de ojos ligeramente separados, nariz ancha, cara angulosa, frente amplia, quijadas preponderantes.

—¡Declamar poesías! ¿Y eso con qué se come?

—En una vajilla de cultura acompañada con guarniciones de pasión.

No me entendió.

—Algún día te voy a enseñar a andar en moto.

—Sigue soñando.

Los siguientes días le retiré el saludo a mi amiga Ariadne. Ella me perseguía tal vez con intenciones de justificar su nuevo romance. Pero no le di oportunidad. Sentía rabia sólo de verla.

Al fin se llevó a cabo el concurso de declamación. Era una gran oportunidad para volver a encontrarme con José Carlos y desafiarlo en el escenario donde ambos éramos buenos rivales. Anhelaba vencerlo y humillarlo en público. Uno de los dos, el mejor, representaría a la escuela en el certamen regional.

Nuestro concurso se llevó a cabo en la biblioteca. Llegaron los jueces. Cinco. También llegaron los contendientes. Diez. Pero José Carlos, no. Su silla permaneció vacía. La audiencia era copiosa. Adolfo, con el pelo recién cortado, estaba sentado en primera fila. Miré el reloj. El concurso comenzó y José Carlos no se presentó.

Durante las recitaciones de mis compañeros estuve como ausente. Cuando fui llamada, declamé con especial vehemencia.

Gané.

Después de la premiación, Ariadne se me acercó trayéndome una nota.

—Es de José Carlos. Para ti. Me la dio su hermana.

La leí, y al hacerlo sentí que la saliva se me atoraba en la faringe.

Espero poder demostrarte con mi ausencia que valoro mucho nuestra amistad. Gana y demuéstrale a todos, como me lo demostraste a mí, que no hay nadie que merezca más representar a la escuela en declamación.

Arrojé el papel al suelo.

—¡Esto es un insulto! —grité—. Qué tipo tan arrogante. ¡Cómo se atreve a tratarme con esa altanería!, ¿cree que yo necesito su ayuda para ganar? —estaba tan enojada que proferí algunas ofensas impensadas—. Imbécil, traidor, cretino. Dile que se quede con su rosa rota.

Ariadne, asustada de mi reacción, levantó la hoja del suelo.

Giré para darle la espalda.

Había vuelto a ser campeona. Muchos me felicitaban, pero tenía ganas de llorar.

La Pecosa caminó para devolverle el recado a una chica delgada de mirada dulce, que estaba en la esquina del recinto. La hermana de José Carlos. Había visto y escuchado mi rabieta.

27

Perdiste, changuito

Una tarde estaba sola en casa (como todas las tardes), cuando escuché ruido inusual en la cochera: escándalo de motores, golpes metálicos, voces exaltadas.

Salí. Mi hermano Joaquín y dos conductores con casco estaban tratando de esconder sus motocicletas. Una de ellas tenía los espejos retrovisores rotos, el manubrio doblado, el rin delantero desnivelado y la salpicadera arrancada a la mitad; además, derramaba un líquido viscoso (gasolina, aceite o ambos) que se impregnaba en el piso dejando un rastro delator.

—¡Lorenna! —gritó Joaquín al verme—. Ayúdanos a tapar esto. ¡Rápido!

Se movía con desesperación; buscaba algo entre las herramientas del garaje. No pregunté. Conseguí bolsas grandes de basura que cortamos para ponerlas sobre las motos.

—¿Qué pasó? —uno de sus amigos estaba herido y exhalaba gemidos intermitentes—. Hay que llamar a una ambulancia.

—¡No se te ocurra! —increpó Joaquín—. Tenemos que escondernos.

Los tres motociclistas llenos de lodo, mojados, uno de ellos escurriendo sangre, se dirigieron al interior de la casa. Me adelanté y les marqué el camino hacia la cocina.

—Vengan por aquí —no quería que ensuciaran la sala—. Hay sillas. Siéntense.

—¡Trae el botiquín! —Joaquín seguía exaltado.

Lo hice. Cuando volví, me quedé muda. El herido, despatarrado, se había quitado el casco. Era Kalimán. Con el cabello corto su rostro parecía menos afilado. Más rechoncho.

—Hola, Sheccid —sopló un mugido ahogado.

—Hola. ¿Qué te pasó?

—Ya ves. Gajes del oficio.

(¿Y querías invitarme a dar una vuelta en tu "oficio"?).

—¿Te fracturaste algún hueso?

Hizo movimientos lentos como para confirmar la integridad de su sistema óseo.

—No creo… ¡Ay!, pero sí me duele mucho.

Joaquín lo golpeó en la nuca.

—¡Deja de patalear como niñita! ¡Primero andas de temerario y después te pones a chillar!

113

—¿Qué pasó? —pregunté.

—Kalimán, el tarado, se cayó y ocasionó un accidente de coches.

—¿Cómo se cayó?

Nadie contestó. Volteé a ver al tercer motociclista, que había permanecido en silencio.

—Hola —se presentó—. Soy Toño López. Corredor profesional de *gokarts* —me tendió la mano con una cortesía fuera de contexto—. Estábamos haciendo competencias en el Periférico, viendo quién duraba más tiempo en una sola rueda. Había llovido mucho. Íbamos los tres en paralelo, primero perdió Joaquín, después yo. Entonces el Kalimán aceleró más. Se levantó en vertical y se fue de espaldas.

—¿La moto le cayó encima?

—Sí —dijo Adolfo con voz débil, aparentemente orgulloso de haber sobrevivido—. Rodé por la carretera como a cincuenta kilómetros por hora.

—Pero eso no fue lo grave —continuó Toño—. Con el impulso, la moto se saltó el muro de contención y cayó del otro lado de la carretera. Los coches en sentido contrario se la encontraron de frente. Y chocaron. Varios. En carambola. Estuvo muy feo.

—¿Hubo heridos?

—Seguro que sí.

—Afortunadamente la moto volvió a encender —Adolfo retomó el relato dirigiéndose a mí—. Como yo estaba caliente, me subí de nuevo y nos apuramos a escapar... —atenuó la falta cantando su victoria—. ¡Pero gané la competencia! ¡Aguanté más tiempo en una rueda!

—Idiota —Joaquín volvió a golpearle la cabeza—. Claro que no ganaste. En estas pruebas, gana el que sale ileso aunque pierda, y pierde el que se accidenta, aunque gane. Ésa es la regla. Así que perdiste, changuito.

—Exacto —Toño le pegó en la cabeza también—. Perdiste, changuito.

Me enfadó que los dos abusones molestaran de esa forma a mi compañero de clases.

—Ya, ya —intervine—. ¿Eso qué importa? Curen a su amigo.

—A ver. Yo lo haré —Toño se comidió—. Enderézate, idiota.

Adolfo trató de levantarse pero la pierna se le dobló.

—Auch. Agg. No puedo apoyarme.

—Ya se te enfrió el golpe.

En ese instante sucedió algo que nos heló la sangre: la pared del patio se iluminó con luces rojas y azules que se movían.

—Oh, oh.

Nos quedamos quietos. El sonido de la sirena policiaca se metió a nuestros oídos como taladro.

—Nos encontraron —dijo Toño—. ¿Qué hacemos?

—Hablar con ellos —Joaquín oscilaba—. Creo. Quizá sólo tendremos que pagar una multa.

Se escuchó el timbre de la puerta.

Joaquín y Toño salieron.

Después de varios minutos, los destellos azules y rojos iluminaron de forma diferente el pasillo y los cristales de la casa, agrandándose y diluyéndose poco a poco hasta desaparecer.

La patrulla se había ido.

Silencio. Dos minutos. Cuatro. Salí y comprobé mis temores. No había rastros de Joaquín y Toño. Se los habían llevado.

Cuando regresé a la cocina, Adolfo estaba de pie.

—Me buscan a mí —dijo quejándose del dolor—. Tengo que presentarme.

—Sí. Pero antes debes ver a un médico.

—¿Para qué? Yo puedo limpiarme las heridas. Al rato.

—De una vez. Siéntate. ¿Qué necesitas?

—Gasas y agua oxigenada —tiritaba.

—Tienes la ropa mojada.

—Sí. Pero no hay problema. Estoy bien. Me han pasado cosas peores. Esto no es nada —destapó el pedazo de tela en el muslo derecho, que se le había pegado a la piel sangrante, para mostrarme la herida que minutos atrás le había hecho emitir mugidos lastimeros, y de la que ahora, repentinamente, parecía enorgullecerse.

—¿Quieres que traiga unas tijeras para descubrir bien la zona?

—No. Esta ropa es cara. Todavía tiene arreglo. Mejor ¿podrías prestarme un *short* de Joaquín?

—Sí, claro.

Fui al cuarto de mi hermano y busqué en su clóset. Cuando volví a la cocina, Adolfo ya se estaba quitando los pantalones.

28

Quítame el jersey

Tina abandonó el programa universitario de cuidados forestales porque se dio cuenta de que en realidad detestaba a los ecologistas. Entró a trabajar de lleno al Bliss Club: por las tardes se convirtió en maestra de meditación y por las noches logró su objetivo de cantar, preparar bebidas y mezclar música en el bar de su novio, el Patrón. Le di llaves de la casa. Su rutina de horarios se hizo muy particular. Llegaba a casa como a las cinco de la mañana; dormía (en mi cuarto) hasta la una de la tarde y volvía a irse...

Ésa es la razón por la que yo estaba sola en casa esa tarde.

Con Adolfo.

Dejé el *short* sobre la mesa de la cocina, y salí a toda prisa. No me parecía prudente quedarme en el mismo cuarto mientras mi compañero terminaba de cambiarse los pantalones. Aunque de todas maneras permanecí cerca. Lo escuché quejarse. Luego, me llamó. Había dejado su prenda rota junto con las botas enlodadas sobre una silla. Adolfo, entre cerril y descarado, exhibía la excoriación de su muslo con tierra, sangre y pelos atrapados en la mucosidad del rasponazo.

—Ven —me dijo—. ¿Me alcanzas el agua oxigenada y las gasas?

Obedecí sin mirarlo de frente.

Apretó las mandíbulas para restregarse la piel, sabiendo que sus movimientos me ocasionaban escalofríos.

—Agg. Ouch... aah.

—¿Arde?

—Sí. Pero así se limpian las heridas. No debe quedar nada de tierra, o pueden infectarse. ¿Me das más antiséptico?

Poco a poco me atreví a observar su acicalamiento. El líquido blanco estaba haciendo espuma, como si hirviera. Exhaló, complacido. Vio que había un frasco de Merthiolate en el botiquín y anunció que también se pondría eso.

—Uhh, iiih, aah... se siente como viento helado.

—Eres valiente.

—Sí —usó cinta adhesiva para ponerse compresas y se envolvió la pierna con una venda—. Ya está —exhaló—. Ahora necesito limpiarme la espalda. Sólo que no la alcanzo... Vas a tener que ayudarme.

—Imposible. Soy malísima para esas cosas.

—Por favor —me tomó de la mano—. Ven.

El contacto me enchinó la piel.

—Tu hombro está peor que tu pierna.

—Ayúdame a quitarme el jersey.

¿De verdad no podía quitárselo él? Y ¿era necesario hacerlo?

—¿Dónde aprendiste a curar heridas?

—Tomé clases de primeros auxilios. Todos los que practicamos el motociclismo debemos saber hacer curaciones. Anda. Quítame el Jersey.

Había algo en él que me agradaba y disgustaba a la vez. Lo observé sin saber qué era.

—No creo.

—Por favor.

Lo pidió con garbo, casi con dulzura. Eso es lo que me fascinaba de él. Su atrevimiento y su capacidad para ser tierno en determinados momentos.

—A ver. Levanta los brazos despacio.

Apareció ante mí con el torso desnudo. No tenía los músculos marcados, pero sí era de espaldas anchas.

—Voy a curarte el hombro. Me moví hacia atrás.

—Debes lavarme primero. Ya sabes. Con antiséptico. Frota muy fuerte.

—No creo que pueda...

Mientras maniobraba, siguió hablando como si fuera lo más normal entre nosotros tener esos acercamientos.

—Mis papás se divorciaron a causa del motociclismo.

—¿De veras?

—Sí, a él le gusta hacer travesías en su Harley Davidson. Como a mi mamá no le gusta eso, él le fue infiel con una mujer motociclista, que por cierto estaba preciosa.

Eso era lo que me molestaba de Adolfo. Su machismo escondido ¡y su recurrente estupidez! ¿Acaso todos los hombres tenían justificaciones para ser adúlteros?

—Me estás haciendo cosquillas con la gasa.

—Discúlpame. Ya no tengo ganas de seguir curándote.

—Entonces háblame de ti, Sheccid. Cuál es tu *hobby*.

—Leer. Ya te lo dije.

—Con todo respeto, qué aburrido.

—Por lo visto tú no lees.

—No mucho. A veces leo *Mafalda*. Pero ni siquiera le entiendo.

—A mí me encanta *Mafalda*. Y sí le entiendo.

—Es que además de bonita eres muy inteligente. Quise hacerle sentir ardor.

—Voy a ponerte Merthiolate.

—No, no hace falta. Ya sufrí mucho por hoy. Deja la herida así. Le hará bien airearse. Mejor ven. Déjame verte bien.

Me tomó ambas manos y me atrajo hacia él.

Ahí estaba otra vez su gesto dulce y atrevido. Me aparté. Le dije:

—El otro día te vi en primera fila durante el concurso de declamación.

—Sí. Fui a verte. Les diste una paliza a los otros concursantes. Aunque a decir verdad, declamar poemas me parece una actividad femenina. No me imagino a mis amigos o a mí mismo recitando y aventando pétalos de flores por los pasillos.

—Estás mal informado —esta vez mi tono de voz fue adusto, casi ofensivo—. La poesía es una forma bella de expresar emociones. Es pintar acuarelas con palabras. Admiro a los hombres poetas. Son artistas.

—No te enojes —volvió a tomarme de la mano—. Escúchame. Conmigo te vas a divertir más que con el mejor poeta.

—Lo dudo —pero al contacto de su piel, mi corazón latía con rapidez de nuevo. Era una reacción involuntaria—. Yo no saldría con ningún motociclista a menos que supiera de poesía.

Irguió el pecho desnudo y habló con errores ampulosos.

—Lo que usted digáis, princesa medieval, yo voy a declamaros sonetillos.

Mejor que no hablara.

—Ponte la ropa —le dije—. ¿Sabes manejar un coche estándar?

—Sí, por qué.

—Mi papá dejó el suyo en el garaje. Tenemos que ir a la Delegación de Policía.

—¡Genial! —la idea lo entusiasmó tanto que se levantó de un salto. Tomó el jersey roto y se lo volvió a poner sin ayuda. De pronto había olvidado las dolencias que tanto lo martirizaron minutos antes—. ¡Ya vi que es un auto convertible! ¿Podemos abrirle la capota? Siempre he querido manejar uno de ésos.

Se puso las botas y tomó los pantalones rotos. Fuimos al garaje. Subió al Corvette sonriendo y accionó la llave para encenderlo. No funcionó. La batería estaba descargada.

Salió. Abrió el cofre.

—¿No tienes otro acumulador y unos cables para pasar corriente?

—Ni idea.

—¿Qué hacemos?

Me asaltó un pensamiento osado.

—¿Y si vamos en motocicleta?

—Me dijiste que no te gustaban las motos.

—Hoy me siento temeraria. Usemos la de Joaquín. La tuya está rota.

—¡Sí! —volvió a entusiasmarse—. Se movió con rapidez. Buscó los cascos. Me dio uno. Arrancó y aceleró varias veces haciendo un ruido innecesario y llenando el garaje de humo—. Sube. Abrázame, con confianza.

Obedecí.

Me motivó la tarde húmeda, la taquicardia que aún no menguaba en mi pecho después de haber estado frente al mismísimo Kalimán semidesnudo. La inquietud audaz de querer experimentar emociones distintas. El coraje de haber sido despechada por José Carlos, la ira de estar sola y desprotegida.

Adolfo manejó con cuidado en las calles, pero al entrar al Periférico aceleró a fondo. Fue una sensación simultánea de pánico y placer. Lo abracé con mucha fuerza. Aceleró más. En la recta volamos. El viento empujó mi cabeza hacia atrás. Me guarecí detrás de la suya.

Entramos de nuevo a las calles y disminuyó la velocidad extremando precauciones. Se lo agradecí.

Al fin llegamos a la Delegación.

La adrenalina me había hecho darme cuenta de que, en efecto, con él me divertiría más.

—Voy a bajarme primero —estacionó y estabilizó la motocicleta con la pata de seguridad. Se quitó el casco y luego me quitó el mío. Sacudí la cabeza para que el cabello se me acomodara. Cuando miré de frente encontré su rostro a escasos centímetros.

Yo seguía arriba de la moto. Él estaba de pie.

Puso las manos en mi cintura, y me besó.

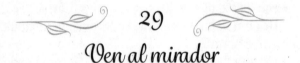

29

Ven al mirador

Fue mi primer beso. Breve, superficial, anodino, pero el primero al fin. Me quedé como flotando mientras él se dirigía a las oficinas a preguntar. A los pocos minutos volvió.

—Joaquín y Antonio no están aquí —me dijo—. Vamos a otro lado.

Nos pusimos los cascos, subió a la moto, aceleró varias veces antes de arrancar y nos incorporamos agresivamente a la vía rápida. Lo abracé de nuevo percibiendo la rigidez de sus músculos y la sensación del magnetismo mutuo. ¿Acaso eso era el amor? ¿El cuerpo y sus reacciones instintivas debían protagonizar con tanta relevancia la elección de pareja?

Llegamos a la segunda oficina. La escena se repitió. Nos quitamos el casco, pidió que lo esperara, me besó brevemente y fue a preguntar. Casi de inmediato volvió con la extraña noticia de que mi hermano y su amigo no estaban ahí ¡tampoco!

—¡Vamos! —dijo con las pupilas dilatadas, impulsado por una evidente inercia aventurera.

—¿A dónde?

—Ya lo verás. Te quiero mostrar un lugar hermoso.

Condujo por la carretera angosta que sube al cerro más alto de la zona.

Algo no estaba bien. Una hora antes, cuando los agentes llegaron a mi casa, sus lastimaduras le habían impedido ponerse de pie. ¿Por qué ahora saltaba de la moto y corría de un lado a otro como hámster en celo?

Llegamos a la cima del altozano. Apagó el motor, se quitó el casco y me ayudó a hacer lo mismo. Quiso volver a besarme. Lo rechacé. Mi mente había comenzado a desconfiar. ¿Por qué había abandonado la búsqueda de sus amigos para llevarme a ese sitio despoblado? ¿No habría ideado la ruta sólo para seducirme?

—Ven al mirador —me invitó.

Bajé de la moto y caminé con él hasta una saliente agreste.

Puso un brazo sobre mi espalda.

—¿Te gusta el paisaje?

En un fondo nigérrimo la ciudad se iluminaba por centenares de foquitos amarillentos, y luces de automóviles blancas y rojas sobre líneas de carreteras.

—Sí... es hermoso. Pero estoy preocupada por Joaquín —corregí—, y también por Antonio.

—¡Olvídate de ellos! De seguro ya los dejaron libres. ¡Disfruta el momento! Levanta la cara. Siente el aire sobre tu rostro. Esto es poesía.

¿Y si tenía razón? Yo siempre estaba preocupada por algo. ¿Por qué no era capaz de disfrutar el presente?

Alcé la barbilla y abrí los brazos como para capturar el viento. En cuanto me expuse así, Adolfo me atrapó de nuevo y volvió a besarme. Pero esta vez sus movimientos no fueron sutiles, sino posesivos, casi salvajes. Apretó fuerte sus labios contra los míos y metió su lengua a mi boca, como queriendo tocar mi paladar y alcanzarme la campanilla. Forcejeé. Me apretó con energía obligándome a juntar mi cuerpo al suyo y siguió moviendo la lengua entre mis dientes.

—¡No! —logré decir cerrando la boca y empujándolo—. ¿Qué haces? Déjame en paz —caminé de regreso—. Lo echaste todo a perder.

Fue detrás de mí.

—Perdóname, Sheccid. No pude controlarme. Es que me gustas tanto.

Contuve mis ganas de llorar.

—¿Por qué hiciste eso?

—Vamos al mirador de nuevo. Te prometo que te trataré bien.

—No. Déjame en paz. Necesito regresar a mi casa.

En el camino de vuelta, Adolfo ya no aceleró. Y yo evité abrazarlo. Me detuve de los asideros traseros.

Preguntó al llegar:

—¿Puedo llevarme la moto de tu hermano? Mañana la devuelvo.

—Como quieras.

Entré a la casa corriendo.

El teléfono estaba sonando.

Adolfo gritó a todo pulmón:

—Perdóname. Sólo entiende que me gustas mucho. Daría todo por ti —cerré la puerta. Parecía desquiciado, aullando en medio del vecindario—. Te quiero, ¿me oíste? Lorenna Sheccid, ¡te quiero!

Fui directo al teléfono y descolgué.

—¡Hermana! —era Joaquín—. ¡Por fin!, maldición. ¿Dónde estabas? —sonaba muy alterado—. Ayúdame. Necesito que te muevas rápido. Me metieron a los separos de Barrientos.

—¿Cómo?

—Trae dinero. Pronto. Nos quieren consignar por daños a terceros y por daños a las vías de comunicación. La moto de Adolfo rompió el alambrado del Periférico. Y hubo varios heridos. Ven. Pide un taxi.

—Sí.

—Trae al Kalimán. Tiene la obligación de dar la cara. Fue su moto. Fue su culpa.

—Ya no está...

—Maldición. Entonces ven tú —repitió—. Trae dinero.

—¿Hubo alguna persona muerta en el accidente?

—No. Si así hubiera sido, estaríamos acusados de homicidio y nos meterían a la cárcel por años. Ahora la situación es delicada, pero podemos salir bajo fianza, si pagamos. Ven, hermana.

—Sí.

Corrí al escondite donde mi padre dejó sus ahorros. Me eché un puño de billetes a la bolsa y salí.

30

LAS PERSONAS NOS TOCAMOS UNAS A OTRAS

Estoy callada, taciturna; la enfermera Susy me ha servido de comer otra vez. No quiero comer. Me dice que estoy en los huesos.

Enciendo la luz de lectura y le pido que se vaya.

He recordado que Adolfo y yo nos besamos. Se han descubierto en mi cerebro las memorias de que tuve un romance atrabancado y superficial con el tal Kalimán...

Pienso en las secuelas de esos primeros besos que quisieron ser mágicos y acabaron convirtiéndose en el brusco forcejeo de un macho que quiere dominar a una hembra.

"Soy una tonta...", me recrimino. ¿Cómo pude prestarme a eso? ¿Por qué sentí tantos celos de Ariadne y me molesté con José Carlos al grado de desquitarme arrojándome a los brazos de Kalimán?

Acostada en la cama del hospital, entiendo que entre mis dos pretendientes escolares sólo sería capaz de amar a uno... Al que me comparte sus *Conflictos, creencias y sueños*. Entonces ¿por qué no recuerdo nada de lo que sucedió entre él y yo? ¿Acaso porque no sucedió nada? ¿Será que en el pasado descubrí *algo* que (también) me desencantó y me alejó de él? ¿Pero qué fue ese *algo*?

Ciertamente hay un hueco en mi corazón que no puede ser llenado. Y tampoco creo que la pieza del rompecabezas faltante sea él. Pero sí tengo el presentimiento de que leerlo puede darme las respuestas que busco. Tomo su selección de CCS, y hojeo casi con desesperación. Busco un escrito diferente, algo que hable de él y de su propia familia. Quiero conocer sus raíces. Saber más. Encuentro el documento perfecto.

Leo.

Quiero ser escritor. Pero el camino de escribir parece muy solitario.

Nadie me entiende ni me apoya. Para mis amigos soy loco… Para mi princesa, invisible.

Hace rato estaba muy triste, con papeles a medio redactar frente a la mesa y mi madre llegó a verme. Aunque seguramente notó que me limpié una lágrima del rostro cuando entró a la habitación, no me preguntó qué tenía. Sólo se sentó a mi lado y me observó de perfil. Luego acarició mi cabeza con la mano. Su toque me confortó.

—José Carlos, ¿por qué escribes tanto?

—Para desahogarme.

Ella entendía eso; sin embargo, algo le molestaba. Me lo dijo:

—¿Te desahogas, pero el alivio es momentáneo y a las pocas horas vuelves a sentir un vacío?

Volteé a verla de frente.

—¿Cómo sabes?

—Tienes mucho amor para dar y te sientes solo.

—Sí.

—¿Dónde están tus amigos?

—No tengo amigos. En la escuela casi todos me rechazan.

—¿Estás enamorado?

—Sí.

—¿Ella te corresponde?

—No.

Puso la mano sobre mi antebrazo. Qué agradable sensación experimenté al ser tocado con tanto cariño.

—Quizá estás idealizando a esa chica.

—Quizá.

Mi visión se había nublado.

—Hijo, esta etapa es difícil y hermosa a la vez. No te desesperes, eres un gran hombre, un gran artista, poeta, escritor.

—¿De veras lo crees?

—Algún día, el mundo lo reconocerá y encontrarás a la mujer que anhelas. Y serás feliz junto a ella. Te lo puedo asegurar. Sólo mantente firme en tus valores.

Era increíble que adivinara lo que me sucedía y que dijera con tal precisión lo que necesitaba escuchar.

—Gracias, mamá.

—Te admiro, hijo; te quiero y estoy contigo...

Eso fue todo. Su mano volvió a acariciarme la cabeza por dos o tres minutos más. Luego se puso de pie y salió de la habitación.

Esta vez las lágrimas fueron como el líquido que lava las impurezas de un cristal empañado; después vi las cosas con más claridad. Y descubrí algo. Algo grande... Descubrí que las personas nos tocamos unas a otras. Todo el tiempo. Con las manos y las palabras. Hay toques que humillan y toques que exaltan. Depende de la *forma en que usemos las manos y las palabras al tocar a alguien; podemos hacerlo sentir más o menos valioso.*

Por ejemplo: un adulto podría decir: "Yo soy inseguro, temeroso, siempre preocupado y disminuido, porque mi padre hace años me tocó; con sus manos me lastimó, quebró mi orgullo y mi dignidad; con sus palabras me hizo sentir culpable, ignorante e inoportuno; así aprendí que yo estorbaba y el sentimiento de inutilidad permanece en mí".

Las personas nos tocamos unas a otras. Añadimos valor o restamos valor a quien tocamos.

Otro adulto podría decir: "Soy fuerte, perseverante, entusiasta y feliz, porque mi padre me tocó. Su forma de acariciarme y hablarme hicieron que mi autoestima se fortaleciera. Hoy soy grande porque llevo conmigo el toque de ese hombre".

¡Las personas nos tocamos! ¡Esto es un descubrimiento vital! Entenderlo puede incluso ayudarnos a definir algo tan grande e importante como la misión de nuestras vidas. Al menos la mía: yo toco a la gente con las manos y con las palabras, y debo asegurarme de que mi toque sume y no reste, beneficie y no perjudique, inspire y no denigre.

La humanidad sería distinta si todos asimiláramos esta verdad. Muchas personas tocan a otras ¡y les añaden valor con ese toque! Otras (por desgracia la mayoría), al tocar, roban, restan, quitan, hieren, matan. Por eso todos debemos aprender a tocar.

Un hombre puede tocar a una mujer (con las manos o con las palabras), de tal forma que ella se sienta sucia, denigrada, usada. O puede tocarla de tal manera que se sienta elogiada, grande, fuerte y feliz.

Lo que importa no es lo que hacen dos seres humanos, sino cómo lo hacen. La ternura, la dulzura, la comunicación de almas. Lo importante en la vida no es decir palabras o tocar. Lo importante es hacerlo con cuidado...

El toque de mi madre hace unos minutos me añadió valor. Y su efecto fue tan intenso que me retumba en el alma e inflama mi pecho de alegría. "Eres un gran hombre, un gran artista, poeta, escritor; algún día, el mundo lo reconocerá y encontrarás a la mujer que anhelas. Y serás feliz junto a ella".

Yo lo creo. Lo declaro. Lo anticipo, mi Sheccid.

He recibido un toque de amor y de poder. Estoy dispuesto a dártelo a ti también.

Termino de leer. Estoy emocionada y alterada. He entendido algo. En el pasado fui tocada por las manos de Adolfo y sus besos fragorosos no me añadieron valor como persona; a pesar de ser agradables a mis instintos, me hicieron sentir sucia. Por otro lado, en el presente también he sido tocada por las palabras de José Carlos. Y ese toque sí me ha hecho sentir más valiosa.

Duermo con ánimo renovado.

Mañana saldré de este hospital.

31

¡FELICIDADES, SALISTE CAMINANDO!

Aún no estoy sana; sigo en rehabilitación física y mental, pero aquí cada noche es cara y el seguro ha puesto un límite. Además, a mi padre le urge que nos vayamos. Dice que corremos peligro. No me explica por qué.

—Prepara todo hija. Voy a firmar los últimos papeles.

—Sí, papá.

Mientras espero, leo un poema de Antonio Machado en la libreta de José Carlos:

Soñé que tú me llevabas
por una blanca vereda,
en medio del campo verde
hacia el azul de las sierras,
hacia los montes azules
una mañana serena.

¡Eran tu voz y tu mano,
en sueños tan verdaderos!
Sentí tu mano en la mía,
tu mano de compañera,
tu voz de niña en mi oído
como una campana nueva
de un alba de primavera...

—Vámonos, hija. Todo está listo.

Tardo en acomodar mis últimas pertenencias. No quiero irme de este cuarto que fue mi hogar las últimas nueve semanas (de las cuales, seis estuve inconsciente). No quiero irme porque no sé a dónde iré. Y tengo miedo a lo desconocido.

—Vámonos, preciosa.

Comienza a caminar. Tomo mi andadera de apoyo. Salgo del cuarto. Mi padre va junto a mí.

Para nuestra sorpresa, médicos y enfermeras han hecho una valla en el pasillo. ¡Y aplauden! Susy está muy conmovida. Aplaude y llora. Hago lo mismo. Con un nudo en la garganta me despido de ellos.

En la fila también hay camilleros, afanadoras y administrativos. Algunos tienen cartelones escritos a mano con frases inspiradoras:

¡Felicidades, saliste caminando!
¡Lo lograste!
¡Después de esto nada te va a derribar!
¡Eres una luchadora!
¡Te vamos a extrañar!

En el hospital me consideran la paciente más interesante del año. Así me lo han dicho. Antes de subir al elevador, la valla se deshace y todos me rodean para tomarse fotografías conmigo. Sonrío de corazón y reparto muchos abrazos.

La manifestación inesperada de cariño me conmueve; me hace sentir que todo ha valido la pena. Pero el gusto me dura poco.

Dos horas después estoy en un avión. Con mi papá. Rumbo a Houston. No hablo. Miro por la ventana con una nostalgia encolerizada, si se admite la contradicción. Me encuentro huyendo de algo que no recuerdo, poniéndome a salvo de una amenaza que desconozco. ¡Sólo él sabe por qué estamos haciendo ese viaje! Debe haber razones muy fuertes para obligarme a un alejamiento tan radical de mi mundo; para hacerme truncar el año de estudios sin explicaciones, como se queman los puentes por los que no se quiere regresar.

Ya no pregunto por qué. Estoy cansada de evasivas.

32

QUIERO TOCARTE

Mi padre se ha echado a dormir en el avión que nos lleva a Houston.

Observo a dos enamorados besándose en el asiento contiguo. Pasa la azafata repartiendo formatos de migración, y la pareja ni siquiera voltea. Literalmente flotan en las nubes. Se acarician el rostro, embebidos y se besan de nuevo. Pienso. Un beso en realidad no significa nada. Es un simple contacto de labios. Lo que hace especial un beso es *la forma* de darlo. Lo mismo debe de suceder en todo lo referente al contacto humano. Incluso al sexo.

Lo que importa no es lo que hacen dos seres humanos, sino cómo lo hacen.

La ternura, la dulzura, la comunicación de almas.

Lo importante en la vida no es decir palabras o tocar.

Lo importante es hacerlo con cuidado...

Comprendo que valen más la elegancia y la nobleza que los hechos mismos. Que quien tiene formas dulces y educadas puede alcanzar metas más altas que quien hace las cosas groseramente y con altanería.

Retomo la carpeta de José Carlos y sigo leyendo.

Mi princesa:

Quiero tocarte.

Tal vez estés rodeada de lujos en el palacio. Te imagino solitaria (como yo), mirando por la ventana, esperando a alguien que sea capaz de amarte por lo que eres y no por lo que tienes.

Sheccid:

Esta noche con mis letras voy a escalar los muros que llevan a la ventana de tu alcoba. Subiré despacio y apareceré frente a ti para decirte:

Amor, no tengas miedo. La vida es hermosa y todo está bien. Yo voy a protegerte. Voy a estar a tu lado para tocarte con mis manos y mis palabras. Princesa, cierra los ojos, deja que acaricie tu rostro despacio con las yemas de mis dedos. Déjame dibujar tus labios, tus párpados, tus cejas, tus mejillas. Siente mi toque suave. No hay prisa. Porque mientras te acaricio lentamente voy a susurrarte al oído que eres buena, hermosa, dulce, talentosa. Que el mundo es mejor gracias a que tú habitas en él...

Quiero tocarte, princesa.

Tocarte con mis manos y mis palabras.

Tocarte cada noche. Cada mañana. Cada día.

Cargarte y rescatarte del dragón que te custodia.

Quiero darte un regalo continuo con mi toque; exaltarte, y hacer que ese toque te engrandezca...

Voy a tocarte algún día.

Te haré más feliz porque te cuidaré y no tendrás que preocuparte.

¡Sueño que tus manos, tus labios, tus palabras me hagan sentir fuerte cuando desfallezca o me recuerden el valor que la vida me brinda cada día!

Pero también, lo confieso, me gustaría recibir un toque tuyo.

Porque tú también eres dadora de cosas buenas...

Porque también tienes el toque de valor.

Anhelo que no sólo puedas sino quieras... quieras tocarme, princesa...

Repaso el texto de José Carlos. Es increíble que haya salido de su pluma. ¡Pero yo lo vi con mis propios ojos! Él estaba escribiéndolo sentado en la banca de piedra cuando llegué a retarlo para el concurso de declamación; cuando me burlé preguntándole si vendía pornografía.

Cierro la carpeta y vuelvo a mirar hacia la ventana. Es de noche. Estamos a punto de aterrizar.

Papá sigue dormido a mi lado.

Releo el papel y entiendo cuán fácil es dejarnos llevar por las apariencias y juzgar erróneamente a las personas.

Porque yo quiero ser tocada. Y también quiero tocar. (Como José Carlos lo describe). Me pregunto: ¿en qué términos acabé con él? ¿Por qué no fue a verme al hospital? ¿Por qué si me amaba tanto permaneció en silencio meses enteros, incluso cuando me encontraba en estado de coma debatiéndome con la muerte? ¿Qué rayos pasó?

Me golpeo la cabeza con la mano. ¡Necesito recordar! No puedo tener esta verdad a medias en mi razón. Si mi mente no se destapa, en cuanto pueda voy a tomar un vuelo de regreso para conversar con él, discutir sus escritos... y comprobar si es capaz de tocarme de verdad.

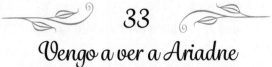

33

Vengo a ver a Ariadne

Movida por el cariño hacia mi mejor amiga, pensé que no era justo haberme distanciado de ella. La Pecosa, dulce, madura, optimista, intuitiva, fue la única persona que logró adivinar mi sufrimiento; la única que se acercó para darme ánimo cuando lo necesitaba. Ella no merecía mi rechazo.

Un domingo en la noche la llamé.

—¿Cómo estás, amiga?

—Mal. Qué bueno que me llamas —respondió—. Necesito decirte algo. ¿Puedes venir?

Con tantas sorpresas y adversidades en mi ecosistema, temí que le hubiera sucedido algo malo. Salí a la calle y caminé con pasos rápidos. Su casa estaba cerca. A cien metros de distancia.

Toqué el timbre. Me abrió una mujer bajita y muy pecosa.

—Buenas noches —tenía la sonrisa triste de madre confundida.

—Hola, señora. Vengo a ver a Ariadne.

—No sé si pueda... recibirte, Lorenna.

—Ella me pidió que viniera. Hablamos por teléfono hace cinco minutos.

—¿De veras? —no lo averiguó—. ¡Entonces pasa! Por favor. Mi hija está en su cuarto. ¿Te apetece algo de comer? Puedo llevarles unas quesadillas. Estoy haciendo la cena.

—No, señora. Muchas gracias.

Entré despacio. La estancia adornada tenía el toque femenino de alguien que se esmera en brindarle a los muros calor de hogar. (Todo lo contrario de mi casa).

La mamá de Ariadne me condujo por el pasillo hasta una recámara.

—Hija —llamó a la puerta—, tienes visitas.

La Pecosa abrió. Sus párpados estaban enrojecidos.

Cuando nos quedamos solas me dijo sin rodeos:

—Te has portado muy grosera conmigo últimamente.

—Sí... —reconocí—. Tuve un ataque de celos.

—¿Ataque de celos? —su pregunta fue exclamatoria—. ¿Por qué?

—Te vi con José Carlos, Ariadne... muy acaramelada... En el festival. Los dos se abrazaban. Se miraban y acariciaban. Lo hicieron durante casi dos horas. Pero ya no importa. Yo estoy bien con eso. Ahora ando con Adolfo.

Me miró brevemente y sus cristalinos reflejaron una profunda decepción.

—Te creí más inteligente.

—¿Por qué dices eso?

—Viste que el maestro de Química me amenazó con expulsarme de la escuela si no devolvía el lente que se perdió. Bueno, pues José Carlos se enteró y quiso ayudarme. Se escapó para ir a su casa y traerme el lente de un microscopio suyo. Me lo dio en una bolsita de regalo. Luego charlamos. No te voy a negar que al principio me sentí ilusionada, pero hizo todo eso con el fin de ganarse mi favor ¡y pedirme que lo ayudara a conquistarte!

—Qué raro —sentencié—. ¿Echó a perder su propio microscopio? ¿Y de casualidad también trató de cortar una rosa para dártela?

—Sí. Me contó todo eso.

—¿Y lo hizo por ti, para conquistarme a mí? —me burlé—. Deja que me ría.

—Ríete si quieres, pero así es, Lorenna. Él se ha encaprichado contigo y está dispuesto a todo por tocar tu corazón. Quiere meterse en tu mundo poco a poco. Por eso me buscó. Sabe que somos, o al menos éramos, las mejores amigas, que influyo o influía en ti. Supone que te conozco bien y que puedo darle información para ayudarlo en su propósito. No tienes idea de cómo me dolió comprobar que él no ha cambiado de musa. Que yo nunca voy a ser su Sheccid...

La Pecosa se hallaba devastada. Su amor por José Carlos le brotaba por los poros. Era injusto que ella quisiera tanto a alguien que a su vez me quería tanto a mí.

—Pues eso es lo que me desagrada —respondí—. Que todo lo que él hace sea producto de un capricho; además, me parece aburrido, pasivo. Prefiero a los hombres activos como Adolfo.

—¿A los hombres activos? ¡Ven! —abrió un álbum que tenía sobre la mesa—. Mira. Son fotos de ciclismo. Últimamente me he vuelto experta en ese deporte. Todos los fines de semana voy a las carreras. Y veo competir al chico que llamas aburrido y pasivo. Para tu información, es velocista. Ha ganado pruebas importantísimas en el velódromo y en las rutas de ciudad. Mis padres me llevan a las competencias. Saben que voy a ver a mi compañero de la escuela, pero ya se dieron cuenta de que algo anda mal, porque le tomo fotos a José Carlos y le grito desde las tribunas y organizo su porra, pero luego me retiro sin saludarlo.

Sobre la mesa había un póster publicitario que tenía la fecha de ese mismo día. Leí con incredulidad:

—¿Circuito de Chapultepec? ¿Esta carrera fue hoy?

—Sí. Fue hoy. Debiste verlo. La pista interior del bosque tenía cuerdas de seguridad. Había miles de espectadores. Las banquetas estaban llenas de gente. El pelotón iba escoltado por patrullas. Impresionante. Las sirenas, el griterío, el grupo de ciclistas a toda velocidad. Me colé hasta delante en la meta. Y lo vi llegar. ¡En primer lugar, Lorenna! ¡Ganó! Brinqué de alegría. Lo alcancé en la zona de descanso. Cuando se bajó de la bicicleta lo abracé. Caminamos juntos. Fue hermoso, porque había periodistas y admiradores que lo felicitaban. Y yo me sentí su pareja. ¿Pero sabes qué hizo después? ¡Me preguntó por ti! Le dije que no te había visto y volvió a insistir en que necesitaba mi ayuda para acercarse a ti. Al pronunciar tu nombre —corrigió—, bueno, el de Sheccid, siempre se le ilumina la cara. Piensa en ti todo el tiempo. Cuando está sobre la bicicleta, cuando se sube al pódium. Cuando le aplauden. Voltea a todos lados como esperanzado en verte. ¡Y si yo estoy enfrente, sus ojos me traspasan! Dice que soy su amiga; que le caigo muy bien. Y eso me destroza. ¡Tú ni siquiera lo conoces! Jamás has ido a verlo competir. No lees sus escritos. Cuando te dejó el campo libre en declamación le dijiste muchas majaderías. Insultaste a su hermana aventando y pisoteando el recado que trajo. No te interesa su alma ni su corazón. ¿Pero en cambio dices que te gusta el Kalimán? No me extraña. Tú y Adolfo son el mismo tipo de personas: guapos superficiales; harán bonita pareja.

A mi derecha estaba la única silla de la habitación. Tomé asiento.

—¡Saz!

—Llévate esto —Ariadne estaba sonrojada. Tenía los ojos hinchados de llorar, y su frente brillaba por múltiples gotas de sudor; me alargó una carpeta—. Son los escritos de José Carlos.

—No los quiero.

—Lo siento. Te pertenecen. Si algún día tienes un poco de humildad, revísalos. Si de plano te crees demasiado grande y bonita para perder el tiempo leyéndolos, entonces tíralos a la basura. Pero llévatelos. Son tuyos. Él los escribió para ti.

Tomé el fólder. Era inútil discutir. Todo lo que acababa de decirme Ariadne estaba ocasionando en mí un efecto contradictorio. Lejos de generarme curiosidad afectiva, me causaba desconfianza.

—Me voy a llevar esto pero no pienso leerlo —mi voz era dócil, aunque decidida—. Si se acerca a mí, haré lo posible por que se desilusione y me deje en paz. Amiga, no llores ni te sientas triste. Va a ocurrir lo opuesto de lo que él espera. Al final de esta historia él me dejará en paz a mí y se enamorará de ti... ¡ya lo verás!

34
¿Cómo te fue en Sudamérica?

No quise quedarme a cenar en casa de Ariadne, pero su mamá me despidió dándome una bolsa con alimento.

—Son quesadillas. Te van a gustar. Les puse crema y salsita.

—No se hubiera molestado, señora.

—La comida nunca sobra.

Era su forma de demostrar cariño y agradecimiento.

—Tiene razón —no me atreví a decirle que el itacate me caía de perlas—. Muchas gracias.

Caminé. Desde lejos vi que había un taxi del aeropuerto estacionado frente a mi casa. Mi corazón se aceleró. Corrí.

Alguien se estaba bajando.

—¡Papá!

Me eché en sus brazos.

—Lorennita.

—¡Regresaste!

—Sí, hija... —me acarició la cabeza; sentí su tacto como un bálsamo—. Qué gusto verte...

Entramos a la casa. Quiso poner el equipaje en su habitación. Se sorprendió de encontrarla llena de cosas mías.

—¿Y esto?

—Tenemos mucho que platicar —le anticipé—. Vino mi prima Tina a quedarse a vivir un tiempo con nosotros. Duerme en mi cama. Pero es muy desvelada. Se metió a trabajar en un bar y llega de madrugada. Por eso me mudé a tu cuarto. No te preocupes. Ahorita me regreso al mío. Con ella.

—¿Y Joaquín?

—No ha llegado... Ya sabes —lo acusé—. Le gusta mucho andar en la calle con sus amigos.

—¿Entonces, estás sola?

—Siempre.

—¿Sabes algo de tu mamá?

—Sigue hospitalizada. La visité una vez... Está mejor, pero no pueden darla de alta hasta que haya un adulto que se haga responsable.

Miró el reloj como dispuesto a ir al sanatorio en ese momento.

—Mañana a primera hora —masculló—, voy a sacar a tu madre de ese lugar.

Le tomé la mano y acaricié su brazo. Aunque no me correspondió, su sola presencia me cobijaba.

—Qué bueno que llegaste, papá.

—¿Habrá algo de comer en casa?

—¡Sí!

Cenamos las quesadillas que nos dio la mamá de Ariadne. Era una porción vasta y deliciosa.

—¿Cómo te fue en Sudamérica? —le pregunté—. ¿Arreglaste tu problema?

—Más o menos, hija. Los tipos que me están atacando son unos perros. Mis abogados dicen que debemos proteger nuestras propiedades. Por eso me urge que tu madre salga del hospital. Necesito que firme unos papeles.

¿Por eso quería que saliera? ¿O sea que en realidad no le importaba su salud ni bienestar? ¿Todo ese interés de rescatarla tenía intenciones legales?

—Necesitas que mamá firme... —dejé la frase abierta para que él la completara.

—Nuestro divorcio.

—¿Cómo?

—Divorcio fingido, claro. Es una estrategia de protección. Pondré todo a nombre de ella. Así no podrán quitarnos la casa o la empresa.

—Ajá...

Ignoraba si ella lo entendería.

No lo entendió.

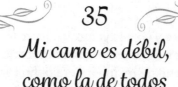

35

Mi carne es débil, como la de todos

Al día siguiente mi padre fue al hospital. Se entrevistó con varios doctores, realizó todas las formalidades exigidas y logró que dieran de alta a mi mamá.

Cuando volví de la escuela, me encontré con la gratísima sorpresa de que ella estaba sentada en el sillón de la sala. A su lado, papá y Joaquín.

—¡Mami preciosa! —la llené de besos; sentí su contacto gélido, como si estuviese abrazando una gárgola—. ¡Bienvenida! ¿Cómo estás?

—Bien, hija. Muy bien —contestó—. Feliz de haber vuelto. Ya se me deshinchó la cara. Ahora debo comenzar a hacer ejercicio poco a poco y recuperar mi vida.

Sentí un gran alivio al escucharla discernir con lucidez.

—Saldré contigo a caminar todos los días si quieres.

Noté algo raro: traía un gato de peluche aferrado a su brazo izquierdo.

—¿Y ese juguete, mami?

—Me lo regaló el doctor. Dice que es una terapia de reemplazo... Pero está loco...

—Sí mamá... —la palabra ya no me sonaba risible—. El doctor está loco...

—Hijos, siéntense; tenemos que decirles algo —papá caminó hasta la barra del bar y se sirvió un vodka.

Mamá lo soltó a rajatabla:

—Su padre y yo nos vamos a divorciar.

—Dejen de decir eso —exclamó Joaquín.

Pero el tono de mi madre era definitorio.

Aclaré moviendo las manos hacia abajo.

—Es sólo una estrategia. Papá ya me lo explicó. Será un divorcio fingido. Sólo para evitar que nos quiten las propiedades.

—¿Fingido?, ¡cuernos! Tu padre lo planeó todo para hacerlo real. Él quiere dejarnos —papá se tomó de un trago el vaso de vodka y se sirvió otro sin decir nada; mamá prosiguió—: Miren. Esta mañana saliendo del hospital él me llevó a un restaurante, para tomar un café. Me explicó lo de la dichosa estrategia legal y me dio a firmar varios papeles. Lo hice. Ingenuamente, cuando noté que en la carpeta había documentos firmados por otra persona. Agarré uno y leí. Tenía la rúbrica de Bertha. A mí me está cediendo el título de esta casa, pero a ella le está endosando las acciones de la empresa. Le pregunté qué significaba eso, y me dijo que Bertha era representante legal de la sociedad. Mentira. Yo tramité el acta constitutiva hace años.

Papá avanzó sin dejar de hacer castañetear el hielo en el vaso.

—Su mamá está un poco enferma. No entiende bien...

—Sí estoy enferma —intervino ella—, pero en este momento tengo mis facultades mentales al cien por ciento. Y comprendo a la perfección —algo le había quitado a mi madre su típica mordaza de sumisión—. Voy a decirles algo de lo que quizá ustedes no se han dado cuenta, hijos —continuó—. Porque su padre lo disimula bien; él es alcohólico; gran bebedor. Bebe al menos media botella de *whisky* a la semana. Como yo nunca le he seguido el juego, porque no puedo tomar, él siempre ha buscado quién lo secunde. Casi siempre mujeres. Después de beber toda la tarde con alguna fulana, a veces acaba yéndose a la cama con ella. La historia es repetitiva... Durante años he soportado todo. Porque los familiares de alcohólicos también enfermamos. Nos sentimos disminuidos, culpables, aterrorizados... Pero en el hospital tuve tiempo para pensar y me dieron medicamentos muy fuertes que me hicieron ver la realidad. La realidad fría. Desnuda. Sin adornos.

—Me estás difamando —gritó papá—. ¡No lo voy a permitir!

—Se te va a caer el vodka —dijo Joaquín.

—¡Pues que se caiga! —lo azotó sobre la barra. El líquido y los hielos saltaron. Hundí la cabeza en los hombros. Él caminó de un lado a otro diciendo una retahíla de protestas. Me tapé los oídos. No lo escuché. Me dije: "Inhala despacio, acuérdate de respirar". La bravura de mi padre era como la de un toro que se sale de control y nadie tuvo el valor de exponerse a sus cornadas. Al fin, Joaquín se puso de pie.

—¡Cálmate, papá! Mamá acaba de llegar. Todo esto le puede hacer daño.

—Sí, ¡me gusta tomarme una copita!, pero no soy alcohólico. Eso es un insulto para mí.

Mi madre volvió a cuestionar con claridad aunque menguada en su determinación:

—¿Dónde estuviste estas semanas?

—¿Quieren saberlo? —el grito de mi padre denotó impotencia; las venas de la frente le saltaban por un esfuerzo contenido—. ¡Estuve preso! ¿Entienden? —salpicó saliva al hablar—. Me detuvieron. No lo esperaba. En cuanto bajé del avión en Buenos Aires fui arrestado por agentes armados. Yo iba de buena fe, con la intención de atender una supuesta invitación. Pero me tendieron una trampa. Otra. Mi abogado sudamericano se coludió con mis agresores. No me amparó correctamente. Fue terrible. Si hubiéramos estado en México otro gallo hubiera cantado; aquí tengo poder, conocidos, excelentes abogados; puedo defenderme y atacar a cualquiera, pero en Argentina ya no... Bertha viajó hasta allá para ayudarme; consiguió otro licenciado. Si no hubiera sido por ella, todavía estaría en la cárcel. Por eso tardé tanto en volver. También tuve tiempo de pensar. En efecto —se dirigió a Joaquín y a mí—, su madre y yo debemos divorciarnos de verdad, porque hacemos mala pareja. Esto no es de ahora. Desde que Luigi murió, ella quedó traumada, no me abraza; no me besa, no hacemos el amor. Es como un témpano de hielo. Y sí, les confieso que a mí me hace mucha falta el calor de una mujer. Soy un hombre normal —abrió las palmas queriendo demostrar sinceridad—. Mi carne es débil —añadió—, como la de todos.

—¿Como la de todos? —pregunté.

—Sí.

—¿Te vas a vivir con Bertha?

—No. En lo absoluto. Bertha es mi empleada.

—Dueña de las acciones de tu empresa.

—Mi relación con ella es de negocios.

—¿Entonces?

—Voy a mudarme a una casa muy cerca. No les faltará nada a ustedes. Ni a su madre. Ahora que está enferma necesita más dinero y cuidados.

Ella volvió a objetar:

—Cuando Luigi murió, yo me traumé, pero tú te escondiste en la bebida y me dejaste sola con mi dolor. Nunca he necesitado dinero ni cuidados. He necesitado...

Guardó silencio. No pudo decirlo. Lo entendí. La palabra que se quedó en sus labios sin salir era *amor*... Simple. Algo de lo que todos en esa familia carecíamos...

Sentí que el estómago se me había descompuesto.

Ya no me importó si mis padres se divorciaban o seguían juntos.

—Con permiso —me puse de pie—. Tengo ganas de vomitar.

—No te vayas —dijo Joaquín—. Hasta que papá nos aclare las cosas. ¿Venderán esta casa? ¿Con quién nos iremos mi hermana y yo?

—Por lo pronto no venderemos nada... seguiremos todos aquí.

—Claro —concluí—, fingiendo que estamos unidos. Siempre fingiendo.

—Dijiste "por lo pronto" —regresó Joaquín—, ¿hasta que suceda qué?...

Mi madre fue exacta en completar:

—Hasta que yo me muera o pierda completamente la razón, que es lo mismo. Hasta entonces... tu padre estará conmigo. ¿Verdad, mi cielo?

Papá no contestó. Regresó a la barra y se volvió a servir un vaso de vodka.

No pude soportarlo.

Corrí al baño. Traté de vomitar y no pude. Entonces abracé el inodoro y lloré.

36

Iba pensando en la montaña rusa

Mi prima Tina llegó en la madrugada; se enfadó al encontrarme dormida en "su" cama. Por fortuna estaba suficientemente sobria para comprender que mis padres habían regresado y el recreo se había terminado.

—Ya no podrás llegar aquí a las cinco de la mañana —le dije—. Y menos oliendo a alcohol. Ellos detestan esa conducta.

Tina permaneció seria, calculando alternativas. Luego se metió a las cobijas colonizando la parte central del colchón. Dormí en la orilla. Cuando sonó el despertador, me di cuenta tanto de haber recuperado terreno en la cama cuanto de no tener el menor interés de ir a la escuela. ¿Para qué? ¿Para escuchar clases inútiles de maestros que repetían la misma lección año con año? ¿Para contender con una amiga pecosa que se desgarraba las vestiduras creyendo que le quería quitar al novio? ¿Para evadir a un ciclista poeta, que había amenazado con declararme su amor? Sólo me despertaba interés tomar un poco de aire, pero no lo suficiente como para vencer el sopor de un sueño entumecido. Así que apagué el despertador y seguí dormida.

Desperté a mediodía. La casa parecía tener vida de nuevo. Lupita, que dos semanas atrás había renunciado, estaba de regreso. Se escuchaba música: *Madame Butterfly* de Puccini, la ópera favorita de mi madre. Alguien había descorrido las cortinas del salón y la luz natural entraba dándole color al mobiliario.

Mi prima Tina se hallaba en la cocina, platicando con mamá. Parecían haberse enganchado en una charla interesante. No quise unírmeles. Me metí al baño. Tardé casi una hora acicalándome. Cuando salí de la ducha, mi prima ya había desaparecido.

—¿Por qué no fuiste a la escuela? —preguntó mamá.

—Amanecí con jaqueca. Dormí muy mal. En la orilla de la cama, evitando a Tina.

—Yo también dormí mal. En la orilla. Evitando a tu padre.

Reímos.

—¿Quieres ir al parque a caminar, mamá? Debes ejercitarte.

—Claro. ¿Por qué no?

Empujé su silla de ruedas por la calle.

Me apenaba mucho haber entendido que mi papá era alcohólico (por más que él se ofendiera al escuchar la palabra), y que cuando mi madre más lo necesitó, él se refugió en la bebida y en otras mujeres. Me dolía comprender cuánto había sufrido ella también al sentirse sola y desprotegida. No paraba de preguntarme si los errores del pasado podían ser enmendados.

Llegamos al jardín municipal, ayudé a mi madre a ponerse de pie y caminé con ella. La llevé del brazo; quise acariciar su mano, pero se sacudió como si mi caricia le causara urticaria. Me detuve.

—¿Por qué haces eso, mamá?

—¿Qué?

—Me rechazas cuando te toco.

No contestó. Aunque quiso hacerme plática después, respondí con parquedad y evité hablar. Ya no me apetecía conversar. Ni con ella ni con nadie. Necesitaba el consuelo de un abrazo. Daría lo que fuera por un abrazo.

Regresamos a la casa.

Había un Volkswagen negro frente a la entrada. Me sorprendió ver que alguien estaba esperándome recargado en el auto, con una rosa roja entre las manos. Dejé a mi madre adentro, y salí de nuevo para atender a mi amigo.

—¿Y esa flor? —pregunté—. ¿Cómo sabes que me gustan las flores?

—Lo supuse. Estoy esforzándome por ser romántico. ¿Ya me perdonaste?

—No, Adolfo.

Sacó una hoja de su pantalón y aclaró mientras la desdoblaba:

—Fui a la biblioteca. Estuve leyendo poesías. Quise aprenderme una para ti, pero por más que estudié, no se me pegaron los versos. Tengo mente de teflón —rio—, entonces mejor decidí escribirte una poesía yo mismo. ¿Te la puedo leer?

—Por supuesto.

—Sheccid Deghemteri: eres bella como las estrellas. Eres dulce como los caramelos. Eres alegre como los payasos. Tu belleza es tan grande que no cabe en el planeta. Y yo tengo ganas de besarte otra vez y de pedirte perdón porque la última vez fui muy brusco. Pero es que me volví loco al tener en mis brazos a alguien tan maravilloso como tú. Perdóname, perdóname. Te quiero. Te quiero. Autor: Adolfo Gómez.

Hizo media caravana y me entregó el papel.

Sonreí.

—¿Soy dulce como los caramelos y alegre como los payasos?

—¿Te gustó?

—Sí, Adolfo. Me gustó. Eres un poeta.

—¡Gracias! ¿Me perdonas?

Asentí.

—¿Ese coche es tuyo?

—De mi papá —su moto estaba en el taller.

—¿Por qué no fuiste a clases hoy? —me preguntó.

—Amanecí con una migraña terrible.

—Ah.

Probé deslizar una confidencia:

—Mis papás regresaron...

—¡Regresaron! ¡Qué bueno!

—Ni tanto. Fue peor. Anoche tuvieron la más grande pelea de la historia... Máscara contra cabellera.

—Cuéntame más.

—¿De veras te interesa?

—Sí.

—Entonces llévame a otro lado.

Mi iniciativa lo sorprendió.

—Sí, claro. Vamos.

Subimos al Volkswagen. Era un auto austero y ruidoso.

Adolfo condujo por el Periférico hacia el sur. Cuando íbamos en camino le platiqué de mi madre, de su espantosa enfermedad, de su incapacidad para demostrar cariño. Le conté sobre la conducta cuestionable de mi padre, sobre su bien disimulada afición a la bebida y su no tan bien disimulada afición a las mujeres; le platiqué de la demanda que obraba en su contra y del encarcelamiento que sufrió en Sudamérica. No me gustó que fuera manejando mientras le abría mi corazón. Él tarareaba y sonreía volteando a verme de vez en cuando.

Media hora después llegamos a un estacionamiento.

—¿Qué opinas? —le pregunté.

—¿De qué?

—De todo lo que te conté.

—Ah. Pues nada. No te escuché bien. Iba pensando en la montaña rusa —levantó la voz y un puño—. ¡A la que nos vamos a subir!

—¿Qué dices? No entiendo.

—Iba pensando en la montaña rusa —repite.

—¿Dónde estamos?

—En la Feria de Chapultepec. Quiero que grites a todo pulmón y olvides tus problemas.

Adolfo era un inmaduro. Sus soluciones rayaban en lo infantil. Pero tal vez era eso lo que yo necesitaba. Estaba cansada de llevar la pesada carga de una adultez prematura.

—¿Vamos? —sus ojos se le habían abrillantado.

—Vamos.

Como era martes a mediodía, no había gente en la feria. Nos subimos al martillo, al ratón loco y a la rueda de la fortuna.

Desconecté mi cerebro y mi pudor. En la segunda ronda combinamos las emociones de los juegos con otras menos honoríficas y más voluptuosas. Nos besamos en plena caída libre, nos mordimos en las alturas y nos pellizcamos en las cápsulas oscilantes del péndulo. Descubrí que el cuerpo de Adolfo era compatible con el mío. No había romanticismo alguno en el contacto. Pero era agradable que nuestros olores, sudores y sabores se combinaran en besos salvajes, y apretones bruscos...

La tercera vez, en el carrito de la montaña rusa cuesta arriba, él se quitó el cinturón de seguridad y me lo desabrochó a mí.

—¿Qué haces? —grité—, ¡nos vamos a matar!

El riel era viejo y de madera. Los vagones traqueteaban.

—Libérate. Déjate ir.

En el momento de la bajada, me besó otra vez con canibalismo. Metió su lengua a mi boca y la movió ferozmente. Esta vez lo permití y hasta participé. En la caída libre vi fuegos artificiales. Un descubrimiento asombroso... Adrenalina y excitación sexual... Ciertamente Adolfo era un bruto, inmaduro y pésimo poeta; mentalmente no teníamos nada en común. Ni siquiera podíamos platicar de temas serios por tres minutos. Pero con una atracción química tan explosiva ¿qué importaban las ideas o las elucubraciones filosóficas? Recordé la excusa de mi padre y me di cuenta de que yo también la estaba usando: "Soy normal. Mi carne es débil como la de todos".

Salimos tarde de la feria.

El autito de Adolfo tenía un equipo de sonido estridente. Puso música moderna y subió el volumen a tope.

Oprimida por una culpa extemporánea y buscando recuperar un poco de dignidad, apoyé mi cabeza en su hombro y me acurruqué en silencio.

DISPOSICIÓN AL AMOR

Hemos llegado a Houston. Vinimos directo del aeropuerto, en taxi, a un edificio de departamentos cerca de las Galerías. Es pequeño y acogedor. Mi padre lo rentó amueblado. Frente a la salita hay un balcón abierto con baranda de cristal. Desde lo alto se ve parte de la fuente Waterwall, un enorme muro de piedra sobre el que cae la cascada artificial más impresionante que conozco.

—Hermoso lugar —comento—. ¿Dónde está mi hermano? Pensé que lo encontraría aquí.

—Joaquín prefirió irse más lejos. Quiere estudiar en Europa.

—Qué raro... ¿Y yo? ¿Me la pasaré encerrada?

—Para nada, Lorenna. En este edificio hay un gimnasio fantástico. De los mejores en la zona. Ya hablé con el encargado. Te va a ayudar a hacer ejercicios específicos para que termines de rehabilitarte —habla con rapidez, parece tener prisa—. Luego harás los trámites de revalidación e inscripción para tu nueva escuela. El ciclo escolar empezará en dos meses. Con suerte te harán válidos los estudios de México y no perderás el año que casi terminaste... —entra a su cuarto para desempacar y organizar su portafolios, desde adentro sigue explicándome—: sobre la mesa te dejo una carpeta con información y algo de dinero para que comas. El centro comercial está a unas cuadras —sale de la habitación y anuncia—: Tengo una reunión. Te veo en la noche.

—Oh. Okey, papá.

Se esfuma a toda prisa.

Sigo sin comprender qué sentido tiene haberme arrancado otra vez de mi mundo para traerme aquí.

Salgo al balcón.

Hay un atardecer diáfano. El cielo pincelado de líneas rosáceas y anaranjadas se funde en varios cirros largos que forman ese lienzo, que el maestro surrealista más extraordinario envidiaría.

Tomo asiento en una silla, hojeo la carpeta de José Carlos y elijo un tema que me llama la atención.

DISPOSICIÓN AL AMOR

Sheccid:

Nadie nace sabiendo amar. A amar se aprende. Los primeros maestros son nuestros padres y hermanos. En la familia recibimos abrazos, caricias, elogios o rechazos que nos marcan. Pero todos podemos corregir el camino, construir mejores relaciones cada vez. Para ello se necesita tener algo indispensable. Humildad, deseo de mejorar. En una palabra DISPOSICIÓN.

Tener DISPOSICIÓN AL AMOR es el sello secreto de quienes están destinados al éxito con su futura pareja. Carecer de esa DISPOSICIÓN es vaticinio de fracaso. Sucede siempre:

En este mundo hay gente que intenta una o varias relaciones y termina lastimada y lastimando, sufriendo separaciones dolorosas, sin importar con quién. También hay quienes (los menos) aciertan a la primera. Y no porque hayan sabido elegir perfectamente (no existe la elección perfecta) sino porque hacen las cosas bien sin importar con quién... Así de simple. En materia amorosa algunos tenderán a fallar y otros tenderán al éxito.

En concreto:

- Quien **NO** tiene **disposición al amor** es egoísta, enfocado sólo en sus propios deseos y necesidades; siempre busca dar poco y obtener mucho a cambio, quiere el mejor lugar, la mejor comida, el menor esfuerzo, aunque su compañero tenga lo peor. Las personas con esta condición (o carencia) pueden ser inteligentes, capaces de obtener títulos profesionales y hasta ganar mucho dinero, pero al no saber amar, pueden acabar con el corazón roto y rompiendo el corazón de su pareja.

- Por otro lado, quien **SÍ** tiene **disposición al amor** posee un espíritu generoso; piensa en cómo puede aportar experiencias de valor al ser amado; le cede al otro el mejor lugar, la mejor comida, no le grita, no lo intimida. Las personas con esta cualidad desean entregarse, disfrutan el puro gozo de ayudar a su pareja a ser más feliz; saben perdonar errores, ponen en primer lugar a la persona que aman; están decididas a cambiar y pulirse en beneficio de ella; cuidarla, protegerla y hacerla sentir bien siempre que pueden.

No quiero sonar presuntuoso, pero yo tengo disposición al amor. Quiero amar. Sé amar. Sólo debo tener cuidado en elegir a una pareja que también tenga esa característica o deseo de aprender. Dos personas así no pueden fallar. Descubrirán que el amor eterno sí existe.

En la lista de cualidades para observar al buscar y elegir pareja, creo que ésta es la más importante. Lo demás es lo de menos. Si ambos la tenemos, nos irá bien juntos, aunque fallemos en otros detalles. Porque en la imperfección humana el amor disimula los errores y renueva las fuerzas de la pareja día con día.

A la larga y para siempre, no sé quién será mi princesa... Aunque por lo pronto he elegido a una:

Sheccid. Deghemteri. Tú eres mi elección.

Lo eres hoy, y si aceptas y lo permites, lo serás mañana.

Te he escogido porque he visto en tu mirada una profundidad distinta. La que tienen los seres humanos más sensibles. Te he escogido a ti porque he soñado tu desesperación por ser valorada y consolada. Pero también porque anhelas ser fuente de cariño, valorar y consolar... Porque ambos compartimos la misma desesperación. Tenemos disposición al amor.

Las circunstancias son chocantes y anómalas. Aunque sigo con los recuerdos truncados (cada vez menos), en mi pecho late cierto pulso de esperanza. Leer la carpeta de José Carlos insufla vida a mis pulmones. Me hace comprender que el mundo puede volverse loco y la gente puede quitarme todo lo que era mío, pero aun así, yo tengo "disposición al amor", ¡poseo el potencial para ser feliz con mi pareja y formar una familia algún día!; ¡mi espíritu es generoso, quiero aportar experiencias de valor, sé entregarme, sé perdonar errores y estoy decidida a hacer sentir bien al hombre que ame!

Es curioso: la leyenda de Sheccid habla de una princesa que inspira a un encarcelado a superarse y a salir de su prisión para lograr merecerla. José Carlos dice que, para él, yo soy esa princesa, su Sheccid. Pero paradójicamente en la práctica está sucediendo lo contrario: la encarcelada soy yo, y él es quien me inspira a salir de la prisión.

Vuelvo a mirar la luz resplandeciente de ese atardecer otoñal.

HOY DECIDÍ EMPEZAR MI PROPIA LIBRETA

Busco entre mis cosas la agenda de pasta dura en la que solía apuntar mis listas de pendientes. Salvo por algunas, dos o tres, hojas usadas, casi está limpia.

Voy a la mesa del comedor, tomo un bolígrafo y escribo con letras de molde tres palabras:

CONFLICTOS, CREENCIAS, SUEÑOS.

Debajo pongo mi nombre, digamos "artístico": Sheccid Deghemteri.

Hoy decido empezar mi propia libreta.

Si tanto bien le hizo a él escribir y dirigirse a mí de esa manera, voy a hacer lo mismo.

Además, tengo mucho que decirle.

Comienzo.

José Carlos:

Me intimida un poco escribirle a un escritor. Pero voy a atreverme, porque me siento inspirada.

He vivido una soledad absurda, más tiempo del que debería haberla vivido. Eso me ha llevado a cometer mil errores. La soledad me ha hecho perder el camino.

Ya no puedo seguir haciendo mal las cosas. Quiero dejar atrás el pasado y aferrarme al amor que me ha mantenido con vida. Aunque, la verdad, ¡qué vida he tenido! Podría ser el argumento de una novela triste. ¿Por qué no la escribes algún día? Se me antoja sentarme contigo y contártela. Lo mágico de todo esto es que he pasado por muchas desgracias, pero siempre, en toda historia donde hay desgracias, suele también haber milagros. Y en mi historia, el mayor milagro eres tú...

Me gusta que me quieras tanto... me encanta que asegures que tengo disposición buena y que has visto en mis ojos una profundidad distinta, que creas haber visto en mí sensibilidad por amar y ser amada. Sigo sin comprender cómo sabes eso, quién te lo dijo... ¡y vuelvo a pensar que es un milagro!

José Carlos: gracias por considerarme en tus planes, por demostrarme que los sueños pueden hacerse realidad, y sobre todo gracias por decirme que mi condición inicial no determina mi porvenir...

Estoy de nuevo en otro país; con una melancolía abrumadora y una soledad verdaderamente absurda; aterrada de sentir que me alejo del futuro perfecto, y entro a otro que no conozco y que en realidad no quiero… Pero me aferro a ti. Y eso le da sentido a mi soledad.

Amigo: en cuanto me sea posible, buscaré la forma de regresar a México…

Termino de escribir.

Me levanto y pongo un disco de Mozart. Me acuesto en el sillón de la sala. Cierro los ojos. Como quien tiene a su alcance una máquina del tiempo, me meto a ella y regreso al pasado.

39
Uno de Baldor

En casa todo empeoró. Mis padres porfiaban en sus intenciones de divorciarse y Joaquín, como revancha, había comenzado a desvelarse junto con Tina. ¡Ahora los dos llegaban borrachos, de madrugada!

Quise refugiarme en la protección de Kalimán, pero descubrí con tristeza que el tipo era un machista autoritario; decía groserías frente a mí, me palmeaba la espalda y embromaba mis comentarios como se hace con los amigos de juerga. Al mismo tiempo noté un cambio en el trato de otros compañeros hacia mí. Me sonreían con malicia, cuchicheaban a mi espalda, me hacían insinuaciones vulgares.

—¿Qué le pasa a estos idiotas? —le dije a Ariadne—. ¿Por qué les ha dado por faltarle al respeto a todas las mujeres?

—No a todas… —respondió la Pecosa—. Sólo a ti…

—¿Qué dices?

—Amiga, ¿no te has dado cuenta? Eres el hazme-rreír de la escuela.

—¿Por qué?

—¿Te suena familiar el hecho de subirte a la montaña rusa, soltarte el cinturón de seguridad y besar a un muchacho mientras van en caída libre?

—¿Quién te dijo eso?

—¿Quién crees? Todos lo saben.

—¿Adolfo? ¿Fue capaz?

—Sí, amiguita. Fue capaz. No para de platicar que te manoseó en los juegos mecánicos.

—¡Él no me manoseó! Sólo fueron unos besos. Y... —jugamos a mordernos y pellizcarnos—, juegos inocentes.

—Ni tan inocentes, Lorenna. Una mujer pierde su prestigio en un minuto. A la vista de los hombres, el ángel se puede convertir en prostituta.

—¿Qué dices?

—Como lo oyes.

Ariadne solía ser dura conmigo. Era como la voz de una conciencia severa que casi siempre tenía razón.

En ese momento un compañero se acercó por mi espalda, me puso las manos en la cintura y me besó el cuello. Volteé asombrada; varios chicos más, carcajeándose, me aventaron un globo lleno de agua. Apenas pude hacerme a un lado. El globo estalló en el suelo mojando el pasillo. La ira me paralizó. Minutos después, tomé el rebosante bote de basura del salón, me aproximé al sujeto que me había besado el cuello y volteé el basurero sobre su cabeza. Todos alrededor se carcajearon. Por desgracia, el prefecto me vio. Fui castigada. Seve-ramente. Roberto me obligó a recolectar los botes de basura de todos los salones para vaciarla en el contenedor principal.

Purgué mi condena taciturna, callada, con una amargura tendiente al odio contra el género masculino. Pensé en mi padre, en mi hermano, en el novio de Tina, en el vendedor de pornografía, en Mario Ambrosio y resoplé concluyendo que todos los hombres eran iguales. Por eso, cuando José Carlos se aproximó al verme sola en medio de mi castigo, lo rechacé.

—Déjame en paz, por favor —le dije—. No quiero hablar con nadie. Mucho menos con un hombre que insiste en declararme su amor...

—Espera —habló con decisión—, tú estás cansada de que te traten mal... pero yo no voy a hacer eso.

¿Por qué siempre parecía leer mi mente?

—¿Qué quieres?

—Sheccid, yo me la paso escribiéndote y te trato como si fuéramos pareja, en secreto... Pero ya no puedo seguir haciendo eso... Anhelo pedirte que seas mi novia. Mi novia real.

—¿Qué?

Entonces me describió con frases exactas lo que era un noviazgo desde su punto de vista.

—¡No! —volví a contradecirlo—. Con todo respeto, ya te dije que no eres mi tipo. Además, ni siquiera nos conocemos.

—Tenemos toda la vida para conocernos —respondió—. Y tal vez con el tiempo te des cuenta de que sí soy tu tipo.

—¡Qué necio eres!

—Yo nunca te voy a decepcionar.

—¡Todos los hombres me han decepcionado! Ya dejé de creer en cuentos de hadas.

—Pues vuelve a creer.

—¿Qué dices?

—Vuelve a creer —repitió—. Mereces el mejor trato.

—¿No te parece un poco soberbio insinuar que sólo tú puedes dármelo?

Titubeó.

—No quise...

—Voy a serte sincera —lo interrumpí—. Espero que no te ofendas. Estás pidiendo amor a la persona equivocada. Yo no soy para ti. No puedo quererte.

—¿Por qué dices eso?

—Porque lo intuyo. Es instintivo. Una voz interior me dice que jamás seremos pareja —me miró con un gesto contraído de repentino pesar—. Pero a cambio...

Se irguió.

—No voy a aceptar eso.

—Déjame terminar. Pero a cambio, hay alguien perfecto para ti muy cerca. Alguien que te ama y puede convertirse en todo lo que necesitas. Sabes de quién estoy hablando... Una chica dulce, inteligente y con pecas.

Movió la cabeza.

—No, Sheccid. Yo te quiero a ti... Seamos amigos especiales. El tipo de amigos en quienes se puede confiar.

—Eres insufrible.

—Y no has visto nada.

Era cierto. No había visto nada.

Los siguientes días continuó insistiendo. Aparecía por todos lados. Me abordaba, me regalaba dulces y poemas.

Perseveró tanto que una tarde acepté salir con él.

163

Iríamos a Plaza Satélite a comprar un libro y comeríamos helado de chocolate.

El problema fue que Adolfo se enteró.

Kalimán me visitó en mi casa y tocó el timbre muy enfadado. Reclamó:

—¡Supe que vas a salir con el gusano declamador de tercero!

—Iremos a comprar un libro.

—¿Cuál libro?

—Uno de Baldor.

—¿Y por qué no me pediste a mí que te acompañara?

Tenía ganas de gritarle: "¡Porque eres un patán, porque me besas pero jamás me has pedido que sea tu novia, porque has estado divulgando lo que pasó entre nosotros y me has hecho quedar ante todos como una cualquiera".

—No te lo pedí —balbucí—, porque creí que estarías ocupado.

—¡Pues te equivocas! Yo nunca estoy ocupado para mis chicas —(¿"mis chicas", dijo? ¿Cuántas éramos?)—. Te prohíbo que vayas a comprar ese libro con alguien que no sea yo —(¿y tú quién eres para prohibirme nada?)—. Si me entero de que saliste con ese declamador marica, lo voy a atropellar con mi auto cuando lo vea.

—Enterada.

Me di la vuelta sin despedirme.

Él gritó:

—Estaré vigilándote toda la tarde, Sheccid.

Entonces giré y con lágrimas en los ojos le dije:

—No me llamo Sheccid. No para ti.

40

¿Te avergüenzas de haber salido conmigo?

Entré a mi casa. Me senté a la mesa de mi cuarto y redacté una carta. Lloré mientras escribía.

José Carlos:

Me has pedido que tengamos una relación especial; quieres que seamos ese tipo de amigos en que se puede confiar... Pero yo he sido muy lastimada y me cuesta mucho trabajo confiar en las personas.

Dices que merezco el mejor trato; la verdad, me encantaría creer eso, sólo que la vida me ha demostrado que no es así. Estoy desmoronándome; tengo el alma sangrante y desgarrada.

Daría lo que fuera por que mis padres se volvieran a amar, por que a los dos se les borraran los traumas que les dejó la muerte de mi hermanito. Daría lo que fuera por que mi papá no se hubiera metido al lodo de la infidelidad arrastrándonos a todos. Me hubiera gustado no sentirme abandonada por tanto tiempo; no haberme entregado a besos y caricias con la persona equivocada. Volver a sentirme limpia y tener el coraje de levantarme...

Disculpa, no quiero contagiarte mi dolor o contaminarte con mi amargura. Tampoco quiero tener más problemas al acercarme a ti... Pareces una buena persona. Y tengo tanto temor de equivocarme...

Miré la hoja; estaba mojada por mis lágrimas.

Yo no podía darle eso a José Carlos. Era un desconocido. Mientras más desnudara mi alma, más vulnerable estaría ante él. Necesitaba ser precavida.

Le daría otro escrito. Algo más neutro.

Tomé un libro de mi estante y busqué el artículo que me había venido a la memoria. Lo copié. Luego salí al garaje. Vi el Volkswagen negro de Adolfo parado en la esquina de mi calle y aguardé que se fuera. Cuando entendí que no lo haría, me escabullí por la puerta de servicio y corrí hacia a la esquina contraria; miré el reloj, si tenía suerte llegaría 45 minutos tarde a la cita... (Demasiado tarde). José Carlos seguramente ya no estaría ahí. Aun así caminé a toda prisa por la acera. Habíamos quedado de vernos en una esquina cerca de la escuela a las cuatro y media de la tarde y eran las cinco doce.

Llegué exhausta. Observé la silueta lejana de un muchacho sentado en la acera. Era él. Disminuí el paso, recuperé el aliento y me limpié la frente...

Se puso de pie al verme llegar. El rostro se le iluminó. Sonrió. Me observó de arriba abajo, pero sin malicia, como el amante del arte observa un cuadro que lo apasiona.

—Es increíble —susurró—, nunca te había visto sin uniforme escolar.

—Ni yo a ti.

—Te traje un texto para que lo leas —le di la hoja.

Subimos al autobús que nos llevaría a Plaza Satélite. Nos sentamos juntos y él abrió el papel, temiendo que se tratara de una carta despectiva. De alguna forma lo era. El ensayo ponía en tela de juicio el amor idealizado y explicaba que todo el que se enamora de una musa imaginaria no sabe amar de verdad.

Leyó con atención cada palabra. Apretó un puño. Parpadeó, carraspeó, dobló la hoja y me miró. Si Adolfo era impasible ante las confidencias, José Carlos era extremadamente sensible a ellas. Si uno no sabía escuchar, el otro escuchaba hasta lo que no se le decía. Había recibido mi mensaje. "Esto es una tontería, el verdadero amor se construye con la convivencia y con el tiempo; no puede inventarse, no puede estar basado en las ilusiones ni en leyendas de princesas, así que olvidemos esta pretensión de cariño y seamos simplemente buenos compañeros escolares".

Se entristeció tanto que vino a mi mente la imagen de ese prisionero honesto encerrado en su calabozo interior. Sentí ternura por él y hasta me arrepentí de haberle dado el escrito. Intuí que debía librar una gran lucha por hacer las cosas bien, pero casi todo conspiraba para salirle mal. Igual que a mí. Sin conocerlo a fondo, sólo con mirarlo, intuí que nos parecíamos. Éramos dos jóvenes demasiado maduros para nuestra edad. Incomprendidos, luchadores, soñadores.

Lo tomé de la mano.

Sus ojos gritaban amor. Me desarmó. Enlazó sus dedos. Lo permití. Con ese contacto suave, nos reconciliamos y olvidamos la carta.

La cita fue mágica. Charlamos de muchas cosas, nos conocimos mejor, disfruté su compañía, pero evité platicarle demasiados detalles de mí. No quería asustarlo ni arriesgarme a sufrir una decepción. Siempre se mostró respetuoso y educado. Caminamos muy juntos rumbo a la librería y después hacia la nevería. Compartimos un helado de chocolate. En varios momentos nos tomamos de la mano y hasta nos enlazamos por la espalda. Comparé ese contacto suave, con el de Adolfo. Eran diametralmente opuestos: el toque de Adolfo fue invisible para mi corazón, aunque despertó juegos pirotécnicos en mi piel. El toque de José Carlos fue plácido para mi cuerpo, pero estaba rozando los dinteles de mi espíritu.

En el autobús de regreso, antes de llegar a la parada final, creí ver por la ventana un Volkswagen negro.

¿Adolfo sería capaz de estarme siguiendo? Me puse nerviosa.

—¿Qué pasa? —notó mi desazón.

—Nada —toqué el timbre para bajarme del autobús dos cuadras antes de la escuela—. Iré a la casa de una amiga

—mentí—. Aquí nos separamos.

—No te vayas sola —me dijo—, quiero acompañarte.

—Prefiero que nadie sepa que fui contigo a comprar el libro.

—¿Por qué?

—Por seguridad. Por discreción.

—¿Te avergüenzas de haber salido conmigo?

—No es eso.

El autobús se detuvo. La puerta trasera se abrió.

—Te doy mi teléfono y mi dirección —escribió con rapidez en el reverso del boleto amarillo que nos dieron al subir del camión—, toma. Ahora dame tu número. Para estar en contacto fuera de la escuela.

—No —guardé el boleto con sus datos—, yo te llamo.

Me miró de frente.

—Te quiero, Sheccid.

Asentí.

Le leí el pensamiento. Quería besarme. Dudé. ¿Qué tenía de malo? Si lo hacía, yo no estaría siendo infiel a nadie. Adolfo no era mi novio... Además, me causaba mucha curiosidad conocer la diferencia entre un beso de hormonas y uno de almas.

—¿Alguien baja? —el chofer gritó.

Él no se atrevió.

Yo no lo ayudé.

Levanté la mano y acaricié su rostro.

—Hasta luego.

Bajé del autobús y eché a correr hacia mi casa.

Tengo sed de Dios

Desde el balcón de mi departamento en Houston aprecio la fuente Waterwall.

Experimento una sensación de orfandad intolerable.

¿Por qué estoy aquí sola? ¿Por qué él no está conmigo? ¿Por qué Dios ha permitido esta separación absurda entre nosotros?

Miro al cielo y reclamo:

—¡Dios mío, si existes, explícame qué rayos está pasando!

Guardo silencio. Y Dios también.

Tomo la carpeta de José Carlos, salgo del departamento, bajo por el elevador y camino.

Necesito aire.

Mi padre siempre ha dicho que Dios es sólo un mito. Que el mundo se creó en un *Big Bang* de partículas químicas. Que los seres humanos forjamos nuestro destino y todo lo demás es caos. Pero hay algo raro en lo que me sucede. Yo no he forjado este destino. Mi entorno se hizo solo. Sin mi autorización. Y lo que me sucede es demasiado exacto para ser producto del caos. Pareciera que Alguien, a quien no entiendo, estuviese haciendo cortes quirúrgicos en mi espacio-tiempo para ponerme aquí...

Llego hasta la cascada y me paro justo frente a ella, escucho su ruido atronador, miro la pared monumental y siento el vapor de agua como lluvia tenue y pertinaz sobre mi cabeza. Pienso que estoy en el umbral de otra dimensión. Una dimensión donde Dios escucha... Entonces grito:

—Padre mío... tú sabes que yo nací en un hogar ateo. Nunca aprendí a hablar contigo ni a fortalecer mi fe. Nadie me enseñó, pero en lo más hondo de mi ser, creo en ti... quiero creer... Quiero ser tu hija... ser hija de un papá que de verdad me quiera... Las cosas me han salido mal, sin embargo soy una luchadora. Tú lo sabes. No puedo entender por qué tengo unas marcas de suicidio en mis brazos. Tampoco entiendo por qué estoy en este país, sin familia y lejos de todos mis amigos. Pero tú lo sabes todo. Tú puedes darle sentido al absurdo... Quita la penumbra de mi camino y déjame ver la luz...

Permanezco otro rato en el fragor del torrente, sintiendo una paz interior que jamás había sentido antes.

Luego camino hasta una banca de piedra cercana.

Abro la carpeta de José Carlos y la hojeo.

Creo haber visto el título de uno de sus escritos referente a la fe. Necesito leer sobre ese tema. Saber qué piensa él.

El documento se me esconde. Al fin lo encuentro.

TENGO SED DE DIOS

Decir eso es decir mucho. Porque sólo se tiene sed de aquello que puede saciarnos, y sólo nos puede saciar lo que existe en realidad.

Si tenemos sed de agua, es señal de que en algún lugar hay una fuente de agua. El cuerpo y la mente sólo piden lo que pueden obtener. Nadie tiene sed de un barimburu, porque los barimburus no existen... Si mi alma tiene sed de Dios, es señal de que (sólo) Él puede quitarme esa sed...

¿Difícil de creer? En absoluto.

Yo tengo un reloj maravilloso. Sé que alguien más avezado que yo en relojería fabricó ese reloj... El hecho de que no pueda ver al relojero no significa que el reloj se haya creado solo (en un "Big Bang" de relojes o en una evolución de partículas subatómicas que se juntaron para forjar engranajes y manecillas).

Perdón que lo diga así, pero es así: el ateísmo es muestra de necedad humana. No se necesita ser culto o inteligente para negar lo obvio. Se necesita ser necio.

Tengo sed de Dios. Y sé que la vida no pudo crearse sola. No existe el científico capaz de entender todos los secretos ocultos detrás de la perfección celular o del cosmos. ¡En comparación con el universo, el hombre es más pequeño que una amiba, más insignificante que una brizna de polvo! Juzgar lo inentendible con argumentos que

pretenden ser intelectuales es ignorancia supre-
ma. Hay académicos que se burlan de las personas
que tienen fe porque esas personas creen en lo
que no pueden ver. Los pseudoestudiosos no se
dan cuenta de que son ellos los verdaderos ciegos
y sordos. ¡Hablan mal de lo que son incapaces de
comprender y se limitan a negar con soberbia y
egolatría lo que está fuera de sus entendederas!

Alguna vez fui así. Y me enojaba mucho... por-
que hay cosas que no comprendo de mi pasado...
Hay sucesos del ayer que incluso me molestan.
También hay rasgos de mi mente y personalidad
que hubiera preferido diferentes. Pero hoy creo
que todo eso Dios lo ha permitido y debo dejar
de rechazarlo... ¿Por qué? Porque soy una brizna
de polvo capaz de soñar; porque soy una amiba
consciente de que más allá del alcance de mi ra-
dar hay elementos que no puedo ver. Y porque la
confianza me quita el temor. La esperanza de ser
abrazado por Aquel que puede saciar la sed que
tengo de recibir su abrazo me hace descansar...

Sé que lo incomprensible algún día me será
explicado y todo tendrá sentido. Por eso he de-
cidido creer...

Ha comenzado a lloviznar. Los cirros del mediodía se han convertido en cumulonimbos y se dibujan relámpagos en el horizonte.

Recuerdo que hace años leí un libro sobre "La cúpula de Dios". El libro decía que quienes tienen fe en el Creador de Amor y le dedican su vida a Él son protegidos bajo una cúpula y reciben recursos externos, prestados por una fuente poderosa. También decía que quienes rechazan la existencia del

Amor supremo y viven fuera de su paraguas tienen que luchar mucho, hasta el agotamiento extremo, para tratar de contener por sí solos (con sus propios recursos, dinero, amigos, fuerzas limitadas) la lluvia de ataques que nos sobrevienen en este mundo...

Si eso es verdad, entonces obviamente mi familia y yo hemos vivido siempre alejados de esa cúpula; extenuados, tratando de defendernos por nosotros mismos de un sinfín de calamidades. Yo quiero que eso cambie. Lo necesito. Al comprender tal desprotección, vienen a mi mente escenas grotescas y promiscuas relacionadas con mi prima.

Se me enchina la piel.

La tormenta amenazante es oráculo de una revelación pasada.

Fue ella, Tina, la que trajo mayor oscuridad a mi familia...

42
Es cumpleaños de Tina

El Datsun rojo estaba frente a mi casa. Fue la primera vez que lo vi. Pero no le di importancia, porque había muchos otros autos estacionados cerca.

Había pasado la tarde estudiando con Ariadne. Cuando regresé, me hallé con la sorpresa de que se había organizado una fiesta.

Entré desconcertada. Había música moderna de fondo y gente charlando en la sala.

—Buenas tardes —nadie me devolvió el saludo.

Identifiqué a Joaquín hablando con un par de chicas junto al bar de papá. Fui directo hacia él.

—¿Qué está pasando, hermano?

—Es cumpleaños de Tina.

—Ah.

—¿Quieres un trago?

Joaquín jamás me había ofrecido alcohol. De hecho toda la vida prohibió, con sus ínfulas de hermano mayor protector, que tomara bebidas embriagantes. Además, entre él y yo había un acuerdo tácito de no consumir ni promover la sustancia que había hecho tanto daño a mi familia.

—¿Estás borracho, Joaquín?

—¡Claro que no! Relájate, Lorenna. Mira, te presento a unas amigas. Roma y Sandra.

Me tendieron la mano.

Eran mujeres treintonas de cuerpos ostentosamente curvilíneos.

—¿De dónde son ustedes?

—Conocimos a Joaquín en el Bliss Club.

—¿Son instructoras de yoga?

Rieron.

—Más o menos. En el club enseñamos otras disciplinas.

—¿Ah, sí? ¿Cuáles?

—Meditación trascendental, concentración para elevar el gozo de los sentidos...

—Oh —las observé. Ambas estaban ataviadas con vestidos de una sola pieza, elásticos, sin tirantes en la parte superior, y cortísimos en la inferior. Mucha cara de virtuosas metafísicas no tenían.

Mi prima se acercó.

—¡Lorenna! ¿No me vas a felicitar? —abrió los brazos para obligarme a hacerlo.

—Felicidades —le dije.

—No te molesta que haya querido celebrar mi cumpleaños aquí, ¿verdad? Joaquín me dio permiso.

—Está bien, Tina.

Eché un vistazo a mi sala.

Debían de ser al menos treinta personas. Algunas fumando. Todas con vasos de licor en las manos. Hombres y mujeres por igual.

—Con permiso.

Mi madre estaba en su cuarto, sentada muy cerca de la televisión, viendo una película de Pedro Infante.

Cerré la puerta del cuarto. Me senté junto a ella. Quise hacerle plática, pero no se prestó. Parecía muy entretenida con la trama de la película. Esperé hasta los anuncios comerciales.

—¿Estás bien, mami? ¿Cómo te sientes?

—Hay fiesta en la casa.

—Sí. Ya me di cuenta.

—Prefiero ver la tele. No me gustan las fiestas. Ni siquiera sé bailar.

Sonreí. Su comentario me pareció gracioso. Pero luego me preocupó. ¿No estaría nuevamente en los linderos de la evasión?

—Yo tampoco sé bailar. ¿Me dejas ver la película contigo?

—Sí. Pero no vayas a pisar al gato...

Me llevé una mano a la boca para tapar mi expresión.

—Dios mío...

—Anda por aquí.

—Sí... tendré cuidado.

A pesar de que la película tenía una trama simple y anodina, no pude concentrarme en ella. Sólo vi a los Tres García y a doña Sara discutiendo. Me daba igual. Afuera la música se hizo más estridente. Para compensarlo, subí también el volumen al televisor y salí a la estancia a echar un vistazo.

El humo de los cigarrillos había emborronado la transparencia del aire. Varias parejas bailaban. Tina y su novio entre ellos. Observé que casi todos tenían la vista como perdida. Por primera vez abrigué la sospecha de que pudieran estar consumiendo algún tipo de droga.

Busqué a Joaquín. Ya no estaba en la barra del bar; se había ido a sentar al sillón y platicaba abrazando a Rómula y Rema, sus amigas místicas.

Algo extraño me llamó la atención: había un grupo de hombres apretados en círculo cerrado como haciendo *team back* en el rincón del comedor. Mario Ambrosio entre ellos. Lo reconocí por la forma única de su cabeza cuadrada. ¿Estarían compartiéndose droga en mi casa? Yo no podía permitir eso. Me acerqué. Como estaban pegados hombro con hombro, concentrados en el centro de su redondel, no daban lugar al espionaje. Me quité los zapatos y subí a una silla del comedor fingiendo que deseaba alcanzar las copas de una alacena alta. En esa posición pude ver sobre sus hombros. Los tipos estaban extasiados en la contemplación de una revista... pero no cualquier revista.

De momento creí que mis ojos me engañaban, que el ruido y el humo me estaban haciendo alucinar.

¿Eso era posible?

Las páginas impresas a todo color tenían fotografías mías, desnuda frente a un espejo.

Sacudí la cabeza.

¿Cuándo me habían sacado esas fotos?

Rectifiqué. Mi cuerpo no era así.

La modelo, desvestida de perfil, ocultaba a la cámara parcialmente su rostro, pero exhibía descaradamente unos senos más voluminosos que los míos. Aun así se parecía demasiado a mí.

Pero no era yo.

Era Tina.

43
Tú me corriste una vez, ahora me toca a mí

Los sujetos ni siquiera se dieron cuenta de mi presencia.

Me bajé de la silla y volví a ponerme los zapatos.

Caminé errante. Primero rumbo a la cocina; no tenía hambre. Después rumbo al cuarto de mi madre; no me apetecía seguir viendo a Pedro Infante. Después al centro de la estancia; no toleraba seguir respirando ese aire enrarecido.

Salí al garaje. Como prisionera del destino más aciago, me aferré a los barrotes del portón y miré hacia la calle.

¿Y si iba de vuelta a la casa de Ariadne?

¿Y si llamaba por teléfono a Adolfo para pedirle que me llevara a la montaña rusa?

¿Y si me desahogaba escribiendo una carta a José Carlos?

Todo era viable y nada me apetecía.

Entonces llegó mi padre. Me encontró asida a la reja.

—¿Qué diablos pasa? ¿De quién es ese maldito coche?

—el Datsun rojo estaba obstruyendo la entrada—. ¡Tuve que estacionarme a dos cuadras de aquí!

—Tina está celebrando su cumpleaños. Vinieron todos sus amigos.

—¿Cómo? ¿Con permiso de quién?

—Joaquín... Fue su idea.

—Maldita sea... —mi padre se había alterado, como de costumbre—. Voy a regresar a la oficina. Al rato vuelvo.

—Papá —lo detuve—, no te vayas. Mejor ayúdame a que esto se termine. Habla con Joaquín. Hay demasiado ruido y... le hace daño a mamá... además... —no me atreví a expresarle mi sospecha de la droga, ni mi certeza de la revista pornográfica en la que aparecía Tina—, creo que están tomando mucho alcohol.

Mi padre era amigo del alcohol, pero no de los desmanes en su casa.

Regresó y entró. Fui detrás de él. Creí que iba directo al tornamesa para quitar la música. Creí que se pararía frente a todos para exigirles que se fueran. No lo hizo. Echó un vistazo y después de dudarlo se metió a la habitación principal.

¡Bonito protector de la familia!

También me encerré en mi cuarto y me puse audífonos.

La celebración se alargó dos horas más. Hasta que los vecinos vinieron a quejarse del ruido.

Extrañamente los festejantes no quisieron despertar sospechas o que llamaran a la policía. El jefe de todos, pareja de Tina, pidió una disculpa a los vecinos y dio la orden de que todo se terminara. Apagaron la música, guardaron sus cosas y empezaron a retirarse.

Treinta minutos después todos se habían ido. Sólo quedaron Joaquín y Tina charlando en el bar.

Mi padre salió de la habitación y vio la estancia destrozada, con vasos sucios, muebles desacomodados y basura por doquier.

A pesar de que Joaquín había tomado mucho alcohol, no estaba borracho. Al contrario; parecía demasiado excitado, con exceso de energía. Tina también se veía rara, con las pupilas dilatadas; alterada y temblorosa.

Mi padre los estudió con las cejas fruncidas. Con más experiencia que yo, identificó sin lugar a equivocarse que ambos se encontraban bajo los efectos de un estimulante. Encaró a mi prima:

—¡Tú no puedes estar más aquí! —le dijo—. Desde que llegaste hay problemas. ¡Voy a decirle a tu papá lo que estás haciendo y a pedirle que te mande un boleto de regreso a tu casa!

Ella se carcajeó.

—Mis papás ni siquiera saben dónde estoy. Tampoco creo que les interese.

—Pues con más razón te vas a corregir o te vas a ir de aquí. No soporto tu conducta. Todos los días llegas pasada.

—Tú también, tío. Llegas igual.

—A mí me gusta tomarme una copita. Pero nunca he consumido droga... ¡y ustedes están drogados!

Metieron a mi casa gente que trafica y se mete no sé qué porquerías.

—¡Nos estás difamando, tío! Además, tú no tienes calidad moral para reclamarme nada. Eres un adúltero. Estuviste preso por hacer cochinadas. Quieres que mi tía se muera para irte con otra mujer. Y tienes serios problemas con el alcohol... Joaquín me lo dijo todo.

Papá enrojeció. Se acercó a mi prima. Pensé que la abofetearía.

—¡Largo de esta casa!

Mi prima escupió al suelo. Se metió a mi cuarto y comenzó a recoger sus cosas.

Joaquín le gritó a papá:

—Tina tiene razón, tú no eres nadie para venir a decirnos cómo comportarnos. Siempre has sido un mal padre.

Con Joaquín, mi papá no se contuvo, caminó hacia él y le dio un revés en el rostro. Mi hermano se quedó quieto. Deteniéndose la cara y sobándose el golpe. Papá había hecho muchas cosas de dudosa probidad en la vida, pero nunca había golpeado a sus hijos.

—¿He sido un mal padre? —remachó—. ¡Repítemelo!

Para mi sorpresa, Joaquín se irguió en actitud de desafío.

—Lo repito. Has sido un mal padre.

Papá resopló. Su hijo era más alto y más fuerte. Le había faltado al respeto de manera irreversible.

—¿Ah, sí? ¿Eso crees, hijo? Tú me corriste una vez, ahora me toca a mí. ¡Lárgate de aquí!

—Con mucho gusto.

Esa noche, Tina y Joaquín se fueron de la casa.

44

¿Dices que yo fui tu salvavidas?

Ésta es una noche cálida.

Estoy en el balcón de mi departamento en Houston.

Las horas se me van volando aquí.

Retomo la libreta de José Carlos y paso las hojas. Me detengo en otro escrito; una especie de prosa anecdótica que me asombra, no por la forma sino por la historia.

Un vendedor ilegal está promoviendo pornografía y juguetes sexuales entre los estudiantes de secundaria y bachillerato. Visita las escuelas en un Datsun rojo.

Mario Ambrosio y yo nos subimos a ese Datsun rojo con engaños. El conductor nos hizo la oferta de participar en su negocio: desnudarnos y fotografiarnos con chicas sin ropa. Una invitación difícil de creer. Y de rechazar. Para convencernos nos mostró todo tipo de materiales.

Mario Ambrosio aceptó.

Hace meses que nadie sabe de él. El toque de aquel hombre ensució la mente de mi amigo, luego la envenenó y la aniquiló.

Yo también fui contaminado por las palabras y las manos del sujeto. Lo confieso. Tuve que pelear varias semanas contra pensamientos morbosos. Vi reiteradamente imágenes de mujeres desnudas en mi mente y consideré la posibilidad de aceptar, como Mario, el ofrecimiento del pornógrafo.

Pero a diferencia de mi amigo, hubo algo que me rescató. Pude echar mano de un recurso poderoso. Un salvavidas: mi amor hacia Sheccid; el anhelo indómito de ser alguien digno de merecerla. Ella, mi musa, mi princesa, ha sido la llama que refrena los malos deseos en mí y hace brillar el futuro que imagino junto a ella. Sheccid es la luz de esperanza que me invita a ser honesto y recto para poder mirarla a los ojos algún día y decirle: "Esto soy, para ti".

¡Me apeno tanto por Mario! Él no tuvo una Sheccid que lo salvara. Se dejó llevar, y fue a "trabajar" con el sujeto. No pudo decir que no. Porque los virus se contagian y la suciedad se pega.

He pensado mucho en esto.
Las personas nos tocamos unas a otras.
Hay toques que mancillan, y otros que exaltan.
Aquel hombre tocó a mi amigo y lo envenenó.
Sheccid me tocó a mí, y me salvó.

Cierro la carpeta de José Carlos, la acaricio, y me invade una ola de ansiedad. ¡Él me dio su teléfono! ¿Dónde lo dejé? Era un papelito rectangular amarillo. El boleto del autobús al que nos subimos. ¿Dónde está ese papelito?

Lo busco con furia e impaciencia. No lo encuentro.

—La estúpida de Bertha —digo en voz alta (cualquier excusa es buena para insultarla)— no lo puso en la caja, ni en el velís.

Sigo buscando. Hago un desorden.

Se ha desatado en mí un intenso deseo de llamar a José Carlos. ¡Necesito decirle que no estoy de acuerdo en que me haya dejado sola después del accidente! A mi mente sobrevienen muchas ideas,

ideas de reclamo, frases increpantes hacia el hombre que tanto me amó.

Tomo mi libreta personal de *Conflictos, creencias y sueños*. Escribo:

> *Pienso en ti, José Carlos. Quiero decirte "mi amor" y no puedo. Estoy furiosa contigo. ¡Porque me dejaste! ¡Porque no me diste la oportunidad de estar a tu lado después de que me equivoqué! Porque me volteaste la espalda. No entiendo por qué hiciste eso, si me amabas tanto. Al menos eso decías. Es cierto, tal vez yo lo propicié, pero ¿dónde está la paciencia que tanto profesas, el amor que sobrepasa cualquier obstáculo del que tanto hablas? Este balcón y esta lejanía de la realidad me abruman.*
>
> *Me urge salir de aquí...*
>
> *¿Dices que yo fui tu salvavidas?*
>
> *¡Pues HAZ ALGO y sálvame tú ahora a mí!*

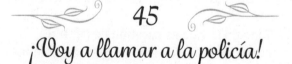

45
¡Voy a llamar a la policía!

Joaquín y Tina se fueron de verdad.

Nadie lo esperaba.

Como cuando has armado un rompecabezas de mil piezas y levantas la mesa para dejarlo caer al suelo lentamente, mi mundo se desmoronó.

Perdí el interés por estudiar.

Dejé de hablar con Ariadne y me volví hermética.

A veces simplemente no iba a la escuela. A nadie le importaba.

Los días que iba a clases me olvidaba parcialmente de mi nefasto ecosistema personal, pero la pasaba distraída, sin participar, sin hacer tareas, reprobando exámenes.

Llegaron las vacaciones y fiestas navideñas. Por primera vez en nuestra historia familiar no pusimos un pino, ni esferas, ni oímos villancicos. Ni siquiera cenamos juntos en Noche Buena. Mis padres estaban como ausentes. No soportaban que Joaquín se hubiera ido. El mensaje para mí era clarísimo: "Sin tus hermanos (hombres), no hay familia ni razones que nos motiven a estar juntos; tú eres un cero a la izquierda".

A principios de enero la maestra Jennifer Areli me mandó llamar a su oficina.

—Deghemteri —era de las pocas que sabía pronunciar mi apellido—, toma asiento por favor. Siempre fuiste de las mejores alumnas, campeona de declamación, líder de proyectos... ¡Y ahora te estás volviendo una pésima estudiante! ¿Qué sucede?

—Si usted supiera —mi respuesta sonó a imploración.

—Todo en la vida es cuestión de actitud.

—¿Usted le diría a un niño de Ruanda, hambriento, enfermo y moribundo que todo en la vida es cuestión de actitud?

—¿A qué te refieres?

—A veces a las personas nos pasan cosas malas... ¡Pero no tenemos la culpa, ni hemos fallado en cuestión de moral o actitud!

—Cuéntame.

Apreté los puños.

—Mi existencia se me complicó por culpa de usted.

Tenía mucha ira contenida.

—¿Cómo?

—La última vez que estuve sentada en esta silla, me dio un consejo optimista; dijo: "Aprende a respirar, el miedo se percibe casi siempre como falta de aire... cuando las cosas van mal, tus mejores aliadas son la respiración y la mente". Así que busqué clases de respiración. Fui con mi prima a un lugar donde supuestamente impartían yoga. Se llama *Bliss Club*, o *Club de la Dicha*. Practican una especie de filosofía oriental combinada con meditación trascendental y ejercicios para elevar el gozo de los sentidos... Así lo explican ellos. Pero en realidad es un prostíbulo. Hacen y venden pornografía. También droga. Es una red de delincuencia disfrazada... Mi prima se enganchó en la secta. Y ahora mi hermano también. Los dos se fueron de la casa.

La profesora se había petrificado. Le parecía inaudito que algo así pudiera estar sucediéndome. Expresó con languidez:

—No pude darte recomendación más inocente que "aprende a respirar" —y se quedó pensando en el riesgo que corren los maestros al hacer sugerencias de conducta sucedáneas a problemas ajenos. Carraspeó—. No... no sé qué decirte, hija... tú sabes que mi intención era buena. Siempre lo ha sido. No voy a dejar que me culpes por algo...

Se detuvo. Estaba poniéndose a la defensiva con una alumna desamparada.

—Discúlpeme, maestra. No quise culparla de nada. Yo en realidad necesito ayuda...

—A ver —siguió su propio consejo. Inhaló despacio—. Lo que comentas es gravísimo... si existe un lugar así, que recluta jóvenes para explotación sexual, usando engaños publicitarios, debemos denunciarlo.

—Mi prima y mi hermano están ahí dentro. Si denunciamos ese sitio, la policía los va a detener.

—O a rescatar.

Moví la cabeza.

—No los van a rescatar, si ellos no están convencidos de dejar la secta. Si les lavaron el cerebro de alguna forma.

—Entiendo. Pero existe ayuda profesional especializada. ¡Voy a llamar a la policía!

Asentí. No me apetecían más consejos filosóficos. Llamar a la policía era la ayuda que yo necesitaba. Quería una mano fuerte que me sacara del fango.

La maestra buscó un número en su agenda y marcó. Pidió hablar con el comandante de la zona. Le explicó la problemática.

—Espere un minuto, comandante —se puso tensa—, ¿dice que los afectados deberán levantar una denuncia formal y declarar ante el ministerio? ¿No le suena a burocracia? ¿Cómo dice...? ¿No pueden registrar el lugar a menos que...? ¡Claro!, entiendo... Sé que son las normas... pero mi alumna tiene miedo de una venganza... Es lógico... debemos protegerla, ¿no cree? Sí, sí, ya sé —subió el volumen para imponerse ante una discusión que se estaba volviendo estéril—. ¡Ya sé que ustedes necesitan evidencia!... ¡quieren cubrirse el trasero! Perdón... pero imagínese que recibe una llamada anónima. ¡Es una hipótesis! Caray, entienda. ¡Estamos hablando de narcotráfico y explotación sexual de menores! ¿No le parece importante investigar? —se mordió el labio inferior—. ¡Exacto! ¡Exacto! Son palabras mayores... No, no estoy acusando a nadie. Sólo le estoy pidiendo que investiguen... ¿Cómo dice? ¡Ya le expliqué...! Sí. ¡Sí somos testigos...! ¡Déjeme terminar! Comandante... no puede responderme eso. ¡Evidencia existe! ¿Acaso necesita un cadáver? No, no le estoy gritando. Usted es el que me está levantando la voz y no me deja hablar... De acuerdo, vamos a calmarnos —tamborileó con los dedos en el escritorio—. ¿Eso quiere? No hay problema... Voy a gestionar que la dirección de esta escuela haga una solicitud de investigación por escrito... Sí, entiendo... Yo también obedezco reglas. Pero uso el criterio... Ya, ya... No hay problema. Buscaré a su jefe. Haré lo que sea necesario para que la policía investigue. Hasta luego.

La maestra colgó el teléfono y agachó la cabeza. Juntó ambas manos y las pegó a su boca como quien hace un rezo de impotencia.

—Creí que sería más fácil.

—No se preocupe. Valoro mucho lo que hizo...

PORNOGRAFÍA

Desde este balcón, viendo la fuente de Waterwall, siento que se abren ante mi mente nuevas rutas del laberinto oculto. Lo he recordado casi todo...

Pongo un disco clásico. La ópera es una de las herencias bellas de mi cultura familiar. Siempre me gustó Verdi, pero cuando supe que José Carlos amaba a Puccini, cambié de predilección. La tarde en que fuimos por el helado de chocolate me comentó que él se casaría con una mujer a quien le gustara *La Bohemia*. Era un requisito muy fácil de cumplir.

Ahora *La Bohemia* es mi ópera favorita.

Encuentro en la libreta de José Carlos un texto respecto al Bliss Club.

El Datsun rojo con su promotor de pornografía todavía deambula cerca de la escuela buscando clientes.

Hace un par de años yo experimenté por primera vez la atracción enajenante de contemplar el cuerpo de mujeres desnudas en las revistas. Fue como un "shock" eléctrico que me dejó paralizado. Ante la excitación sexual que producen esos materiales, la inteligencia se bloquea; un hombre no puede pensar ni decidir. Casi me atrevo a decir que incluso el hombre más letrado se convierte en animal.

Los promotores de material pornográfico que visitan las escuelas y se llevaron a mi amigo Mario Ambrosio hacen un tipo de fotos que no se venden en puestos de periódicos; hacen revistas explícitas, en las que se exhiben actos sexuales antinaturales y grotescos. ¡Yo vi esas publicaciones! Y jamás había imaginado que existiera algo así. Pero al mismo tiempo, me apena decirlo, en cuanto a la desnudez femenina, tampoco hubiera creído que en ello hubiera algo tan atrayente.

He pensado mucho en esto y ahora entiendo que la pornografía es como una droga. Es un producto comercial que sirve específicamente para excitar al usuario, para llevarlo a la masturbación y me-

terlo a un círculo vicioso denigrante que sin duda puede convertirse en adicción.

El adicto a la pornografía consume, compra, colecciona materiales en secreto y no puede concentrarse en nada más.

¿Pero qué sucede en la mente de quien cultiva ese vicio?

Ver pornografía es un ejercicio que enseña al cerebro a imaginarse a las personas desnudas o manteniendo relaciones sexuales. El adicto a la pornografía ve todo a su alrededor en términos pornográficos. Así como la heroína hace daño al cuerpo de un ser humano, la pornografía hace daño al alma.

Hace poco me enteré de otros amigos cercanos que cayeron en las redes del club que produce y vende esos materiales. No justifico a mis compañeros, pero los entiendo a cabalidad. Necesitan ayuda.

Hoy me acerqué a las oficinas administrativas de la escuela y pedí asesoría. Hablé con mi maestra Jennifer. Parecía informada del tema, y doblemente alarmada. Tal vez si los directivos intervienen se puedan tomar medidas para proteger a la escuela, antes de que tengamos más que lamentar...

Detengo la lectura.

Dejo que las últimas cadencias de *La Bohemia* invadan todos mis sentidos.

Escuchar a Puccini me hace sentir más cerca de José Carlos.

¡De modo que él pidió ayuda!

Creo que yo también lo hice.

47

Mi prima usa su cuerpo

Papá llamó por teléfono a su hermano.

Nos enteramos de que Justina había robado los ahorros de la familia y consumía cocaína.

—La cocaína es cara —dijo papá como pensando en voz alta—. ¿De dónde saca Tina dinero para comprar esa droga?

Mamá me miró con desazón. Y lo dijo:

—Tina es muy bonita... Casi como nuestra Lorenna.

—¿Y eso qué tiene que ver?

La actitud de papá rayaba en la candidez. Sonreí. Y mi sonrisa se petrificó cuando comprendí el peligro en que me encontraba. Como quien recibe un golpe que lo deja sin aire, todo comenzó a darme vueltas. Me recargué en la pared y doblé las piernas para sentarme en el suelo.

—Tengo que decirles algo muy malo... —mis padres me miraban preocupados—. No se los había dicho, porque no sabía cómo... Durante el cumpleaños de Tina vi algo terrible... Mamá tiene razón. Mi prima usa su cuerpo...

—¡A eso me refería! Una chica como ella sabrá cómo obtener droga.

—Pero espera, mamá; hay algo más... Mi prima usa su cuerpo... —la frase no era exacta; replanteé y empecé de nuevo—, Tina se fotografió completamente desnuda para una revista pornográfica.

—¿Cómo?

—Yo vi la revista.

190

—¿Qué tipo de revista?

—Sucia… horrible. Los hombres en la fiesta se la pasaban de mano en mano y la hojeaban en grupitos, mientras Tina bailaba con su novio en medio de nuestra sala.

Papá tenía el rostro desencajado.

—¿Estás segura?

—Sí. Pero eso no es lo peor. Cuando vi las fotografías de Tina, lo primero que pensé fue que… eran… mías…

—¿De qué hablas?

—Las sombras. El juego de luces. Su rostro no se veía muy nítido y —repetí la frase—. Mamá tiene razón. Ella y yo nos parecemos demasiado…

Ambos sintieron la misma descompensación.

—O sea que… —mi madre interrumpió la frase. Aunque no lo pudo decir, era obvio.

—Exacto —lo dije—. Si yo misma me confundí al ver esas fotografías en la revista pornográfica, otras personas que vean el material también se podrán confundir cuando me vean por la calle o en cualquier lugar…

Papá no lo resistió más. Se levantó y fue directo al bar para servirse un trago. Lo bebió hasta el final. Se sirvió otro y lo apretó con la mano temblorosa.

—Debemos irnos de este país.

Mamá argumentó:

—Pero no podemos irnos sin Joaquín.

—¡Por supuesto que no! ¡Él también corre peligro! Está con su prima… en la misma organización.

Viendo a los adultos tan perplejos, me aprecié desenvuelta.

—Yo sé dónde encontrarlos, papá. Es una especie de secta. Tienen varios negocios. Un bar, una discoteca, un centro "metafísico". Se disfrazan muy bien. Hay demasiados filtros para entrar. No va a ser fácil. Le platiqué a mi maestra Jennifer y ella habló con un comandante de la policía. El comandante no quiso involucrarse. Nos exigió pruebas y declaraciones ministeriales.

Mamá había palidecido.

—¿Qué hacemos?

—Debemos sacar a Joaquín de ese sitio —opiné—, ¡pero también a Tina! Es lo correcto. Si se puede, claro. Somos primas. Pagarle el boleto de regreso y nosotros irnos también de aquí —la idea de viajar juntos de nuevo como familia conllevaba la posibilidad de que mis padres se reconciliaran.

Papá terminó su vaso de licor y lo dejó caer sobre la barra como el juez que da un mazazo. Le encantaba hacer eso.

—Voy a hacer las denuncias. Obligaré a la policía a actuar.

—No creo que sea buena idea —discrepé—. Los mafiosos del club son personas malas, con dinero, capaces de cualquier cosa... Tenemos todas las de perder si nos ponemos a pelear con ellos.

—¿Qué sugieres, entonces?

—Fingirnos sus amigos.

Fui a la plaza comercial con mi papá.

Llegamos al local. Tocamos a la puerta. Abrió el cuidador, un gordito sonriente y bonachón.

—Venimos a pedir informes.

—Usted, señorita, es...

(Quizá había hojeado la revista).

Acallé mis temores y levanté la cara.

—Sólo quiero informes.

—Ahorita no hay clases.

—Nos gustaría conocer las instalaciones —dijo papá.

La sala principal estaba apagada. Las puertas interiores, cerradas. No había música ni edecanes con bata floreada recibiendo a los clientes.

—No pueden pasar —dijo el velador con timidez—. Regresen después. La semana entrante, por favor.

—¿Aquí dan clases de yoga? —pregunté.

Me miró como si fuera la dueña del lugar y estuviese haciéndole un examen.

—Sí. Son cursos cortos.

—¿Y por qué ahí dice *Bliss Club*?

—Ah, ese es el club privado de los maestros. Ahorita andan en un retiro. Disculpe, ¿usted vino a checarme, señorita? He llegado temprano. Y cuido bien. Llevo mi libreta de novedades.

—Me está confundiendo. Yo no trabajo aquí. Mi prima me recomendó venir. Tal vez la conozca. Se llama Justine. Se parece mucho a mí... y necesito verla.

—Sí... —asintió y sopló; mostrándose aliviado—. Me di cuenta luego luego... Pensé que eran hermanas... La señora Tina es novia del Patrón. No habla con nadie. Sólo con él, porque él habla inglés.

—¿Dónde la puedo encontrar? Me urge. Tenemos un problema familiar.

—Uy, no sé.

—¿Y no sabe dónde es el retiro de los maestros?

—No. De veras que no.

Aunque mi alma parecía agazapada detrás de un telón tenebroso como si presintiera la proximidad de una tragedia superlativa, necesitaba un escape social. Y Adolfo me visitaba casi a diario; llegaba con flores y regalos. Un día, deseando escapar de mi realidad, acepté que me diera clases de motociclismo. Fue divertido aprender a meter las velocidades, y acelerar por las calles. Pero Adolfo no era constante en su buen trato. De pronto y sin razón estallaba en insultos o amenazas que me ponían a temblar. No soportaba que ningún hombre se atreviera a mirarme. Odiaba a José Carlos y se la pasaba diciendo que lo iba a asesinar. Entonces yo me enfadaba, le decía que no quería volver a salir con él y empezábamos de nuevo: me pedía perdón, me traía flores y me prometía amor eterno.

Por otro lado, José Carlos también me buscaba mucho. Se la pasaba cazándome por los pasillos de la escuela con la ayuda de Ariadne. Un día me dio en préstamo su diario personal. Me explicó que en él no ocultaba nada, pues lo escribía para desahogarse, sin máscaras ni apariencias. Me dijo que de alguna forma todo me lo dedicaba a mí.

Lo miré sin hablar. Ese joven vivía en un mundo irreal. Sus escritos eran utópicos. Su amor hacia mí, ilusorio.

—No lo puedo creer —murmuré.

—¿Qué, princesa?

—Que me haya encontrado en el mundo con alguien como tú.

Sonrió. Me tocó el brazo tímidamente.

—Opino lo mismo de ti.

—No quiero lastimarte, amigo. Yo me la paso en medio de huracanes. Mi vida está llena de viento, tierra y lodo.

—Pues agárrate de mí. Soy un árbol con raíces fuertes.

De reojo vi que un grupo de jóvenes se acercaba a nosotros con decisión. Presentí peligro. Volteé. Era Adolfo con su pandilla de amigos. Kalimán se veía furioso. Estaba dispuesto a armarme una escena de celos y a agredir a mi amigo.

—Leeré tu libreta y te la devolveré.

Me despedí y eché a correr.

SABER FUNDIRSE EN PALABRAS

Querida Sheccid:

He estado analizando los requisitos para que una pareja triunfe en su relación.

Ya te escribí sobre el primero y más importante TENER DISPOSICIÓN AL AMOR.

Pero después de reflexionar y ante el silencio que nos separa, he comprendido que las parejas exitosas deben cumplir otro gran requisito: SABER FUNDIRSE EN PALABRAS.

Amiga mía: de nada serviría que dos seres humanos con las más nobles y dulces almas del mundo se enamoren, si no pueden comunicarse; si uno de ellos habla ruso y el otro swahili, si uno vive en la Patagonia y el otro en Groenlandia, si uno está sordo y el otro mudo.

Creo que el amor crece y se fortalece gracias a las buenas conversaciones.

Creo que nada une más a los amantes que verse a la cara, hablar, discutir, reírse de sus bromas, expresarse abiertamente y escucharse con atención.

La palabra es al amor como la sangre que bombea el corazón es a la vida.

Los verdaderos amantes, antes de fusionarse en cuerpos, se fusionan en palabras.

Cuando dos personas se aman, una es capaz de detectar cuando a la otra le pasa algo y preguntarle "qué tienes". ¡Y la otra tiene la capacidad para expresarse claramente y con la verdad! Porque el silencio mata al amor.

No hay nada más absurdo que fingir bienestar; nada peor que cuando nuestra pareja pregunta "¿cómo estás?" respondamos "bien", y sigamos incomunicados.

Pocas veces alguien está tan bien (sin preocupaciones, temores o sinsabores) que no necesite decir nada. Y aunque así fuera, de igual modo la alegría se comparte con palabras.

Por eso te escribo cada día, Sheccid. Porque si no pongo en palabras lo que siento por ti, mis sentimientos (y los tuyos, si los hay) se desvanecerían hasta desaparecer.

Sólo nos hace falta que tú me escribas.

O que hablemos.

Te di mi teléfono. ¿Por qué no me has marcado?

Casi todos los días te espero a la salida de clases. ¿Por qué me evades?

El amor sin diálogos enferma y a veces fenece.

Sheccid Deghemteri: Tú eres mi apuesta de palabras.

Por eso te mando un dulce y cariñoso abrazo con estas letras...

49
Únanse a nuestro círculo de energía

Movido por el remordimiento, mi padre se apostó todas las tardes en un café del centro comercial desde cuyo ángulo se podía ver claramente la entrada del Bliss Club. Espiaba a la gente buscando a Joaquín. No soportaba la idea de que su hijo se extraviara en esa ruta de perversión a la que él, sin darse cuenta, lo había arrojado.

Una tarde lo vio. Caminaba emparejado con una mujer sibarita. Junto a ellos iban Tina y el Patrón.

Antes de que se encerraran en sus oficinas, papá corrió y los llamó levantando la mano.

—Buenas tardes —saludó usando la técnica planeada de mostrarse amistoso—. Joaquín —se dirigió a su hijo—, vengo a pedirte que regreses a la casa... también tú, sobrina... Aquella noche no debí haberles dicho que se fueran.

Los aludidos miraron a mi papá con altanería. Ni siquiera contestaron. Fue el Patrón quien hizo el guiño reconciliatorio.

—Creo que usted exageró el enojo con su hijo y su sobrina. No estaban haciendo nada malo. Era sólo una fiesta. La fiesta de ella. Su cumpleaños.

—Sí, sí, lo sé... por eso les quiero pedir una disculpa y decirles que pueden volver a reunirse en mi casa cuando quieran.

—Gracias por la invitación.

Se alejaron. Joaquín al hacerlo le echó una rápida mirada a papá que él no supo interpretar.

—¡Fue humillante! —nos contó esa noche—. Tina sonrió como burlándose de mí. Sólo Joaquín me vio un segundo con ternura, pero no dijo nada.

—Lo tienen controlado —opiné.

—¿Cómo se veía nuestro hijo? —preguntó mamá—. ¿Sano? ¿Limpio?

Me pareció una pregunta trivial. Pero tenía otro objetivo. Papá lo comprendió.

—No creo que estuviera drogado.

—Pues esperemos.

—Sí. Esperemos. Yo ya les abrí una puerta. Si son inteligentes escaparán de ese grupo y regresarán a casa.

No tuvimos que esperar demasiado. La noche siguiente volvieron. Pero no como fugados de la secta, ni como hijos pródigos arrepentidos, sino como festejadores que aprovechan el convite de un tabernero al que se le ha ido la lengua invitando los tragos a todos.

Primero llegaron Tina y su compinche. Tocaron la puerta. Mi padre los recibió. Dijeron que venían en son de paz, y querían tener una reunión en nuestra casa para hacernos una presentación vivencial. Papá les permitió la entrada. A los pocos minutos llegaron cuatro mujeres y tres hombres. Entre ellos Joaquín. Traían botanas, refrescos y una botella de ron. Pusieron las cosas en la mesa de centro y pidieron permiso para mover los sillones. Se sentaron en la alfombra.

—Únanse a nuestro círculo de energía.

Papá lo hizo fingiendo interés. Mamá y yo nos negamos. Dijimos que preferíamos mantenernos de pie.

El Patrón comenzó una charla de dogmas seudocientíficos. Habló de lo poco que los seres humanos usamos el cerebro y de cómo podríamos aprender a controlar la mente para mover objetos de lugar, atraer buena suerte y leer pensamientos de otros. Centró su cátedra en los fenómenos paranormales y aseguró con frenesí que ellos eran estudiosos y hacedores de esos prodigios. Luego se enfocó en el tema sensorial. Enfatizó que sólo podíamos destapar el control de la mente si aprendíamos a potenciar nuestro sistema nervioso y sus centros de placer. Dijo que la piel humana era la única puerta de entrada, con sus millones de nervios táctiles, que abría conexiones electromagnéticas. Luego nos invitó a hacer un ejercicio.

Giró la cabeza para vernos a mamá y a mí. Insistió para que nos sentáramos con ellos. Todos apoyaron la moción a coro. Mamá no quiso. Se disculpó y fue a encerrarse en su cuarto. Yo acepté. Me senté en la alfombra.

Era increíble la forma en que ese grupo disfrazaba sus negocios con filosofía mística: relajación, respiración, imaginación y luego estimulación de la piel (puerta de entrada para destapar conexiones electromagnéticas poderosas), y zonas más sensibles como las eróticas...

El Patrón nos pidió que pusiéramos las manos sobre nuestras rodillas, cerráramos los ojos e inhaláramos despacio. Después empezó a emitir un ruido gutural con los labios unidos como quien dice una larga "M". Todos lo imitaron. Espié. El grupo estaba conformado por títeres obedientes. Identifiqué a varios hombres del grupo que habían hojeado y alabado la revista pornográfica de mi prima.

Con la mayor discreción que pude, sin hacer ruido, me puse de pie y abandoné el lugar.

COMPARTIR LA MISMA BRÚJULA

Voy al gimnasio del edificio y obedezco con creces el programa de rehabilitación que me ha puesto el instructor. Entreno dos horas todos los días. Caminadora, bicicleta fija, mancuernas, pesas, tinas de hidromasaje. Estoy adquiriendo cada vez más tonicidad muscular y recupero mi peso poco a poco.

Regreso cansada, me baño y voy de vuelta al balcón para leer. Esa noche disfruto mucho el texto de José Carlos. Es breve:

Hoy quiero hacer una anotación marginal.

Querida Sheccid: te he escrito sobre qué necesita una pareja para ser feliz.

Hasta ahora dos cosas:

1. TENER DISPOSICIÓN AL AMOR.

2. SABER FUNDIRSE EN PALABRAS.

Pero hay una tercera:

3. COMPARTIR LA MISMA BRÚJULA.

Mira. En expediciones largas a pie, cruzando montañas y valles, los caminantes usan mapas y brújulas. Imagínate que dos personas decidieran hacer, en pareja, una larga travesía, pero en medio de la ruta se dieran cuenta de que sus mapas son distintos y las brújulas de cada uno marcaran diferentes nortes. No sabrían a dónde ir. Discutirían, pelearían y tal vez abandonarían la expedición.

Es una analogía.

Considero que dos amantes deben ser compatibles en temas tan sustanciales cómo hacia dónde se dirigen en la vida, qué esperan y como interpretan los problemas. En resumen, cuáles son sus valores. Cuál es la brújula de sus prioridades:

Princesa: ¿el norte que yo veo y al que me dirijo con decisión es el mismo que tú ves?

¿Resolvemos los retos de forma similar?

¿Estamos dispuestos a enfrentar desafíos y a disfrutar atardeceres juntos?

¿Gozamos las mismas actividades, las mismas mascotas, los mismos pasatiempos?

¿Tenemos sueños y deseos parecidos?

¿Nuestra interpretación de Dios y la misión de nuestras vidas es similar?

¿Uno respeta y admira lo que el otro respeta y admira?

¿Lo importante para mí es igual de importante para ti?

Todo lo anterior es algo que no podremos medir o mediar ¡hasta que caminemos juntos! ¿Por qué no comenzamos?

Hay muchos paisajes que recorrer. Y ya me cansé de caminar solo.

Ven conmigo. Comparte mi brújula y descubramos juntos los mejores senderos.

Sal de tu encierro.

Te espero en la puerta.

51

¡Eres mi novia, perra!

Mamá recayó. Comenzó a tener periodos de inconsciencia cada vez más prolongados. Creo que eligió su mundo imaginario antes que la verdad. Es paradójico, pero casi puedo afirmar que la locura de mi madre en sus últimos días fue elegida por ella en pleno uso de sus facultades.

La verdad, yo hubiera hecho lo mismo, de haber podido.

Y es que las reuniones esotéricas se hicieron repetitivas en mi casa. Dos o tres veces por semana los miembros del dichoso club armaban una. Siempre eran similares. Los invitados se sentaban en flor de loto sobre la alfombra de la sala, exponían un tema ideológico, meditaban y luego bebían y bailaban. Las chicas, comenzando por mi prima, eran groseramente explícitas para moverse al ritmo de una nueva corriente musical que llamaban *pornopop*.

Lo peor de todo fue que el grupo golpeó a papá en su talón de Aquiles; mejor dicho, en sus dos talones de Aquiles: alcohol y mujeres. Con profunda tristeza llegué a ver a mi padre tomando y bailando con una de las muchachas altas aficionadas a los vestidos de algodón ceñidos a sus curvas.

Como el emperador romano que vio desde el balcón la caída de su imperio, así pude observar el declive fatal de mi familia.

Ya no me bastaba esconderme como un animal asustado que se mete a su guarida para lamer sus heridas. Ya no me era útil escribir o leer a solas. Iba y venía con ganas de gritar, salir corriendo, insultar a todos. Mi tensión secreta era tan alta que estaba a punto de estallar por dentro.

En la escuela también las cosas se complicaron.

Adolfo se volvió más agresivo y la cogió contra José Carlos. Lo mandó amenazar e hizo que sus amigos lo agredieran. Sus celos obsesivos me asustaban.

Una mañana le reclamé:

—Adolfo, ¿qué sentido tiene retar a golpes a un chico pacífico y mucho menos corpulento?

—¡No lo defiendas! —se arremangó la camisa haciendo el ademán de buscar al enemigo—, quiere seducirte con sus poesías, pero tú eres mía...

—¿Por qué dices que soy tuya?

—¡Porque salimos! ¡Porque te enseñé a manejar motos!, ¡porque nos divertimos!

—Pero no soy de tu propiedad, y además haces lo mismo con otras chicas.

—¡Ninguna me gusta tanto como tú!

—Si tienes otras amigas amorosas, yo también tendría derecho...

—A ver, a ver. Ya sé a dónde vas. Me lo has insinuado mil veces. Hagamos un trato: a partir de ahora yo no saldré con ninguna mujer y tú dejarás de hablarle al estúpido poeta. Seremos pareja tú y yo, en exclusiva... novios, como siempre has querido, ¿de acuerdo?

Era la declaración menos romántica que había escuchado. Nada que ver con la de José Carlos.

—¿Y lo dejarás en paz a él?

—Sí —el trueque era casi medieval—. Si eres mi novia ya no lo voy a golpear...

—De acuerdo.

—¡Bien! Vamos a celebrar. Voy a prepararte una sorpresa. Ya somos novios.

—Sí, Kalimán —concedí contrariada—. Ya somos novios.

José Carlos se enteró. De hecho yo se lo dije. Le partí el corazón. Me pidió de vuelta su diario y se alejó de mí sintiéndose traicionado. Pero lo grave ocurrió unos días después.

Adolfo me abordó. Era tarde. Las clases habían terminado.

—¡Ya tengo la sorpresa de celebración! Te va a encantar. ¡Mañana a las cinco de la mañana voy a pasar por ti en la moto para llevarte a Tequesquitengo! Nos aventaremos de un avión en paracaídas.

—Uy, qué pena —me excusé—, no creo poder. Mañana voy a llevar a mi mamá al doctor.

—¿Qué te pasa, Lorenna Sheccid? Últimamente te he visto muy rejega. A ver. Ven acá. Me vas a levantar el castigo de los besos. Desde hace mucho no me das uno.

—Hay gente alrededor.

—¿Qué importa? —me agarró del brazo—. Ven. No te hagas para atrás. Cumple como se debe.

—Quítate.

Estábamos afuera de la escuela. En la calle. No había prefectos o autoridades cerca.

Usó su enorme fuerza para dominarme. Con brusquedad y altanería detuvo mi cabeza usando ambas manos, pegó su boca a la mía salvajemente. Sentí que me asfixiaba.

Lo empujé.

—Quítate, imbécil.

—¡Eres mi novia, perra!

Me apretó tratando de contenerme y aprovechó mi remolineo desesperado para tocarme los senos. Entonces logré zafarme y le di una bofetada. Casi de inmediato me la devolvió. Caí al piso pedregoso. Perdí el sentido de las cosas. Me llevé ambas manos a la cara. Escuché gritos de gente alrededor. Mucha gente. Entonces me di cuenta de que estaba rodeada de compañeros dispuestos a defenderme y de que alguien había acometido contra mi supuesto novio.

Vi la figura de Adolfo rodando por la tierra enlazado en una pelea feroz con otro muchacho. Ambos se propinaban puñetazos y trataban de romperse los huesos, mientras la gente alrededor los animaba a golpearse más. Entonces entendí que yo seguía en el suelo. Ariadne me levantó.

—¿Estás bien?

—Sí, Pecosa, vámonos de aquí.

—No podemos irnos —contestó.

Los gritos de mirones que azuzaban la pelea eran chillones y estridentes.

—¿Por qué no? Vámonos. Es peligroso.

Había gotas de sangre por todos lados.

—Tenemos que hacer algo. Ayudar.

—¿Ayudar a quién? Adolfo se merece que le den una golpiza.

—Ojalá que así fuera. Pero Adolfo va ganando la pelea. Regresemos a la escuela —Ariadne estaba muy nerviosa—, o no, mejor regresa tú. ¡Yo me quedo aquí!

—¡Sólo vámonos, Ariadne!

—No nos podemos ir. Pide ayuda. ¡Adolfo va a matar a José Carlos!

52

Una pelea colectiva

Los contendientes fueron separados.

Vimos con espanto que se habían hecho daño. José Carlos tenía el párpado hinchado, contusiones en la cara y el labio inferior reventado. Adolfo parecía herido de la ingle y con la nariz rota; su desvío nasal era tan evidente que además de quitarle simetría a su rostro otrora perfecto, le llenaba de sangre la barba y camisa. Los dos fueron aconsejados por sus amigos de retirarse cuanto antes para evitar que las autoridades escolares o municipales llegaran a detenerlos. Así lo hicieron, pero ninguno quedó satisfecho con el resultado.

Los siguientes días ambos prepararon su revancha. Se corrió la voz de que Adolfo estaba convocando a pandillas callejeras para darle una paliza a José Carlos, y de que José Carlos a su vez había pedido ayuda a otros amigos dispuestos a pelear en una riña colectiva. Los rumores se volvieron noticias. La ola de nerviosismo fue creciendo en toda la escuela. Yo no podía concebir todo el lío que se había armado por mi culpa. Aunque era lógico que Adolfo pudiera formar una banda brabucona, me resultaba inconcebible que José Carlos contara con recursos similares. Lo cierto es que las cosas se pusieron más y más tensas.

Un día estalló la bomba.

Cerca de la hora en que salíamos de clases llegaron camiones con camorristas. Vimos desde el interior que la calle frente al portón se fue llenando de gente extraña, como cuando un político populista paga a macheteros y peleadores para que bloqueen una avenida principal, o como cuando un sindicato llega con grupos de golpeadores a una empresa para sacar a porrazos a otro sindicato.

Las cosas se salieron de control.

Si Adolfo y José Carlos habían fanfarroneado con intimidaciones de muerte, los bravucones callejeros a quienes habían invitado les ayudarían a hacer realidad sus amenazas.

Fui a ver a la maestra Jennifer. La encontré muy nerviosa. De hecho, todos los empleados de las oficinas administrativas parecían alterados.

—El director ha mandado pedir ayuda —me dijo—. Están por llegar algunas patrullas.

—Aunque en realidad los policías no podrán hacer nada para evitar la pelea —razoné—. Todo depende de lo que decidan hacer José Carlos y Adolfo.

—Sí —mi comentario le dio una excusa para ponerse a filosofar—. Esto puede llegar a ser una pelea colectiva. Cada camino en el laberinto de la vida implica una elección y una renuncia. Adolfo y José Carlos tendrán que elegir... palabras, movimientos, formas de atacar o defenderse. Lo que hagan cuando estén frente a frente marcará su futuro para siempre.

—Vaya —repetí—. Una pelea colectiva...

No me había ayudado nada.

Dejé a mi maestra, y fui con Adolfo. Estaba en el patio central rodeado de su séquito. Quise pedirle que detuviera todo. Resultó inútil. No aceptó hablar conmigo. Entonces busqué a José Carlos.

—Esto es muy peligroso —le dije cuando lo alcancé dirigiéndose hacia la puerta de salida.

—¿Ya te diste cuenta? —había cierto sarcasmo en su pregunta.

Tenía razón en estar enfadado. Si yo no le hubiese otorgado a Adolfo derechos sobre mí, nada estaría sucediendo.

—José Carlos, perdóname. No quise ocasionar esto. ¡Escápate! Evita pelear. Si todavía me amas. Por favor. Hazlo por mí.

En mi petición no había mayor interés que preservar su integridad. Deseaba verlo a salvo. Él se dio cuenta, pero estaba muy alterado para dialogar. Afuera lo esperaba una turba.

—Déjame pasar.

Fue alucinante llegar a la calle y ver a tanta gente moviéndose como olas de un huracán latente. Todos los alumnos del turno matutino (que ya habían salido de clases) y los del vespertino (que se negaban a entrar). Eran cientos de estudiantes atraídos por la curiosidad morbosa; inconscientes del peligro; rodeados de pandilleros armados con palos y botellas.

Caminé junto a José Carlos, a su derecha, ligeramente atrás. La multitud se abrió. Adolfo llegó para obstruirnos el paso. Fue un momento de mucha tensión. Adolfo comenzó a gritar una serie de frases sucias; José Carlos no respondió. Adolfo se envalentonó y lo insultó más; después insultó a su madre y a su hermana. Luego me insultó a mí. Como vio que el agredido permanecía inmóvil, le escupió a la cara. Me señaló y dijo a gritos que yo era una "puta calientacamas". En ese momento José Carlos cerró los puños, tembló y perdió el control unos segundos; respondió la agresión a medias y se contuvo de nuevo. Los peleadores de alrededor esgrimieron sus palos y botellas, con los ojos inyectados de sangre, dispuestos a darse trancazos. José Carlos se limpió el escupitajo, y caminó hacia afuera del tumulto escoltado por sus amigos. Yo no podía creerlo. Cualquier hombre violentado así hubiese respondiendo al agresor. Cualquiera habría mandado a los aliados, ávidos de sangre, a defender el honor de sus mujeres insultadas. Él no. Aun vituperado y escupido se mantuvo impasible, sabiendo que ganando esa batalla perdería más.

Adolfo trató de atacarlo por la espalda. No pudo. Fue repelido por defensores. Detrás de nosotros los pandilleros se enfrascaron en golpes aislados. Hubo gritos, insultos, palazos y botellazos volando. Nos pasaron rozando.

Pudimos escapar.

Como bien dijo la maestra Jennifer en su ataque de nervios filosófico: "Cada camino en el laberinto de la vida implica una elección y una renuncia. Adolfo y José Carlos tendrán que elegir... y marcarán su futuro para siempre".

Había visto las elecciones de uno y de otro.

Fue entonces cuando supe que amaba a José Carlos. Mi admiración hacia él creció y se desbordó. Siempre lo había amado. Lo amaba de verdad. No me conquistó con sus cartas ni poemas. Me conquistó con sus hechos y decisiones.

Siguió caminando.

Salimos de la zona peligrosa y al entender que aun sabiéndome a su lado no volteaba a verme, comencé a rezagarme. Lo observé de espaldas.

Se alejó.

¡Cómo anhelaba que se diera la vuelta y me abrazara!

No lo hizo.

Cuando ya estaba a punto de perderse en la distancia se detuvo y volteó muy despacio. Yo necesitaba su protección, cariño y fuerza. Estaba ahogándome en un pantano. Pero quizá si él trataba de rescatarme yo lo jalaría y se hundiría conmigo.

Di la vuelta y me alejé. Él hizo lo mismo.

MI NOMBRE ES WILLIAM WILLIAMS

Voy al gimnasio del edificio en Houston.

Subo a la caminadora, me coloco unos audífonos para escuchar música y pongo el cronómetro.

Reconstruyo mentalmente mi pasado y vuelvo a soñar con lo que hubiera sido. Como dijo Aristóteles, "la historia cuenta lo que sucedió realmente, pero la poesía describe lo que debió suceder".

Razono que las personas no fuimos hechas para estar solas. Que aun los más solitarios anhelan en secreto el contacto de una piel y la dulce caricia de un elogio susurrado al oído con sinceridad. Entiendo que yo no puedo vivir así. Que a pesar de haber sido tan rechazada en mi niñez, necesito de forma urgente amar y ser amada.

Me encuentro a la mitad de mi rutina cuando irrumpe en el gimnasio un líder de excursionismo que trae a sus alumnos a entrenar. El tipo es ruidoso y apasionado. Por lo visto encabeza la preparación especial de ocho deportistas que viajarán a Utah para hacer ciclismo de montaña en el desierto de Moab. A pesar de su histrionismo al dar pautas, parece inteligente y de espíritu cordial. No puedo evitar observarlo de reojo mientras pone ejercicios a sus muchachos. Se da cuenta de que lo veo. Nuestros ojos se cruzan. Nos sostenemos la mirada con el estoicismo de dos personas que no tienen nada que ocultar... Sonríe un poco y yo lo saludo con un asentimiento de cabeza.

Vuelvo a mi rutina.

Tomo agua.

¿Quién es ese hombre? ¡Se parece ligeramente a Adolfo, pero en versión muy mejorada! Alto, musculoso, de pelo largo (aunque su pelo es rubio). Además, qué casualidad, también se parece a José Carlos en el hecho de que practica ciclismo.

Aumento el ritmo de mi ejercicio. Veo el reloj. Diez minutos después termino mi rutina. Bajo del aparato y seco mi frente con la toalla. Acomodo mis cosas en la maleta con lentitud, como anunciando que ya me voy. No tengo que esperar demasiado. Ocurre lo que estoy causando. El entrenador de ciclismo abandona momentáneamente a su grupo y se para frente a mí.

—Hola —saluda—, te vi haciendo ejercicio.

—Claro. Estamos en un gimnasio.

—Disculpa, me refiero a que pareces tener menos fuerza en la pierna derecha.

—Tuve un accidente. Todavía me estoy rehabilitando.

—Me presento. Mi nombre es William Williams.

—¿De veras te llamas así? A tus papás les gustaban las reiteraciones.

—Más bien creo que no tenían imaginación.

—¿A quiénes entrenas, William Williams?

—A los ciclistas de montaña. También tengo una tienda de bicicletas y compramos mucho material europeo.

—Ah... —cierro mi bolso deportivo y me lo echo al hombro para despedirme—, muy bien. Gusto en conocerte.

—Espera, Lorenna.

Volteo con asombro.

—¿Cómo sabes mi nombre?

—Sí, tienes razón —parece avergonzado por haber sido descubierto; se confiesa—. Traje a mis muchachos a este gimnasio como una excusa para buscarte a ti.

—¿Perdón?

—Antes de verte, ya te conocía.

Me voy de espaldas. Su declaración me pega como gancho a la mandíbula. ¿Quién es ese sujeto, parecido a José Carlos en sus formas y Adolfo en su fisonomía? ¿Por qué me dice eso? ¿De dónde lo sacó?

Nota mi desconcierto.

—Tu padre es proveedor de los artículos que importo. Hoy fue a mi tienda. Me comentó que a su hijo le gustaban los deportes extremos, pero que por desgracia no vivía aquí; platicamos mucho; después me dijo que su hija menor sufrió un accidente y estaba rehabilitándose. Yo le comenté que soy rehabilitador.

—Vaya. ¿Y viniste a buscarme para ofrecerme tus servicios?

—No. Vine a ofrecerte mi amistad.

Esbozo un gesto de enfado y extrañeza.

—¿De qué hablas?, ¿mi papá te dijo que necesitaba encontrar amigos en esta ciudad, porque estaba muy sola y muy triste de haber tenido que dejar todo en México?

—Sí. Más o menos.

—¿Y tú perteneces al Ejército de Salvación? ¿O a la congregación de la Madre Teresa?

Sonríe.

—Nada de eso. Tu papá me enseñó una foto tuya y yo no pude creer que existiera una mujer tan hermosa... Por eso vine. Básicamente a conocerte.

William es guapísimo pero su arrojo seductor me aturde. ¿Cómo se atreve a coquetear en el primer acercamiento con argumentos tan descarados? Si una mujer entablara amistad con alguien así sería muestra de poca dignidad. Ninguna lo haría... salvo algunas excepciones...

—Pues ya me conoces —le devuelvo la irreverencia—, y te anticipo que no necesito amigos; si quieres que volvamos a vernos, lo que en realidad me hace falta es un entrenador. Todavía no puedo moverme como antes.

—Puedo ser tu *coach*. Después, quizá quieras ser mi amiga.

—Ya lo veremos.

—Es justo para mí. ¿Cuándo empezamos?

—Mañana viajas a Utah cinco días con tus muchachos. Lo estuviste gritando.

—Sí, disculpa. ¿Te veo aquí la semana que entra?

—El jueves —tomo el control de su agenda—. A las cinco de la tarde.

—Hecho —me da su tarjeta—. Por si hay algún cambio, llámame.

Nos despedimos. Salgo del gimnasio.

Subo al elevador.

Tengo ganas de brincar y bailar.

Entro al departamento. Mi padre está leyendo el periódico.

—Hola, hija —se quita los lentes y los limpia—. Te tengo una noticia.

—¿Cuál? —pregunto.

—Hoy platiqué con un entrenador de ciclismo de montaña. Me gustaría que fueras a su tienda a conocerlo. Puede darte algunos consejos para tu rehabilitación.

—Ay, papá, déjame en paz —trato de ocultar mi sonrisa—. Yo no necesito un rehabilitador. Ni que me andes buscando amigos.

Salgo al balcón y aspiro el aire de la noche.

Me doy cuenta de que estoy hiperventilando.

La cabeza comienza a punzarme. Me aprieto las sienes. El viento de esperanza que me asalta después de conocer a William Williams sacude mi espíritu aprisionado ocasionándome efectos secundarios.

Entiendo que en este lugar puedo volver a tener amigos y rehacer mi vida. Eso parece estar liberando claves de quién soy y qué hago aquí. Las memorias me sobrevienen como en una avalancha. Al fin puedo hojear el álbum de fotografías prohibido. Es como si la taponadura de una tubería que obstruía mis pensamientos se hubiese deshecho de repente para dejar que los líquidos de mi identidad fluyan...

Busco la silla a tientas y tapo mi cara con las manos.

54

Harán una redada

La noche siguiente a la pelea colectiva, hubo una fiesta en mi casa. La peor fiesta.

Llegaron Mario Ambrosio, Joaquín, el Patrón, Tina, diez hombres más y catorce mujeres. Bebieron mucho alcohol, se pasaron de mano en mano pastillas de colores y cantaron *pornopop*.

Joaquín se metió a su cuarto con una de las mujeres, Tina bailó en medio de la sala coreada por hombres que la elogiaban, y mi papá, totalmente borracho, acabó dormido en el regazo de una morena recién reclutada. Mamá, por su parte, se volvió a encerrar de cara al rincón, meciendo el cuerpo de atrás para adelante con las manos en las orejas; metida en otra dimensión donde tal vez cientos de voces le susurraban al oído sin cesar desde hacía varios días.

Me vi en el espejo mental y sentí la inminencia de una explosión familiar.

Necesitaba buscar consejo y apoyo. El primero que me vino a la mente (o más bien el único a quien no había podido quitar de mis pensamientos) fue José Carlos. Yo había cometido muchos errores con él y no quería perderlo, porque si había alguien en el mundo capaz de hacer algo por mí, ayudarme o al menos acompañarme con una inteligencia pacífica, era él.

Busqué el boleto del autobús donde anotó su dirección, salí a la calle y tomé un taxi.

Era la primera vez que iría a su casa. Tocaría la puerta y él saldría a recibirme. Estaría desconcertado al verme, pero yo me fundiría en su abrazo sin decirle nada, y permitiría que los minutos pasaran, respirando el aroma del afecto hasta que la ternura de su espíritu apaciguase el delirio del mío.

Llegué al domicilio. Bajé del taxi.

La casa de José Carlos parecía muy sencilla. El piso del garaje no era de mármol bizantino sino de cemento escobeteado. La puerta no era de caoba africana sino de herrería soldada. Tenía espacio para dos autos, pero sólo había uno. Y no era un Corvette convertible rojo sino un Rambler Pacer 6. Tampoco había motocicletas BMW, como en mi garaje. Había una bicicleta de carreras con pintura desgastada, pero limpia.

Un hombre sacaba cosas de la cajuela del Pacer. Toqué a la puerta, temblorosa, percibiendo esa combinación paradójica de miedo y esperanza que sólo el amor es capaz de producir.

El hombre volteó; tenía como cincuenta años.

—Buenas noches —le dije—. ¿Se encuentra José Carlos?

—¿Quién eres? —el garaje estaba en penumbras—. Disculpa; el foco se fundió.

—Soy una compañera de clases.

—Mi hijo no está; salió a una fiesta.

—¿A una fiesta?

—Sí. De la escuela. A lo mejor estás enterada. Según creo él y sus amigos van a festejar que ayer las cosas se resolvieron sin consecuencias.

—¿Se refiere a la pelea de pandillas?

—¿Te enteraste?

—Yo estuve ahí...

—¿Y no te invitaron a la celebración?

—No.

—Qué raro. José Carlos salió con su amiga Ariadne. Una chica muy pecosa. Tal vez la conozcas.

—Sí, la conozco —perdí fuerza al hablar—, voy a buscarlos en casa de ella... ahí debe de ser la fiesta...

—¿Cómo te llamas?

Iba a contestar *Sheccid,* pero antes de decirlo ya estaba llorando de nuevo. El señor no lo notó, porque el sitio era oscuro.

—Lorenna. Dígale que vino a buscarlo Lorenna.

(Yo había olvidado que él ni siquiera sabía mi nombre de pila).

Caminé por la calle. Aturdida. Descompuesta. Si Ariadne y José Carlos estaban juntos, haciéndose confidencias como les gustaba, y quizá hablando de mis inestabilidades, yo no quería interrumpirlos.

Me dirigí al domicilio de nuestra profesora Jennifer. La maestra me recibió sorprendida.

—¡Pasa, Lorenna! ¿Qué sucede? Te ves muy mal. Tienes los ojos hinchados... ¿Has llorado?

—Sí. La gente del Bliss Club está en mi casa de nuevo. No sé qué hacer. Hay mucho alcohol y droga. Yo lo vi.

—¿Están en tu casa *en este momento*?

—Sí.

Ella se puso nerviosa. Como si hubiese ansiado recibir una noticia así.

—Esto debe terminar —caminó en círculos—, no pueden volver a ocurrir esas horribles peleas entre alumnos. Tenemos que detener a las pandillas y a ese grupo que explota sexualmente a los jóvenes de la zona; ya es hora de que hagamos algo... y lo vamos a hacer. Si estás de acuerdo, si tú me lo permites...

No entendí por qué me estaba pidiendo permiso de hacer lo necesario... Pedir ayuda...

—Sí, maestra, adelante.

Descolgó el teléfono. Llamó a la comandancia de policía. Esta vez solicitó hablar con el jefe del sector. Y no tuvo que discutir. Parecía que las autoridades estaban apercibidas y listas para actuar en cuanto recibieran el aviso.

—Maestra —quise interrumpir la conversación telefónica—, dígale al policía que mi mamá está enferma, y que no vayan a lastimar a mi hermano ni a mi papá... sólo que detengan a los de la secta.

—Comandante —agregó la profesora—. En la casa donde están reunidos los delincuentes hay una señora en silla de ruedas. Enferma. Por favor protéjanla.

Colgó el teléfono.

—¿Qué va a pasar, maestra?

—Harán una redada.

—Pero...

—Será algo bueno. Te lo prometo.

Un vértigo me agarrotó.

—¿La policía va a ir a mi casa?

—Tranquilízate. Imagínate que se hubiera metido a tu recámara una plaga de ratas. Necesitamos exterminadores, expertos en plagas. Sí va a haber ruido y chillidos, es natural, pero mañana tu casa estará limpia. ¿No es eso lo que quieres?

La analogía me puso la piel de gallina.

—Mi mamá está ahí. Está enferma. Tengo que irme...

—No. Espera... Tu mami va a estar bien. La van a ayudar. Ya escuchaste que se lo encargué especialmente al comandante. Ven, descansa.

Me tomó del brazo para conducirme a una habitación de visitas.

—Se me han ido las fuerzas.

—Trata de descansar. Es mejor que esta noche la pases aquí a salvo. Conmigo.

¿A salvo? ¿En esa oscuridad?

Me acosté. Imaginé que estaba en las garras de los peores demonios. Y me devoraban. Y me arrancaban el corazón y se lo pasaban de uno a otro disfrutando mi muerte.

Yo tuve sed de Dios, pero no supe buscarlo ni encontrarlo. Ahora estaba deshidratada de su presencia en grado máximo. A mi alrededor sólo había oscuridad. Y no tenía energía ni conocimientos para luchar contra las tinieblas.

Hoy comprendo que algunos demonios que vienen a matar, robar y destruir, ¡son hereditarios! Acompañan a las familias de generación en generación. Y a mí me estaban devorando. Pero yo no los convoqué... Yo los heredé. Fueron mis padres y tal vez mis abuelos quienes me los endosaron; los pusieron a mi lado como escoltas malditos y nadie me dio armas para correrlos de ahí...

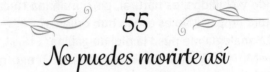

55

No puedes morirte así

Esa noche tuve pesadillas terribles. Soñé que los miembros de la secta me obligaban a acostarme en una mesa de piedra, soñé que me arrancaban la ropa y cortaban mi cuerpo en pedazos. Y yo estaba viva, gritando, llorando y observando todo.

Desperté sudando. Eran las siete de la mañana. Mi maestra se acababa de ir a trabajar. Dejó una nota en la que me invitaba a comer lo que quisiera para desayunarme en la cocina. No hice caso. Me puse los zapatos, tomé mi bolso y salí a toda prisa.

A pesar de que la luz del sol brillaba radiante, yo continuaba sintiendo que la oscuridad me rodeaba.

Busqué dinero en el monedero. Ya no me quedaba suficiente para pedir taxis.

Una angustia indescriptible me robaba el aliento.

Eché a correr por las calles sintiendo el sofoco del pánico creciente. Tenía el presentimiento de algo muy grave.

Después de treinta minutos corriendo llegué. Exhausta. Aterrada. Con lágrimas de furia y miedo quemándome la cara.

Mi casa estaba acordonada con una tira de plástico amarillo que decía "Policía Ministerial". En la puerta había un sello con el logotipo de la Procuraduría General de la República.

—Maldita sea —susurré—. ¿Qué es esto? —ahogada por la zozobra volví a decir—: Maldita sea...

¿Cuántos policías armados habrían llegado anoche a hacer la redada y aprehender a los participantes de la fiesta, incluidos Tina, Joaquín y mi padre? ¿En qué términos fue la detención? ¿Los sorprendieron con sustancias prohibidas? ¿Hallaron las evidencias impresas de explotación sexual y pornografía infantil? ¿Por qué otras razones habrían podido sitiar la propiedad?

Busqué mis llaves; abrí la puerta. ¡Era mi casa! No me importó romper los sellos. Nadie podía impedirme entrar a mi casa.

Adentro había un desastre. Como siempre después de esas fiestas. Sólo que ahora se adivinaban rastros de peleas y maniobras violentas; seguramente hubo quienes trataron de huir u oponer resistencia.

Sí, va a haber ruido y chillidos de ratas, pero mañana la casa estará limpia...

Sacudí la cabeza, espeluznada.

Caminé entre los detritos.

—¿Mamá? —grité sabiendo de antemano que nadie me contestaría—. ¿Estás aquí?

Llegué al cuarto de madre y vi jeringas en el suelo. También había etiquetas de calmantes recién utilizados.

Abrí el clóset con la esperanza de que estuviera ahí, donde a veces se escondía para huir de sus fantasmas. El clóset estaba vacío.

Volteé alrededor presa de una agonía descontrolada.

Vi la imagen de cuanto debió haber ocurrido la noche anterior.

Las autoridades entraron esgrimiendo sus armas y credenciales. Seguro hubo gran desconcierto. Después de hacer las detenciones, la policía inspeccionó los cuartos y encontraron a mi madre encerrada tapándose los oídos en su mecedora. Tal vez recordaron la recomendación de mi maestra: "En la casa hay una señora en silla de ruedas. Enferma. Por favor protéjanla". O tal vez simplemente se dieron cuenta de que ella no estaba participando en la fiesta, pues tenía la suya propia en la cabeza. Llamaron a la dependencia médica psiquiátrica del gobierno y se la llevaron.

Parezco monstruo ¿verdad?
Las sinapsis neuronales son como corrientes eléctricas. En mi caso se cruzan, hacen cortocircuitos.
Vi a tu hermanito. Luigi. Vino a visitarme.
Llegaron unos tipos que querían secuestrarlo.

Me tiré de los cabellos y volteé alrededor. Las paredes se movían.

Salí de nuevo a la sala y me dejé caer en el sillón. En las tinieblas espeluznantes necesitaba ver un rayo de luz. Algo que me rescatara del pozo negro… Aunque mi espíritu quería pedir ayuda, no tenía fuerzas para clamar. Estaba vencida, derrotada, completamente fuera de la Cúpula de Dios, expuesta a la lluvia ácida de la malignidad.

Sobre la mesa había una botella de Baileys Irish Cream, casi completa. Yo era enemiga del alcohol, igual que mi hermano Joaquín. Teníamos el pacto de nunca tomar, pero en casa nadie cumplía sus pactos.

Tomé la botella y la miré como quien mira a una serpiente venenosa de la que quiere hacerse amiga... abrí la tapadera despacio y, perfectamente consciente de lo que estaba haciendo, me la empiné.

El sabor agradable del licor dulce fue como fuego para mi laringe.

Era delicioso y picante. Mi corazón comenzó a desacelerarse. Volví a empinarme la botella y bebí a sorbos forzados hasta que no pude más. El mareo fue brutal y casi instantáneo. Pero vino acompañado de una paz artificial.

Sí, me gusta tomarme una copita, pero no soy alcohólico. Eso es un insulto para mí.

Fui al aparato de sonido y lo encendí.

Escuché a todo volumen la música *pornopop* que sonó anoche en ese lugar. Estaba en inglés, pero yo comprendía a la perfección cada frase. Era una letra explícita. Sexual. Invitando al demonio a poseernos. Dejé que tocara.

Trastabillando fui al baño. Tenía ganas de vomitar. Jamás había experimentado una borrachera.

Hablé conmigo misma, insultándome:

—Grandísima pendeja. ¿Por qué no pensaste dos veces antes de decirle a tu maestra Jennifer lo que estaba pasando en tu casa? ¿Por qué no impediste que la estúpida maestra de pacotilla llamara a la policía? ¿Por qué no corriste a proteger a tu madre? Tú tienes la culpa de lo que pasó aquí. ¡Imbécil! —grité—. ¡Tienes la culpa de que José Carlos te haya mandado al infierno y haya buscado a Ariadne para consolarse! No sirves para nada, Lorenna puta de mierda.

Con mucha torpeza abrí el neceser. La borrachera extrema apenas me permitía mover las manos.

Tomé una hoja de afeitar y me corté el antebrazo.

La sangre comenzó a brotarme de la muñeca, como de una fuente.

Y supe que iba a morir.

Entonces algo dentro de mí despertó. Un instinto de supervivencia me sacudió por los hombros.

—¿Qué estás haciendo?

Me puse a gritar y el dolor me incendió por dentro. Conforme más gritaba, más mal me sentía.

—Estúpida —dije arrastrando la lengua—. ¿Por qué hiciste esto? Aunque has hecho demasiadas idioteces... No puedes morirte así... Si no sirves para nada, debes servir al menos para defender tu propia vida.

Me enredé una toalla de mano y salí al garaje de mármol bizantino. Abrí el portón de caoba africana y encendí la motocicleta de mi hermano. Ni siquiera me puse casco.

Adolfo me enseñó a manejar la moto. Y la moto era el medio de transporte más veloz a mi alcance. Podía llegar al hospital para que me cosieran la herida. Tenía que hacer algo por remediar tantas idioteces...

Arranqué y aceleré.

Entré al Periférico a toda velocidad.

Y no supe más de mí.

SEGUNDA PARTE

CINCO AÑOS DESPUÉS

1985

56

HAN PASADO CINCO AÑOS DESDE MI ACCIDENTE

Después de hacer el amor casi siempre me da sueño.

Hoy no es la excepción.

William me abraza y yo me dejo abrazar.

Mi padre cree que estoy en la universidad. No sabe que las clases terminaron hace dos semanas.

Aunque en realidad, mi padre se preocupa poco por mis estudios. Sólo le importaron cuando entré a la escuela Roberts de Houston; temía que no me adaptara al nuevo sistema. Pero yo soy buena alumna, y me adapté rápido. Terminé el bachillerato y ahora estoy cursando el tercer cuarto de mi carrera profesional.

Pronto seré licenciada en mercadotecnia.

Recito con los ojos cerrados un poema de Amado Storni:

A lo estéril se vence floreciendo,
a la envidia se vence prosperando,
a la Muerte se vence conquistando,
la Vida cada vez que estás muriendo.
A los sueños se vence despertando,
al orgullo se vence sometiendo,
al desamor se vence descubriendo
que es Amor lo que siempre estás buscando.

Han pasado cinco años desde mi accidente. Cinco años desde ese día funesto en que embriagada me corté el antebrazo y me subí a una motocicleta, sin casco, para conducir a toda velocidad.

Los dos primeros años me la pasé luchando contra una amnesia postraumática pertinaz, haciendo mil ejercicios para redescubrirme...

Ahora todo está claro... Ya no me angustio...

Mi vida se ha vuelto más estable. Soy una persona sana, al menos en apariencia; para lograrlo guardé mi pasado en un cofre blindado y le puse llave. No fue una decisión sencilla. Dejé de leer a José Carlos, y dejé de escribir mi libreta de *Conflictos, creencias y sueños*. Lo hice cuando supe que él, mi escritor favorito, le había dado vuelta a la página. Cuando supe que mi poeta, mi amigo idealizado, mi amor utópico, se había olvidado de mí.

Me enteré el día en que pude hablar por teléfono con la maestra Jennifer.

A veces los rescoldos de esa llamada todavía me producen ansiedad.

Me incorporo sobre la cama. Jalo la sábana para cubrir mi desnudez y recargo la espalda en la cabecera de madera. Mi vista se pierde en un abismo infinito mientras William se acurruca sobre mis muslos para dormir un rato más.

57
Me corrieron de la docencia

Después del accidente, me tomó casi veinticuatro meses conseguir el nuevo número telefónico de mi escuela (habían cancelado el antiguo).

El prefecto Roberto contestó y me dijo lo obvio: todos los alumnos de mi generación se habían graduado y las cosas seguían igual. En otra llamada, una secretaria me informó que había habido muchos cambios en el personal y que la coordinadora Jennifer ya no trabajaba ahí. Le pedí el número particular de la maestra; se negó a dármelo, pero estuve llamando varias veces hasta que cedió.

Logré contactarme con ella.

—¿Lorenna Deghemteri? —no se alegró de escucharme. Diría incluso que se asustó—. Hola...

—Maestra Jennifer —yo tampoco estaba feliz; tenía mucho que aclarar—, al fin la encuentro.

—¿En qué te puedo servir?

—Supe que ya no trabaja en la escuela. ¿Renunció a dar clases?

—Me corrieron de la docencia.

Su tono era cortante.

—Maestra, le llamo porque necesito entender algunas cosas. Saber qué sucedió.

Del otro lado de la línea se escuchó el silencio empañado por los soplos de una respiración acezante.

—¿Dónde estás, Lorenna?

—En Houston. Mi padre me trajo aquí. Vivo con él. Joaquín y mi prima Tina se fueron a Inglaterra. A estudiar.

—Ajá.

Traté de suavizar mi voz y sonar amigable.

—Mi padre tiene la teoría de que los jóvenes no deben preocuparse por cosas de adultos. Por eso no me platicó los detalles de lo que sucedió.

—¿Qué quieres saber?

—Maestra, si alguien ha sufrido las consecuencias de aquella noche soy yo. Jamás he sido su enemiga...

Hubo un largo silencio en la línea. Al fin concedió:

—Está bien —anhelaba salir del apuro lo más rápido posible—. Voy a hablar contigo, pero te pido un favor. No le digas a tu papá que me llamaste. Y no vuelvas a llamarme.

—De acuerdo.

Repitió la pregunta:

—¿Qué quieres saber?

Era tanto que de pronto no supe por dónde comenzar. Dije lo primero que me vino a la mente.

—¿Por qué llegaron tantos policías a mi casa aquella noche?

Resopló antes de explicar:

—Después de la pelea colectiva de pandillas que hubo afuera de la escuela a causa de dos pretendientes tuyos —la frase llevaba un ligero matiz acusatorio—, el director se reunió con el comandante regional. No podía permitir que algo así volviera a suceder en riesgo de sus alumnos. Me mandaron llamar y expuse todo lo que me contaste sobre el club de droga y pornografía infantil. También llamaron a varios alumnos que habían visto a los promotores vender material y reclutar jóvenes en un Datsun rojo.

—¿Le pidieron a José Carlos que testificara?

—Sí, también a él.

—¿Y qué pasó?

—En unas horas el tema se volvió urgente; llegó a oídos del gobernador. Se armó un operativo complejo en espera de pistas precisas para detener a los involucrados en esa organización. Aquella noche llegaste a verme llorando. Me contaste lo que pasaba en tu casa, e hice la llamada.

—¿Por qué, maestra? Yo le dije que ahí estaba mi papá, mi hermano y mi mamá enferma. ¡Le pedí que no los involucrara a ellos!

—Ellos ya estaban involucrados.

—¿Mi madre también?

—No, ella no, por supuesto. Yo le pedí al comandante que la tratara con mucho cuidado. Tú lo oíste.

—¿Y usted quién era para darle órdenes al comandante? Se suponía que estaba de *mi* lado, que me quería ayudar *a mí*. ¿Por qué no me acompañó para abogar por los míos? ¿Por qué me obligó a encerrarme en su casa hasta el día siguiente?

—Lorenna, pensé que era lo mejor... quería protegerte. En cuanto hablé por teléfono todo pasó muy rápido. Fue como tirar la primera ficha de una línea de dominó. En tu casa encontraron droga y pornografía infantil. Después, los agentes fueron al centro comercial y también decomisaron lo que había en la supuesta escuela de yoga. Detuvieron a los sospechosos.

—Incluyendo a mi papá, a mi hermano y a mi prima.

—Sí, incluyéndolos a ellos... Pero tu padre tiene abogados y dinero. Logró salir de la cárcel en una semana y liberó a Joaquín y a Tina de toda culpa. Luego revirtió la demanda e hizo que me detuvieran a mí. También demandó al director de la escuela; supuestamente porque nosotros lo acusamos de actividades delictivas que no practicaba, y por haberte causado, según él, tal daño emocional que quisiste suicidarte; también nos culpó de la muerte de tu madre. Tuve que dejar la docencia y usar mis ahorros para defenderme. Ha sido muy desgastante. Lo perdí todo.

Permanezco en silencio. Recuerdo que papá dijo que en México tenía el poder para defenderse y atacar a cualquiera legalmente; incluso recordé su mirada llena de rencor cuando volvió de Argentina después de haber estado detenido en un sitio en el que le pusieron una trampa judicial.

—Los delincuentes —pregunto resoplando—, el Patrón, el Cacarizo, Mario Ambrosio y todos sus seguidores... ¿siguen presos?

—No. Ellos también consiguieron salir libres. Se llevaron a tu prima Tina... o mejor dicho, Tina quiso irse con ellos. Tu papá estaba furibundo por eso. Así que después de demandarme a mí y al director arremetió también contra el Patrón y sus socios. No sabía que los delincuentes también tenían influencias y dinero... ellos lo amenazaron de muerte. Entiendo que por eso se fue del país y te escondió a ti. Justina no se fue a Inglaterra, como dices. Sigue aquí.

Al fin comprendo por qué mi padre me aisló del mundo, me cercó con un blindaje férreo, me incomunicó de mis amigos y preparó un refugio en otro país mientras yo estaba inconsciente.

—Papá me dijo que mi prima regresó a Inglaterra.

—Te mintió. Justina todavía pertenece a ese grupo. Es la pareja del Patrón.

Me asalta un coraje triste. ¿Por qué papá me ocultó esa información?

—¿Y qué sabe de mis amigos? ¿Ellos están bien?

—Sí, están bien. La escuela manejó el problema con mucha discreción. Los alumnos no se enteraron de nada. Todo siguió con aparente calma y normalidad.

—¿Y nadie preguntó por mí? ¿Supieron de mi accidente?

—No. Desde el primer día tu papá decidió hacerte desaparecer.

—¡Yo tenía una vida! Me la quitó.

—Lorenna, en ese aspecto creo que fue lo mejor. Encontraron la revista donde estaba tu prima desnuda, y tal como me contaste, las fotos parecían tuyas...

—¿Y Ariadne? ¿Y José Carlos? ¿Sabe algo de ellos? Quise preguntar *se hicieron novios?*

—La Pecosa se fue a estudiar a una escuela de paga. Y está bien. Como si nada. José Carlos sí tuvo más afectación. Ya ves que era muy introvertido. Pues se volvió más. Durante un tiempo dejó de ir a clases. Después supe que se estaba dedicando de lleno a escribir una novela.

—¿Y está bien? —insistí—, lo echo de menos.

—No te preocupes por él. Cada pájaro tiene su forma de batir las alas. José Carlos está bien. Según entiendo, su anhelo ahora es convertirse en escritor. Quiere participar en un concurso literario. Es lo único en lo que piensa...

Tragué saliva y me atreví a expresar la pregunta concluyente, el verdadero motivo por el que había buscado información.

—¿Sabe si ya me olvidó?

—Lorenna, no te ofendas. Pero la vida sigue. De alguna forma todos tratamos de olvidar los episodios que nos causan angustia y, en honor a la verdad, aquí ya nadie habla de ti.

Sus palabras fueron intencionalmente crueles. Ella quería darme una bofetada por teléfono. Y así la recibí. Quizá también anhelaba vengarse de lo que le hizo mi padre. Quizá quería dar por terminada mi llamada y asegurarse de que nunca más volviera a molestarla. O quizá simplemente había dicho la verdad...

Me despedí con frases cortas, colgué el teléfono y me quedé mucho tiempo con la mano en la boca y la vista perdida.

58

¡ESTOY PARA SERVIRTE, CAMPEONA!

—¿Qué tienes, hermosa? —la voz de William Williams me sobresalta—. Te has puesto triste de nuevo.

—No... No es nada. Disculpa. Tengo que irme.

Me levanto de la cama y trato de alcanzar mi ropa. Él no me deja.

—Quédate otro rato, Lorenna. ¿Cuándo hablarás con tu papá para que puedas vivir aquí, y quedarte a dormir conmigo todas las noches?

—Estás loco. Mi papá está chapado a la antigua.

Se escucha el maullido agudo y fluctuante de una gata en celo como lamento contenido de película siniestra; yo no soy muy afecta a las mascotas de mi novio, porque me recuerdan la alucinación recurrente de mi mamá; pero William ama a sus gatos.

Se pone de pie y va hacia la ventana hablando con voz mimosa:

—Ay, mielecita. Ya te dije que no quiero que andes alborotando a los chicos del vecindario.

Aprovecho que William va a rescatar a su gata favorita que está en la cornisa y termino de vestirme.

Cuando vuelve a la cama ya estoy por salir.

—¿Vienes mañana? —pregunta.

Le doy un beso.

—Claro, mi amor.

Subo a mi automóvil y manejo despacio, de vuelta al departamento.

Trato de distraer la mente poniendo un casete de superación. Mi padre ha llenado mi auto de cintas motivacionales. Se ha hecho amigo de Mariscal Adalid, un conferencista latino que está de moda. Y yo lo escucho como parte de una tarea impuesta. Me he vuelto muy desconfiada y creo que algunas de esas conferencias (no todas, seguramente) son como obras de teatro aprendidas que ocultan a personajes chapuceros. Pero aun así las oigo. Me entretienen y hacen volar mi imaginación hacia sueños más afables.

Paso por algo de comida. Pan y leche.

Llego al departamento y encuentro a mi papá platicando con un hombre en la sala.

—¡Hija! Qué bueno que llegaste a tiempo. Mira. Quiero presentarte a alguien muy importante —el invitado se pone de pie y me tiende la mano sonriendo; viste con saco *sport* y camisa a rayas; tiene la piel del rostro irritada por afeitadas muy concienzudas y el cabello echado hacia atrás, pegado al cráneo por kilos de gel—. ¿Sabes quién es?

—No.

—Mariscal Adalid. Ni más ni menos.

—Ah —me asombra conocer al rey del optimismo—. Mucho gusto. Yo escucho sus casetes.

—¡Estoy para servirte, campeona!

Mi padre me invita a tomar asiento con ellos. Él también ha sufrido una transformación. Ya no toma alcohol y trata de compensar sus fallas pasadas con iniciativas edificantes. Me dice:

—Mariscal y yo nos estamos asociando para realizar congresos de superación.

El orador le arrebata el micrófono:

—Imagínate todo el bien social que podemos generar si logramos convocar a un par de miles de jóvenes en centros de convenciones.

—Sí —papá también parece muy entusiasmado—. Ya es hora de que alguien siembre semillas de bienestar en la humanidad. ¿No crees? —sonrío. Parecen niños jugando a ser superhéroes—. Mariscal es experto en realizar ese tipo de eventos. Se hará cargo de todo. Nosotros seremos sus socios capitalistas. Y de mercadotecnia, claro. Necesitamos de tu ayuda. Ya casi eres licenciada. Queremos que te encargues de la promoción. Además —baja la voz, como si estuviese revelando un secreto prohibido—, haremos un negocio rentabilísimo.

—Está bien —no tengo problema alguno en apoyarlos.

—Sólo un detalle —sabe que la noticia me moverá el piso—: después de analizar el mercado, Mariscal y yo decidimos que el mejor lugar para hacer nuestro primer congreso es la Ciudad de México.

—¿Cómo? —la sorpresa me obliga a gesticular—. ¿Vamos a regresar a México?

—Sí. Ya renté un lugar. Durante mes y medio haremos los preparativos; al final del verano llevaremos a cabo el gran evento.

—Tengo excelentes contactos en el D. F. —agrega Mariscal—, y un grupo de apoyo juvenil muy grande que podrá ayudarnos.

Mi corazón late con fuerza.

—¿Cuándo nos vamos?

—En cuanto salgas de la universidad, hija. Tú dinos.

Mi padre no sabe que mis clases terminaron hace dos semanas y en realidad yo finjo ir a la escuela para poder salir libremente con mi novio.

—De acuerdo —carraspeo; necesito poner en orden las ideas—, veré mi calendario y les aviso...

Me despido, voy a mi cuarto.

De modo que regresaré a México.

Ya no soy la niña tímida e insegura de hace cinco años. Ahora puedo moverme con desenvoltura y hacer investigaciones. Si quiero encontrar a José Carlos, lo haré... Dejamos tantas cosas pendientes de aclarar...

Saco su carpeta. Hace años que no la leo. Parece tan vieja y usada. Paso las hojas. Mi vista se detiene en un texto sui géneris.

TOO LATE, AMOR

Princesa:

He estado escribiendo mucho. Me gusta redactar cuentos y fábulas. Incluso he explorado la magia de forjar obras de teatro. No sabes qué de-

licioso es sentirse creador de personajes y hablar a través de ellos. Escribir es una terapia que me mantiene cuerdo, sobre todo cuando la soledad se intensifica y el aire me quema por tu ausencia.

De alguna manera he podido concebir historias de amor que llenan mi vacío, pero hoy entendí que mi piel también necesita tu piel.

He estado pensando en los requisitos para triunfar en pareja. ¿Te acuerdas? Hasta el momento hemos deducido tres:

1.   TENER DISPOSICIÓN AL AMOR.

2.   SABER FUNDIRSE EN PALABRAS.

3.   COMPARTIR LA MISMA BRÚJULA.

Pero hoy comprendí que no son suficientes. Falta uno:

4. VIVIR LA PASIÓN DE LOS CUERPOS.

Preciosa: Creo que para triunfar en pareja es indispensable que los amantes se agraden en sus facciones, pero también se deleiten mutuamente en sus susurros, olores, visiones, gusto y roces. El toque mágico que convierte el sueño de amor en realidad es el que brindan los besos y caricias. El amor se perfecciona en los sentidos.

Un romance sin la participación de los cuerpos es como un avión sin alas o un auto sin ruedas. Aunque sean buenos en su esencia, no avanzarán ni funcionarán...

Hace falta la fusión de los cuerpos para engrandecer las almas. Por eso, dejemos de escribirnos y encontrémonos en persona.

Permíteme acariciarte y llenarte de besos suavemente.

Deja que nuestro amor se haga realidad.

Es increíble que después de tantos años todavía me turbe cuando lo leo. Siento un poco de ansiedad ante la idea de haberme equivocado en mis decisiones.

—*Too late*, amor... —susurro.

Cierro la carpeta muy despacio y siento un vacío en el vientre.

Busco mi vieja libreta de *Conflictos, creencias y sueños*...

Iré a México y lo buscaré para devolverle sus escritos. Y para regalarle la libreta personal que él me inspiró a escribir.

Necesito dejar el pasado atrás, para siempre.

VOY A CASARME CONTIGO, ¿SABES?

Instalamos las oficinas del congreso en una vieja mansión de la colonia Condesa. Papá y yo nos hospedamos cerca.

Descubro con tristeza que mi antigua escuela está al otro lado de la ciudad. No sé cómo haré para buscar a mis amigos. Tal vez iré en taxi a la casa de Ariadne y de paso visitaré mi vecindario. Mañana. O la semana que entra. Hay tiempo. Pospongo la tarea porque en realidad no quiero hacerla. Tengo miedo de lo que pueda encontrar.

Mariscal reúne a su grupo de conocidos jóvenes que aceptan ayudarnos a preparar el congreso con poco sueldo. Comenzamos el trabajo pidiendo cientos de cotizaciones. Hay que rentar salón, sonido y luces; preparar hospedaje y alimentación para participantes foráneos, planear la publicidad, contratar conferencistas, gestionar entrevistas en medios... Mucho trabajo. Lo hacemos en equipo y bien.

Para motivarnos, una tarde papá nos sorprende invitándonos a la ópera en el Palacio de Bellas Artes. Vamos él, Mariscal, yo, y los siete jóvenes más comprometidos. *La Bohemia* de Puccini. Mi ópera favorita. Los jóvenes que llevamos presencian el espectáculo, al principio con curiosidad, luego distraídos y al último con hastío. Yo estoy maravillada. Disfruto el drama de principio a fin. Me río con las peleas absurdas de Colline, Schaunard y Marcello. Me angustio con las arias de Mimì y Musetta, y lloro con la desesperación de Rodolfo ante la muerte de su amada. La representación escénica es cautivadora. Cuando salimos de Bellas Artes, camino como flotando. Me hubiera gustado ver la ópera junto a alguien que la apreciara como yo.

Suspiro sin querer.

Mi padre nos invita a una cena privada en el sitio más exclusivo que encontró. Un patio en el Claustro de Sor Juana.

Durante la cena retomamos temas de trabajo. Yo no tengo ganas de hablar sobre mercadotecnia y publicidad. Necesito ver al amigo que se casará sólo con una mujer a la que le guste *La Bohemia*.

Casi hemos terminado la cena cuando escucho su voz.

—Sheccid...

Siento un escalofrío.

¿Estoy alucinando?

Mi compañero de la izquierda me toca el brazo para indicarme:

—Parece que te llaman.

Volteo.

¿Es él? Aprieto la mano derecha sobre mi rodilla y me encajo las uñas para provocarme un dolor que me distraiga. ¡Es él! José Carlos. Se ve más maduro, más hombre; viste con saco deportivo y camisa blanca; tiene el cabello corto. Su mirada sigue siendo intensa, quizá más aún.

Temo haberme sonrojado.

—¿Qué haces aquí? —le pregunto. Me parece increíble que me haya encontrado en ese rincón privado.

—Te he buscado mucho.

—No lo creo —nota mi desconcierto.

—¿Podemos hablar?

Me pongo de pie. Dejo caer mis cubiertos y servilleta al suelo. No los levanto. Los compañeros detectan mi turbación. Algunos se burlan discretamente. No hago caso. Me separo con José Carlos.

—Cuánto tiempo… —dice analizando mis ojos.

—Mucho —contesto—. ¿Cómo has estado? ¿Todavía escribes? ¿Todavía andas en bicicleta?

—Sí. De todo un poco. ¿Sabes que te soñé?

—¿Otra vez? —intento bromear—. ¿Tuviste pesadillas?

—De alguna forma sí —él habla en serio—. Te soñé en medio de una horrible tormenta… Por eso no he parado de buscarte, desde hace varias semanas.

Frunzo las cejas. ¿Y por qué (diablos) no me soñaste antes? ¿Tardaste cinco años en adivinar que me había atrapado un tornado? ¿Por qué si me amabas tanto no hiciste algo por rescatarme?

—Pues ya me encontraste.

—¿Dónde has estado, Sheccid? Desapareciste del mapa.

—Ahora vivo en Estados Unidos —procuro que mi voz sea neutra—. Vine a México sólo temporalmente.

—Pues no dejaré que te vayas otra vez —me clava sus pupilas con descaro—. Voy a casarme contigo, ¿sabes?

Me río.

—Nunca cambias.

—Escribí una novela sobre ti... Quiero que la leas. Mejor dicho, necesito que la leas.

Lo observo en silencio. Sé el efecto que me producen sus escritos... Son como un vicio que me daña. Si mi padre dejó el alcohol, yo debo dejar de leerlo a él.

—Ya no leo. No me gusta leer.

—Antes lo hacías.

—¡Pues ya no! Los tiempos cambian. No declamo, no leo, no escribo.

Su semblante es translúcido. Deja vislumbrar todo lo que siente. Y se nota decepcionado. Él siempre ha amado a la Sheccid portadora de su misma vena poética.

—Te invito a salir, princesa —suplica—, platiquemos; hay muchas cosas que necesitamos aclarar.

—No lo creo —ha madurado. Se ve seguro. Me gusta y no quiero que me guste. Yo tengo novio, casi esposo. William me ha invitado a vivir con él. Estoy inmersa en una cultura de pareja mucho más liberal, no porque yo haya querido, sino porque fue lo que había en mi universo; porque fue la única rama de la que pude asirme para no precipitarme al vacío.

—Sheccid, te he extrañado tanto.

—Ya nadie me dice *Sheccid*.

—Para mí así te llamas. Eres mi princesa.

—¡Soy todo menos eso! Tú me abandonaste, José Carlos. Me diste la espalda.

—Jamás. Todo fue un malentendido.

—¿De qué hablas?

—La noche siguiente de aquella pelea de pandillas, ¿te acuerdas?

—¿Cómo lo voy a olvidar?

—Bueno, pues esa noche, Ariadne me dijo que había una fiesta en tu casa. Y fui a buscarte. Sin invitación. Quería reconciliarme contigo. Cuando llegué te vi bailando sobre una mesa, drogada, haciendo *striptease* frente a un grupo de borrachos.

—¿De qué hablas?

—¡Creí que eras tú, Sheccid! Ni siquiera sabía que tenías una prima. Me acabo de enterar.

No puedo ocultar mi turbación. Así que nos cruzamos en el camino sin darnos cuenta. Yo lo busqué en su casa y él en la mía.

Aprieto los labios y muevo la cabeza. Es el colmo de las malas suertes. Y de la idiotez humana. De pronto me siento muy irritada. Con Tina, con Joaquín, con el Patrón, con mi papá y sobre todo con José Carlos. ¡Cómo pudo el muy ingenuo confundirme con Justina y no comprobarlo! ¡Cómo pudo juzgarme y condenarme por pecados que no cometí! Y si los hubiera cometido ¿por qué no trató de hablar conmigo para ayudarme a rectificar? ¿Qué clase de amigo era ése?

—Salgamos. Hablemos —me dice—. Te invito a comprar un libro y después un helado de chocolate.

—No —de verdad no me apetece—. Lo nuestro se fue, como el *Titanic*, hasta el fondo del mar.

—Démonos una oportunidad, Lorenna —aprieto los dientes; ¿por qué ahora me dice *Lorenna*? me ofende que él me llame por mi nombre de pila—. Pongámonos al corriente —continúa—, aclaremos cosas. Y después, si es lo más conveniente, nos despediremos para siempre.

Agacho la cara.

Comprar un libro y un helado de chocolate sería revivir el romance de antaño; volver a caminar por los senderos de la adolescencia y reconocer que hay algo en esos senderos que no se ha perdido; que es sólo nuestro.

No sé por qué de pronto me han dado ganas de llorar.

—De acuerdo —balbuceo.

Le doy mi teléfono y regreso a la mesa donde todos están terminando de cenar. Estoy tan desencajada que nadie me pregunta qué me pasa. Comen el postre en silencio.

ES NUESTRO CUARTEL
GENERAL

Los siguientes días no puedo concentrarme en las labores administrativas y mercadológicas para apoyo del congreso. Soy protagonista de errores y omisiones graves.

Las personas alrededor perciben mi distracción y no dicen nada; sólo están molestas. Mi padre sí me llama la atención. Aunque lo hace con sutileza.

—Tú no eres así, hija. Estás como ida —se ha dado cuenta del momento en que inició mi dispersión—, desde que fuimos a la ópera y viste después a tu viejo amigo de la secundaria.

—Discúlpame, papá, tienes razón —evito hacerlo partícipe de mis emociones—, trataré de poner más cuidado en el trabajo.

Pero no lo hago.

Una tarde José Carlos me llama por teléfono; sufro esa rara reacción inconexa: precautoria y alegre, temerosa y jovial. Trato de calmarme. Lo escucho tenso; quiere decirme algo y pierde el hilo, luego flaquea y comienza de nuevo con ritmo detenido en pausas, como si estuviese leyendo sus diálogos. Lo ayudo a apaciguarse. Extrañamente yo también estoy temblando; así no llegaremos a ningún lado.

—¿Estás ahí? —le pregunto.

—Sí, Lorenna.

Maldición. ¿Por qué me dice *Lorenna* otra vez? Quizá yo tuve la culpa; el otro día cuando comentó que para él yo siempre sería su princesa, le contesté: "Soy todo menos eso".

Con gran dificultad me invita de nuevo a salir. Con cualquier otra persona me burlaría un poco de su nerviosismo pero ahora también estoy nerviosa. Es como si al hablar, ambos tuviéramos una regresión.

En un acto de valentía, le digo que me visite de una vez.

—No hace falta hacer una cita formal. Ven a verme. Hoy mismo si puedes. Estoy trabajando en las oficinas de mi padre. Organizamos un congreso juvenil. Únete a nosotros. Convivamos simplemente.

Él vive lejos, y estudia en la universidad vespertina; aun así acepta venir. Organiza sus tiempos y llega. Aunque un poco tarde.

—Pasa, José Carlos.

Ya se ha hecho de noche y estamos a punto de cerrar las oficinas.

—¿Aquí organizan el congreso?

—Sí... Es nuestro cuartel general.

Le muestro las instalaciones. Le presento a mis compañeros, quienes ya están recogiendo sus cosas para irse. Algunos se dan cuenta de mi sonrisa involuntaria.

—Hasta mañana, Lorenna —se despiden. Uno tras otro.

A los pocos minutos José Carlos y yo nos quedamos solos en la casa. El silencio de las enormes habitaciones vacías nos envuelve en un hálito tentador. Con la excusa de protegernos del vandalismo nocturno cierro las chapas por dentro. Él me acompaña en el recorrido de echar llave a la casa y entiende que hemos quedado encerrados.

Quiero tocarte, princesa...
Tocarte con mis manos y mis palabras.
Cargarte y rescatarte del dragón que te custodia.
Darte un regalo continuo con mi toque.
Exaltarte, y hacer que ese toque te engrandezca.

Ambos lo pensamos, pero ninguno de los dos se atreve a traspasar la frontera del amor que siempre nos ha unido. Lo nuestro es más sublime. En vez de acercarse a mi cuerpo, decide acercarse a mi alma. Se sienta a charlar. Me dice cosas dulces con el único interés de sanar mis heridas antiguas, con el solo deseo de añadirme valor y hacerme sentir merecedora del mejor trato.

—Esto es increíble —susurro.

—¿Qué?

—Nada...

He sido curtida en lágrimas y soledades acerbas y me he abierto paso entre los añicos de la peor hecatombe. Soy una superviviente que sabe identificar la verdad. Es increíble que hayan pasado tantos años y nuestro cariño permanezca vivo.

Se aproxima y pasa muy despacio su dedo índice sobre el dorso de mi mano; su caricia suave me produce un cosquilleo turbador; nos miramos en silencio; no hago nada. Dejo que él tome la iniciativa de un mayor acercamiento. Si quiere tomarla. Pero no quiere. Parece disfrutar más la vibración de esas ondas magnéticas invisibles que nos envuelven. O tal vez no sabe cómo saltar la cerca... Lo observo y adivino como si estuviese leyendo a través de un cristal diáfano que él no ha tenido relaciones sexuales nunca, que en su afán idealista del amor, ha esperado el momento y a la persona adecuada... Es por eso que parece tan torpe en el contacto físico. Mi caso es diferente, aunque frente a él no me enorgullezco de esa diferencia.

Sigue acariciándome la mano muy despacio. Es demasiado tentador para mí. Me levanto.

—Ven. Ayúdame a terminar estos cartelones. Hay que dibujarlos.

Me sigue. Tomamos las brochas y comenzamos a trabajar; charlamos de cosas superfluas; de pronto me da un pincelazo y yo se lo devuelvo. Entonces nos ponemos de pie y correteamos por la casa. Nos volvemos niños de nuevo. Jugamos un juego inocente y divertido. En nuestros brincos y carreras acabamos tirando una lata de pintura en el suelo de mármol. Reímos a carcajadas.

—Qué bonita eres ahora—dice—. El rostro se te ha afilado, pareces mayor.

—Tenemos que limpiar este desastre.

—Sí.

Nos ponemos a trabajar.

Nunca en mi vida me he sentido más enamorada.

Me doy cuenta de que todo tiene lógica. De que ese largo camino recorrido en el desierto abrasador me está llevando por fin al oasis ansiado.

Esa noche, le doy gracias al Cielo porque, al fin, el cuadro de cabeza que define mi existencia parece haberse girado, dejando al descubierto un paisaje fenomenal.

Pero el Cielo parece tener otros planes para mí... y para él.

En la madrugada despierto con un intenso cólico abdominal. Voy al baño. Hay gotas de sangre en mi ropa interior, como si estuviese iniciando mi periodo. Pero yo soy muy regular y el dolor del bajo vientre es distinto esta vez... Saco un calendario. Hago cuentas. Tengo doce días de retraso. ¿Por qué no me había percatado?

Regreso a la cama y mantengo los ojos muy abiertos, mirando al techo. Una zozobra repentina me malversa el sueño. ¿Será posible? ¡William y yo nos cuidamos! Él usa protección (a veces) y yo tomo pastillas (que a veces se me olvidan).

Con profundo pavor observo que el paisaje hermoso de mi vida vuelve a girar lentamente hasta convertirse de nuevo en una masa informe y confusa.

AMOR IMPOSIBLE, SUPONGO

Nos quedamos de ver en Satélite.

Con el deseo íntimo, que José Carlos y yo compartimos de reconstruir y reafirmar nuestra historia, vamos a la Casa del Libro, y a tomar un helado de chocolate.

Él llega en su auto. Yo en el mío. Casualmente, cuando lo veo de pie esperándome, siento otro cólico.

—¿Qué me pasa? —susurro—. No, por favor.

Si estoy embarazada, debo decírselo... pero ¿y si no lo estoy?; ¿y si se trata de una simple constipación o de un desajuste hormonal por el cambio de altitud?

Para él yo soy su princesa perfecta a la que quiere rescatar del dragón. Seguramente piensa que tampoco he tenido relaciones sexuales. Siempre me ha idealizado... ha guardado mi imagen en una vasija de vidrio; y yo no quisiera romper el cristal.

Antes de bajar del auto, entiendo que esta cita será muy difícil. Porque estoy enamorada, porque quiero estar (al fin) a su lado, pero no puedo arriesgarme a lastimarlo. Si alguien no se merece una traición, es él.

Me pongo lentes de sol. Bajo del auto y lo saludo. Se incomoda de no poder verme a los ojos. Aunque prefiero la precaución de unas gafas oscuras, porque cuando él me mira siento que atraviesa todas mis fronteras y puede ver mi esencia. Es su himno:

Tu alma es más bella que tu rostro. Por eso quiero conquistar tus ojos, entrar por tus ventanas y tenerte.

Recorremos la librería; charlamos en los pasillos. Insiste en que ha escrito un libro de mí, para mí, sobre mí, y yo vuelvo a decirle que no me gusta leer. Le pido que mejor me cuente la trama.

—Es una novela de amor —comenta.

—Amor imposible, supongo.

—Yo no creo en los imposibles.

—¿En qué crees?

—En los sueños que se hacen realidad.

Me quito los lentes oscuros y lo observo de frente arriesgándome a que lea mi confusión.

—No sabes nada de mí, José Carlos. No tienes idea de todo lo que tuve que atravesar mientras tú estabas escribiendo tu novelita.

Se defiende:

—Escribir fue la única forma que encontré para aferrarme a ti... para no dejarte ir.

—¡A eso me refiero! —lo acuso—. Armaste la plataforma de un mundo imaginario y te subiste a esa plataforma para ponerte a salvo ¡y fuiste feliz a tu manera, mientras yo estaba al borde de la muerte!

—¿De qué hablas?

Me remango la blusa del brazo derecho y le muestro mi cicatriz queloide. La mira sin entender. Luego mueve la cabeza ligeramente hacia atrás y se lleva ambas manos a la boca como quien hace un rezo velado, tapándose la expresión.

Salimos de la librería.

Quiere invitarme un helado de chocolate (porque ése era el trato de antaño), pero en realidad a ninguno de los dos nos apetece.

En un esfuerzo por aligerar la pesada carga que ha caído sobre nosotros, ante la evidencia de un intento de suicidio que yo no quiero explicar y del que él no se atreve a preguntar, lo invito a subir al auto convertible de mi padre.

—Qué coche tan bonito.

—Mi papá lo guardó en una bodega por cinco años. Ayer me dijo que era mi regalo de cumpleaños atrasado.

—Felicidades.

Tengo la certidumbre de que a todos los hombres les apasiona manejar un coche descapotable. Y yo quiero volver a verlo sonreír. Bajo el toldo y nos subimos.

—Voy a conducir primero yo —le digo.

En el camino me vuelvo juguetona y hago bromas pesadas. A él no parecen causarle mucha gracia. Aun así, procuro mostrarme alegre y hasta alocada. Luego me estaciono y le doy el volante.

Al arrancar saca el pedal del embrague con mucha rapidez y el auto se apaga.

—Lo siento. Tengo que acostumbrarme a esto.

—Es un deportivo. Se maneja diferente.

—Ya me di cuenta.

Me pregunta si podemos ir al Lago de Guadalupe. Una zona boscosa en la que prácticamente no hay automóviles, y donde él suele entrenar en su bicicleta. Le digo que sí. Conduce con excesiva precaución. Aprovecho para desabrocharme el cinturón y ponerme de pie sobre el asiento.

Saco la cabeza intentando capturar el momento presente y no dejarlo ir.

—No hagas eso —me dice—, es peligroso.

Mi cabello largo es movido caprichosamente por el viento.

Inhalo despacio y comienzo a cantar.

SECÁNDOTE LOS PIES

If I can't have you, de Yvonne Elliman, se repite en el tocacintas. Parafraseo la letra a todo pulmón:

> *Si no te puedo tener, no quiero a nadie más.*
>
> *No sé cómo he sobrevivido cada día solitario sin tenerte.*
>
> *No quiero irme lejos de ti, porque tal vez me vuelva loca y no pueda salir adelante.*
>
> *Si no te puedo tener, no quiero tener a nadie más.*

Llegamos al lago.

Salto del auto y me quito los zapatos.

Voy hasta la orilla, abro los brazos, cierro los ojos y respiro hondo. Recuerdo que este gesto de disfrutar el aire puro es el mismo que hice en aquel mirador cuando Adolfo se me lanzó encima y profanó mi boca con su lengua.

Mi acompañante ahora es distinto. Me deja disfrutar el instante y él mismo lo disfruta. Amo la belleza de paisajes como éste.

Me remango los pantalones y camino hacia dentro hasta que el agua me llega a las rodillas. José Carlos hace lo mismo.

—Sheccid...

—Dime...

—¿Te puedo decir así otra vez?

—No se lo permitiría a nadie más.

El silencio dulce es desdorado por los cantos urgentes de un ave en celo.

—¿Por qué nos pasó esto?

—¿A qué te refieres?

—¿Por qué te confundí con Justine, hace cinco años en aquella fiesta? ¿Por qué fuiste a mi casa a buscarme cuando yo no estaba? ¿Por qué tuviste que pasarla sola durante ese tiempo de tanta desesperación?

Él no sabe que estuve inconsciente, ni sabe que mi padre me aisló del mundo para protegerme de una banda criminal. Pero lo intuye. Se refiere a la cicatriz suicida de mi brazo. Quiero decirle que no estuve sola en los momentos más críticos. Que él me acompañó siempre con sus escritos. Sólo atino a responder:

—Debe existir un Poder Superior que ocasiona o permite coincidencias milimétricas.

—Sí... —responde—, sólo que a veces me pregunto por qué ese Poder querría hacernos sufrir.

—No sé —contesto—. Supongo que para ocasionarnos un bien mayor. A la larga...

Aunque la idea es racional y lógica, no deja de parecernos cruel. A los dos. Él lo dice:

—Algún día me gustaría platicar con Dios para pedirle que me explique muchas cosas.

—A mí también.

Caminamos hacia la orilla de regreso.

—El agua está helada —comento.

—Sí.

Me siento en el pasto y tirito de frío. Él se pone de rodillas frente a mí, se quita el suéter y me enjuga la humedad.

—¿Qué estás haciendo?

—Secándote los pies.

Sigue masajeando con suavidad; luego se inclina para besarme el empeine. No lo puedo creer. Lloro por dentro al observarlo hacer eso. Quiero abrazarlo, pero permanezco inmóvil. Me encanta verlo hacer lo que describió en uno de sus textos.

No es lo que hacen dos seres humanos, sino cómo lo hacen. La ternura, la dulzura, la comunicación de almas. Lo importante en la vida no es decir palabras o tocar. Lo importante es hacerlo con cuidado...

Termina de secarme los pies y se sienta junto a mí. Tan cerca que puedo percibir su perfume.

Mi respiración se acelera un poco. Ha llegado el momento largamente esperado por los dos. No me importa que el mundo se acabe mañana. Voy a besarlo y disfrutar el contacto de su piel. Pero mi mente es brutal y desalmada. De pronto y sin que yo tenga control de ello, se presenta la imagen agigantada de William frente a mí, como si estuviera viéndola en una pantalla de cine sobre el lago.

Cuando José Carlos se aproxima para besarme, me hago a un lado.

—No.

—¿Por qué?

Agacho la cara.

—Es mejor así.

Tengo que hablarle de William, expresarle mis sospechas de que puedo estar embarazada. No debo dejar que las cosas avancen sintiéndome deshonesta. Percibo su profunda tristeza por mi rechazo. Trato de compensarlo. Le digo:

—Quédate quieto.

Junto mi rostro con el suyo de forma lateral y dejo que nuestras mejillas se acaricien. Luego me separo. Se queda temblando.

—¿Qué haces? —me reclama con voz muy baja—. ¿Es un beso de cavernícolas? ¿Con mejillas y narices?

—No, amigo. Es una muestra de lo que somos. Pareja sin serlo.

Niega con la cabeza.

—Háblame claro, Sheccid. ¿Qué te pasa?

¿No quería seguir acercándome a él sin antes decirle la verdad? ¿Deseaba ser sincera? Bueno pues ahora es cuándo.

—Tengo novio... —le digo—. En Estados Unidos. Voy a regresar con él.

Asiente unos segundos. Se encoge de hombros.

—¿Eso es todo? —la noticia no le afecta—; ¡yo ya lo sabía, Sheccid! ¡Al menos lo suponía! ¡Una mujer como tú no puede no tener novio!

—¿Entonces por qué tratas de seducirme?

—Porque no estás casada todavía, ¿o sí? ¿Tu novio te dio un anillo de compromiso? ¿Tienes relaciones íntimas con él? ¿Viven en unión libre?

¡Cómo me hacen falta mis lentes de sol!

Aparto la vista para evitar que siga leyéndome el corazón.

—Nada de eso... —miento.

—Entonces, ¿cuál es el problema? Un partido de futbol no termina hasta que termina. El equipo que va perdiendo siempre puede remontar.

—Pero a ti te han metido una goliza.

Mi analogía le asusta. Siento que su mirada me quema.

—Sheccid —habla como si quisiera dejar claro un asunto que también necesita exponer como disculpa—, nuestros caminos se separaron hace cinco años, pero no fue culpa mía. Te mudaste sin dejar ningún rastro. Jamás me enviaste un mensaje de auxilio. Tuve que matarte. Te velé, te enterré y estuve de luto por años... Lee mi libro... por favor. Así me comprenderás...

—Yo también te maté... Por eso es tan difícil revivir esto.

En el camino de regreso casi no hablamos. Me pongo las gafas de sol, y no canto ni saco la cabeza para sentir el aire.

Casi al llegar a Ciudad Satélite le hablo del congreso, de Mariscal Adalid, de los temas que se expondrán. Lo invito a participar.

—Te encantarán las conferencias —le digo—. Y te servirán para ser una mejor persona.

Me doy cuenta de que mi comentario conlleva una insinuación descalificatoria.

—¿Cuánto cuesta?

—Es caro.

—Discúlpame, princesa; no creo poder ir; mi familia está atravesando por una situación económica difícil.

—Bueno, eso tiene arreglo; existen becas para jóvenes dispuestos a trabajar en la logística y operación.

Me mira. Entiende. Vale la pena hacer un esfuerzo para estar cerca uno del otro el resto del verano. Es asombrosa la forma en que parecemos pensar lo mismo y nos comunicamos sin hablar. Porque yo no soportaría que volviera a desaparecerse. Al menos no mientras pueda despejar la duda que me tiene engrilletada.

VÉNDAME LA PRUEBA

Esa tarde voy a la farmacia. Simulo indecisión al contemplar el anaquel de jabones y cremas, esperando que una señora del mostrador se quede sola para acercarme a ella.

—Disculpe —le digo en cuanto discierno que no hay nadie cerca—. ¿Existe alguna forma de saber si una mujer está embrazada? Quiero decir, sin ir al médico.

La mujer me echa una mirada incriminatoria, como el agente secreto de una inquisición extemporánea que hubiese descubierto en mi frente la marca del pecado.

—Tengo una amiga —trato de justificarme con aclaraciones ociosas—, ella me preguntó...

La vendedora ablanda su gesto pétreo.

—No te preocupes... —movida ahora por una compasión maternal que me resulta incongruente, intenta consolarme—, yo también salí embarazada, más o menos a tu edad.

—Yo no estoy embarazada —declaro tratando de convencerme a mí misma.

—De acuerdo... —vuelve a endurecer sus modales—. Dile a tu amiga que puede comprar una prueba de embarazo que acaba de salir al mercado para hacer la predicción mediante su orina. Pero yo le recomiendo que, si no quiere tener dudas, mejor vaya al laboratorio y se haga análisis de sangre. Eso sí es cien por ciento fiable.

—Gracias. Véndame la prueba.

—Tal vez sea un gasto innecesario porque si sale positiva, tu amiga querrá hacerse lo de la sangre.

—Entiendo. De todas formas, véndame la prueba.

La mujer se da cuenta de que no me prestaré a hacerle confidencias. Me entrega la cajita y cobra.

Voy directo al departamento; no hay nadie.

Mi padre está en las oficinas del congreso.

Encerrada en el baño sigo todas las instrucciones y espero con nerviosismo.

La duda me mata. Antes de que el papelito tornasol cambie de color revelando el resultado, tengo el impulso de tirar todo a la basura. Quizá sería preferible no saber, porque la fe ciega por lo anhelado puede ser mejor que la desilusión de una realidad no deseada. Así lo escribió Ramón de Campoamor:

¡Quítame, Amor, la duda que me has dado,
pues más que no creer siendo querido,
quisiera tener fe, siendo engañado!

El indicador de la prueba va adquiriendo un tono más decisivo y deja entrever un resultado. No me parece claro... Me pongo de pie y lo acerco a la ventana para comparar la gama. Es obvio. Pero la señora de la farmacia dijo que esa prueba de embarazo no era confiable del todo... que era mejor hacerse un análisis de sangre.

Salgo del baño. Voy al teléfono. Abro la sección amarilla y busco laboratorios clínicos. La compunción evidente me hace toser. Un llanto ácido como lluvia de fuego después de una explosión atómica, amenaza con reventar en mi rostro... Me controlo. Marco el teléfono; pido informes sobre la prueba de embarazo por medio de la sangre. No necesito estar en ayunas. Pero ya es tarde para ir en este momento. Tendré que hacerlo mañana. Y los resultados tardarán un día.

Cuelgo. Necesito estar bien segura.

Tallo mi rostro con las manos, como si quisiera exfoliar las escamas de una piel arruinada. No tiene caso que lo siga negando. Llámese intuición o sexto sentido. Antes de hacer la prueba de orina, incluso antes de ir a la farmacia, yo ya sabía que el resultado iba a ser positivo... La presión interna me vence y las lágrimas me sobrevienen en cascada. Esta vez exteriorizo mi llanto con lamentos y gritos de abierta desesperación. Todo lo que quería se ha terminado antes de empezar, o quizá todo está empezando antes de saber lo que quiero.

La puerta del departamento se abre. Es mi papá. Entra corriendo al escuchar mis sollozos.

—¿Qué pasó, Lorenna? —está muy alarmado—. ¿Por qué lloras?

No puedo contestar. Trato de contener mi llanto. Tampoco puedo.

Mi padre ve la sección amarilla abierta en la página de laboratorios clínicos. Luego ve la caja para prueba de embarazo que he dejado sobre la mesa. Lo entiende todo al instante. Se queda frío. Tarda mucho en reaccionar. Sigo llorando. Como respuesta a mis gemidos continuos, se aproxima y me rodea con sus brazos. El gesto me desarma, y lejos de causarme consuelo, provoca en mí una sensación de desabrigo. Soy la niña pequeña, ávida de una caricia o una mirada amorosa, siempre mendigando el contacto físico de su madre, admiradora secreta de su padre porque durante un tiempo le contó cuentos de Perrault y Andersen en las noches...

—Perdóname, papá... —logro decir entre sollozos. Me siento tan débil y confundida.

—No te preocupes —susurra.

—¿Cómo no me voy a preocupar?

—Es de William, ¿verdad?

Sabe que me paso las tardes con él. Tal vez incluso sospecha que vivimos una especie de amor libre americano.

—Sí —me separo de su abrazo y limpio mi rostro, tratando de no llorar más.

—¿Ya le hablaste para darle la noticia?

Niego con la cabeza.

—Me acabo de enterar.

—Pues tendrás que llamarle. Y a ver qué te dice... —su lenguaje es torpe, como empantanado en ideas contrapuestas—. Aunque también podrías no decírselo. Tomar tú sola la decisión de qué vas a hacer. Piénsalo. Un hijo te cambia la vida. Nada vuelve a ser igual después de que lo tienes... Todo se complica... Especialmente para una joven de tu edad...

Me cuesta trabajo comprender. ¿Mi padre me está insinuando que aborte?

Llevo ambas manos a mi vientre. La idea de tener un bebé en formación dentro de mí me causa muchas emociones. Miedo. Incredulidad. Enfado. Tristeza. Asombro. Fascinación.

—Yo no creo ser capaz de abortar...

Me pongo de pie para alejarme de él.

—No lo digas así, hija —camina detrás de mí—. Imagínate que tienes una enfermedad y vas al doctor para que te sane. Es así de fácil. En México no se puede. Pero en Estados Unidos, sí. Desde 1973.

Es un procedimiento *normal* para que puedas seguir tu vida *normal*.

Las palabras de mi padre me desconciertan. Alguna vez pensé que si esto me sucedía, él se pondría furioso conmigo, y como en las telenovelas, se desgarraría las vestiduras diciendo que había dejado de ser su hija. Pero no es así. Más bien parece como si yo fuera un cliente difícil y él tratara de elucidar conmigo un acuerdo de negocios.

—Mi vida no es normal. Nunca lo ha sido...

—¿Pero tú qué quieres, Lorenna?

—No sé qué quiero —no tengo capacidad de decidir; estoy muy asustada—. Voy a hablar con William. A ver qué opina él. Es su hijo... Tal vez quiera que lo tengamos... —las lágrimas vuelven a invadirme los párpados. Carraspeo—. Tal vez quiera formar conmigo una familia...

Mi padre trata de volver a tocarme. No se lo permito. Camino a mi habitación y cierro la puerta.

Es un problema de los dos

Hoy se celebra la gran inauguración del congreso juvenil.

Hemos invitado a un grupo musical para que abra la asamblea. El ambiente es festivo; se perciben las vibraciones de mil quinientos jóvenes entusiasmados e interesados en aprender.

Los organizadores usamos trajes negros; las edecanes, vestido rojo; los becarios y voluntarios, uniforme de servicio azul.

El salón está lleno. Al frente hay un estrado rectangular enmarcado por luces teatrales y pendones colgantes.

El escenario es una sala blanca con paredes falsas de madera, dos podiums y dos micrófonos. Del lado derecho hay unas tribunas elevadas de tres hileras colocadas en diagonal para que los voluntarios y servidores puedan escuchar las conferencias y tengan salida rápida tras bambalinas.

Tomo asiento en la primera fila y observo las tribunas de becarios, buscando discretamente a José Carlos. Me resulta fácil encontrarlo. Está al centro, también en primera fila de su sección, mirándome a mí. Siento que me sonrojo. Levanto la mano a medio cuerpo para saludarlo. Él es más descarado. Pone la suya sobre la boca y me lanza un beso a distancia.

No me va a ser fácil concentrarme en la conferencia de apertura.

Mi padre da un discurso de bienvenida; nos hace pasar al frente a todo su equipo de organizadores, pide un aplauso y luego menciona también a los servidores de las tribunas laterales. Cantamos el Himno Nacional. Luego tomamos asiento. Comienza la conferencia de Mariscal Adalid. El motivador se enfoca en conminarnos a tener buena actitud durante el congreso. Dice que no quiere ver a nadie en la sala distraído o aburrido.

—Los mediocres —declara con histrionismo escénico— son pusilánimes y tibios. Los puedo identificar desde esta tarima porque se sientan hasta al fondo de la silla, se cruzan de brazos y bostezan. ¡Pero yo quiero gente animada! ¡Participativa! Por ejemplo, el aplauso que me dieron hace unos minutos fue de lo más decepcionante. Aplaudieron como mediocres.

¿Ése es el mejor aplauso que pueden darme? A ver. Pónganse de pie y apláudanme con todas sus fuerzas. ¡Como si se hubieran desayunado!

El conferencista se la pasa haciéndonos aplaudir, saltar y gritar. Da un mensaje insustancial, perfecto para gente de bajos alcances intelectuales. Sorpresivamente, todos los jóvenes del congreso parecen volverse idiotas y se enganchan en las dinámicas burdas del motivador. Yo no puedo; tampoco José Carlos. Nos dirigimos miradas furtivas de hito en hito. En cuanto acabe la conferencia sé que él se acercará a mí y me saludará y me preguntará como estoy y me escuchará con atención y me mirará a los ojos y se entrometerá en mi vida adivinando lo que me pasa. No puedo permitirlo. Antes de que termine la charla, tomo mi bolsa y salgo del recinto a toda prisa.

Esa noche voy temprano a casa dejando que mi padre cierre las gestiones protocolarias de la inauguración.

Apenas entro al apartamento noto que el silencio me acusa. Necesito hablar con William. Darle la noticia. Pero tomo mi tiempo. Me meto a la ducha y planeo lo que voy a decir. Después de una hora cavilando me postro frente al teléfono y respiro hondo. Marco.

William se alegra al oír mi voz.

—Mi amor, ¿cómo estás? ¿Cómo va tu congreso?

—Bien. Empezó hoy. En este momento debe estar terminando la fiesta de apertura... pero yo me salí antes, para hablar contigo...

—¡Qué bien!

No puedo fingir.

—William, tenemos un problema...

Debo dejar claro que el problema es de los dos.

—Dime.

Le doy la noticia de golpe.

—Estoy embarazada.

Se hace el silencio. Después de varios segundos corroboro.

—¿Me escuchaste?

—Sí... Pe... pe... —tartamudea—, ¿pero estás segura?

—Completamente.

—Ah —su gata lloriquea en la ventana detrás de él—. ¿Qué quieres hacer?

—Es un problema de los dos —no puedo permitir que me deje sola en esto—. Tú dime, William. ¿Qué quieres que hagamos?

—Yo... yo... no sé... —titubea y dice lo mismo que mi padre—. Un hijo es una gran responsabilidad.

—Sí —completo—. Te cambia la vida. Nada vuelve a ser igual después de que lo tienes...

—No estaba en mis planes.

—Tampoco en los míos.

Resopla como el atleta que hiperventila antes de la largada en una competencia.

—Te voy a apoyar, Lorenna.

—¿Cómo?

—Moral y económicamente.

—¿Me mandarás un cheque mensual para la manutención?

—¡No! Para nada. Te apoyaré en tenerlo, criarlo, educarlo...

Eso es todo. No me dice que me ama. Tampoco me pide matrimonio. La brújula de William siempre ha apuntado hacia otro norte. Me pregunto qué tipo de familia puedo formar con él. Si puedo formar una.

—El congreso dura cuatro días —le informo.

—Muy bien.

—Terminando regresaré a Houston.

—De acuerdo. Aquí te espero —y agrega después de unos segundos, como si olvidara el protocolo—: con los brazos abiertos.

Cuelgo el teléfono. Siento que la soledad más densa y pesada me estruja hasta la desesperación. Salgo a la calle y echo a correr.

INSPIRARNOS MUTUAMENTE
A LA DISTANCIA

Al día siguiente voy al congreso fingiendo una paz que no siento. Sonrío por fuera. Lloro por dentro.

El secreto de mi embarazo me pesa como trabillas de plomo atadas a los pies. Casi no puedo caminar.

En el intermedio voy a los comedores donde trabaja José Carlos. Necesito verlo, aunque sea de lejos. Hablar con él, aunque sea en silencio.

Me llevo una gran sorpresa. En el restaurante para asistentes se ha organizado una especie de espectáculo privado alrededor de alguien que... ¿declama?

Identifico su voz. Es él. Recita un poema de Salvador Díaz Mirón. Lo hace con pasión, a la usanza de los viejos tiempos, cuando nos presentábamos en las ceremonias cívicas de la secundaria. Me paro detrás de la multitud. Termina su declamación; los comensales le aplauden y vitorean. Se escucha por los altavoces la segunda llamada para el reinicio del congreso. Los jóvenes comienzan a caminar. Me abro paso y llego hasta mi amigo.

—José Carlos... —lo saludo—. Hay plumajes que cruzan el pantano y no se manchan... ¿Tu plumaje es de ésos?

—Sí, Sheccid. Es de ésos —me toca el brazo—. El tuyo también.

—Hace años que no escuchaba un poema declamado de esa forma.

—Era nuestra especialidad... —me observa con dulzura—, ¿por qué te noto triste, princesa? ¿Qué tienes?

Quiero decírselo. Pedirle perdón. Abrazarlo. Llorar con él. Despedirme. A cambio balbuceo:

—Ya terminó el descanso. Vamos a escuchar las conferencias vespertinas.

—Espera, Sheccid. Te traje la novela que escribí... quiero que la leas.

—Ya te dije que...

—No mientas. Yo sé que te gusta leer. Y recitar poemas. Y escribir. Quien tiene ese gusto no lo pierde jamás...

Agacho la cara. Está volviendo a descifrarme. No me sobran fuerzas ni argumentos para seguir rechazándolo. Acepto el libro que me da. *Los ojos de mi princesa*. Son trescientas veinte cuartillas escritas a renglón seguido.

Esa misma noche comienzo a leer.

Descubro con agrado cuán cercanas son las descripciones y narraciones de su novela. La lectura me seduce al grado de no poder detenerme. Leo. Hora tras hora. Al final me siento profundamente acongojada. Miro el reloj. Van a dar las cinco de la mañana. No he pegado el ojo en toda la noche.

Hace mucho tiempo que no me pasa eso leyendo un libro. Pero éste no es un libro cualquiera. Es mi historia y la suya.

Tomo mi libreta de *Conflictos, creencias y sueños*, y escribo.

José Carlos:

Admiro la forma tan precisa que tienes de describir situaciones reales y tu imaginación para después echarlas a perder. Si tu libro se publica y llega a hacerse famoso me dejarás ante el mundo como una casquivana. Eso es injusto.

En este momento me siento exactamente como lo describe Juan de Dios Peza y tú lo anotas en la supuesta carta que yo te di:

"Si llegara mi llanto hasta la hoja donde temblando está la mano mía, para poder decirte mis congojas, con lágrimas la carta escribiría. Más si el llanto es tan claro que no pinta, la negra escogeré porque es la tinta donde más se refleja mi amargura. Aunque yo soy para soñar esquiva, sé que para soñar nací despierta. Me he sentido morir y aún estoy viva; tengo ansias de vivir y ya estoy muerta".

Pronto voy a regresar a Estados Unidos, y no volveré a verte. Tampoco sé si pueda explicarte el porqué. Pero lo escribo en esta libreta de "Conflictos, creencias y sueños" que tú me enseñaste a llevar.

Hace dos días supe que voy a tener un hijo. Por supuesto no es tuyo. Porque tú y yo no fuimos hechos para tener hijos, ni para hacer realidad el amor de pareja. Dios hizo que nos conociéramos sólo con el fin de cumplir un propósito específico: inspirarnos mutuamente a la distancia. Es lo que tú llamas "Los ojos de mi princesa", la fuerza del amor, el amor que fortalece y cambia vidas de adentro hacia afuera.

Entiendo que siempre fuiste un joven tímido e introvertido. Entiendo que al enamorarte de mí, te sentiste con más valor para superarte... Lo mismo me pasó a mí, amigo. Al enamorarme de ti, tuve más valor para salir del barranco.

"Hay plumajes que cruzan el pantano y no se manchan. Nuestro plumaje es de ésos".

Yo te di fuerzas, y tú a mí.

¡Y ahí termina nuestra historia!

Voy a regresar a Houston y voy a casarme con el padre del hijo que llevo en mi vientre. Aunque él no me ha pedido que seamos marido y mujer, en realidad hace tiempo que lo somos.

Perdón que lo diga así de crudo: tú me inspiraste a volar, William voló conmigo. Él estaba cerca cuando yo necesitaba con desesperación una compañía. Es el único hombre a quien he conocido íntimamente; me ha dado el consuelo de un cuerpo cálido y cariñoso. Algo que tú sigues necesitando, pero que yo no puedo darte.

José Carlos, eres mi amor ideal. Gracias por amarme. Gracias por escribir ese libro (en el que me dejas como una malagradecida de rastrojo). Y gracias por esa carta que supuestamente yo te escribo y de la cual retomo unos párrafos que van perfectos para esta despedida:

Hoy estoy viendo el amanecer. Sin querer, recuerdo cómo es que me conquistaste. Al principio te creía un muchacho tonto y desubicado; me reía de ti. Nunca imaginé que iba a llegar a quererte tanto. Cautivaste mi corazón con cada detalle, con cada sonrisa. Te confieso que bromeaba mucho con lo que Ariadne contaba al principio: ¡un maniático sexual andaba tras de mis huesos! Cómo me divertí con eso, pero aun así me inclinaba a no creer nada de lo malo que decían de ti, porque tu estilo me atrajo desde siempre. Tu personalidad, José Carlos, me gustaba aunque me negara a aceptarlo.

Te cuento esto porque en el pasado nunca tuve oportunidad de contarte nada y en el futuro tal parece que tampoco la tendré.

Si me vieras en este momento deshecha en llanto, me dirías que no vale la pena sufrir, que debo vivir el presente, y si lees esta carta, moverás la cabeza al ver las manchas amorfas de mis lágrimas, pero te suplico que no me consideres débil, porque no lloro por debilidad, lloro por alegría; por la alegría de haberte encontrado. Gracias, José Carlos. No te olvidaré, donde quiera que me lleve el destino. Gracias por todas tus actitudes para conmigo, gracias por tu amor. Que Dios te bendiga, amigo mío, que no sé de qué forma lograste meterte tan dentro de mi corazón.

Tu novia eternamente,

Sheccid

Prepara un lugar para que duerma tu prima

El segundo día del congreso ha sido agotador.

Evito a toda costa toparme con José Carlos.

Es de noche. Mi padre y yo salimos del recinto. Avanzamos cansinamente por el estacionamiento, sin hablar.

—Espera —me dice deteniendo mi paso—. Hay alguien recargado en nuestro auto.

En efecto, un hombre gigantón con chamarra de cuero negro, barba larga, cabello desaliñado, tatuajes en el cuello y arillos negros en las orejas está como esperando, sentado en el cofre. Seguramente sabe de quién es ese auto. No hay muchos Corvettes rojos en el estacionamiento.

—Puede ser un vagabundo —opino.

—No lo creo.

Mi padre analiza las posibilidades con evidente nerviosismo. Entiendo de inmediato que aún teme posibles represalias de los afectados por sus demandas y pesquisas. Los miembros del Bliss Club, la secta delictiva que tanto daño nos hizo, han tenido con mi padre una persecución mutua. Es por eso que tardamos tantos años en volver a México.

—Vámonos de aquí, papá... llamemos a un policía.

—No. No... Espérame, Lorenna.

Me atrinchero detrás de una columna.

Él se acerca al auto con pasos titubeantes. Se detiene a unos metros del vagabundo. Ambos se miran de frente... cruzan unas palabras y luego, para mi sorpresa, los veo franquear la distancia que los separa para darse un abrazo.

Salgo de mi resguardo y camino hacia ellos. ¿Qué está sucediendo? ¿Quién es ese desconocido de mal aspecto que abraza a mi papá? ¿Será posible? Hay rasgos en su rostro que me parecen familiares. Demasiado. Un escalofrío lento y electrizante me eriza la piel.

—Joaquín —susurro.

Sonríe con su dentadura simétrica que se ha puesto amarilla.

—¡Hermanita!

—¿Qué haces aquí? —le reclamo—. Pensé que estabas en Europa, estudiando. No he sabido nada de ti desde hace años.

—Vamos a la casa —dice mi padre.

Tenemos mucho que platicar.

—¡No! Necesito hablar con ustedes ahorita.

Joaquín parece apremiado por una zozobra urgente.

—Entonces, ¿tomamos un café en el restaurante de la esquina? —pregunta papá.

—Sí.

Caminamos.

Veo que Joaquín trae en la mano un papel. Lo frota con la inquietud de alguien que intenta contener su angustia sobando un fetiche.

—¿Qué es eso?

Me da el impreso. Lo desdoblo. Es un volante del congreso juvenil. Mi padre lo diseñó. Siempre me pregunté por qué el primer renglón de la propaganda decía: "Corporativo Deghemteri invita a todos los jóvenes deseosos de iniciar una nueva etapa en sus vidas, al congreso…".

Para empezar, la empresa de él no se llama *Corporativo Deghemteri*. Ese nombre publicitario, en el que aparece nuestro apellido familiar metido con calzador, lo inventó ex profeso para el evento juvenil. Y la convocatoria, llamando a todos los jóvenes deseosos de iniciar una nueva etapa, ¡ahora lo entiendo!, fue redactada con la finalidad de encontrar a un solo joven: Joaquín Deghemteri.

Vuelvo a doblar el volante y aprieto los dientes con un repentino y molestísimo nudo en la garganta. Soy una ingenua. Siempre creí los cuentos respecto a que Joaquín estaba muy ocupado estudiando en la universidad más exigente del mundo; a pesar de que mi maestra Jennifer me dijo por teléfono que Justina seguía en México… el tema de Joaquín lo bloqueé de mi mente; de hecho me negué a pensar en él, no quería admitir la posibilidad de que hubiera quedado enganchado con el mismo grupo que causó nuestra ruina.

Llegamos al restaurante. Está lleno. Todos los jóvenes que salieron del centro de convenciones celebran su descanso. Nos dicen que deberemos esperar treinta minutos. Es demasiado tiempo. Nos sentamos en una mesa de hierro forjado del exterior. No me acostumbro a ver a mi hermano con barba larga. A pesar de su extravagancia sediciosa mantiene una apariencia fuerte y radiante. No es un drogadicto ni un vagabundo. Es sólo un rebelde con causa.

—¿Cuándo te hiciste esos tatuajes? —le pregunto.

—Hace mucho… Ya ni me acuerdo.

Joaquín no para de ver el reloj.

—Gracias por responder a mi llamado, hijo —se refiere al volante.

—Fuiste muy obvio, papá... Llenaste la ciudad de propaganda.

—No sabía dónde estabas. Ni siquiera en el Bliss Club sabían de ti... te perdiste sin dejar ningún rastro.

—Sí... creo que mi mamá me heredó un poco de su locura. Después de que ella murió, me subí a la motocicleta y manejé como enajenado veinte horas al día durante muchos meses. Fui a Centroamérica. Llegué a Panamá. Trabajé de mozo en cualquier lado, sólo para ganar un poco de dinero y seguir viajando. Acabé en Bolivia.

—¿Cuándo regresaste?

—Hace más de un año. Me asocié con un amigo y pusimos un taller mecánico para motocicletas —se dirige a mí—. Tú conoces a mi socio. Se llama Adolfo.

—¿Kalimán?

—Sí, pero ya no parece el "Hombre Increíble". Se puso gordo.

—Joaquín, ¿tú supiste que yo estuve mes y medio inconsciente? ¿A punto de morir? —le muestro mi cicatriz queloide—. Nunca preguntaste por mí. No fuiste a verme al hospital. No me llamaste por teléfono...

—Sí. Lorenna. Claro que supe. Estuve a tu lado durante los primeros días, viendo cómo mi papá echaba fuego
por los ojos, llamaba a sus abogados y le declaraba la guerra a muerte al grupo del Patrón. Luego murió mamá y no pude soportarlo más. Te digo que enloquecí un poco. Y me largué...

Asiento despacio.

—Ahora entiendo —reflexiono en voz alta— por qué mi papá quiso organizar este congreso en México. Por qué eligió el tema juvenil e hizo toda esa propaganda... Fue todo por ti, Joaquín...

Sonríe, me mira con sus ojos brillantes a causa de una humedad lacrimosa que parece tan discordante en su rostro de motociclista renegado.

—Tardé en decidirme a buscarlos... porque no sabía qué decir, cómo pedirles perdón por desaparecer... De hecho, pensaba escribirles una carta, pero las cosas se aceleraron y aquí estoy. Ayer pasó algo muy feo.

Vuelve a ver su reloj como si tuviera prisa. Luego saca su cartera y nos muestra la fotografía de una mujer con la boca reventada, los pómulos hinchados y la frente deformada por golpes.

—¿Saben quién es?

Mi padre y yo nos pasamos la foto y decimos que no.

—Justina.

—¿Cómo?

—Como lo oyen. Mi prima y yo seguimos viéndonos. Nos frecuentamos. Somos amigos. Ella ha vivido cosas muy malas. Nunca se drogó, pero vendió drogas y pornografía. La metieron dos veces a la cárcel. Ahora canta en un bar. Su apodo artístico es *Dulce Justine*. Aunque ya no hace cosas ilegales, sigue siendo amante del Patrón... y miren cómo la deja este sujeto tres o cuatro veces al año. Es un maldito asesino.

—Tal vez descarga contra ella el odio que tiene contra nuestra familia —se atormenta mi padre—. O contra mí.

—¿De cuándo es esta foto? —pregunto.

—De hace seis meses, pero ayer le dio otra paliza. Me enteré por una de sus amigas...

—¿Qué hacemos? —estoy dispuesta a todo—. Debemos ayudarla.

Joaquín lo tiene muy claro:

—Ella necesita que la rescatemos de ahí, la subamos a un avión y la mandemos de vuelta con sus papás.

—¿Dónde está mi prima?

—Vive por la Zona Roja. Con el Patrón. Cerca del Club de la Dicha. Hoy va a ir con su amiga a un bar cercano. Ahí la veremos —mira el reloj otra vez—. Ya deben haber llegado. Pero tenemos que ir en taxi. Sólo papá y yo...

Mi padre se pone de pie y me da las llaves de su auto.

—Vete a la casa, Lorenna. Y espéranos ahí. Prepara un lugar para que duerma tu prima.

¡Qué paradójica es la vida!

Recuerdo la forma en que Tina me pidió ayuda en el aeropuerto hace años. También recuerdo con detalle la charla que tuvimos cuando la vi besándose con el Patrón.

—*Estás loca, Tina. Apenas hoy conociste a ese hombre...*

—*Vine a México a divertirme.*

—*Pero hazlo con inteligencia. Escapaste de tu casa porque sufrías maltrato físico. Tu papá, o no sé quién, te golpeaba. Debes cuidarte para que no vayas a caer en manos de otro maltratador.*

—*A mí nadie me golpeaba. Al que me ponga una mano encima, lo mato.*

—*¿Y la foto que me diste en el aeropuerto?*

—*Es falsa... Un fotomontaje.*

Dos horas después mi padre llega al departamento. Salgo corriendo a recibirlo.

Trae en el rostro la sombra de una derrota que le oscurece la mirada. Joaquín no está con él. Tampoco mi prima. Viene solo.

—¿Qué pasó, papi? —estoy ansiosa por saber.

Niega con la cabeza.

Tiene los labios blancos. Secos.

—Necesito un vaso de agua.

Mi bien amada

La siguiente mañana de conferencias decido sentarme a escuchar. Tomo notas y procuro concentrarme. Necesito reforzar mi código de valores, levantar mi estima propia, asirme a ideas positivas...

En el intermedio de la comida busco a Mariscal Adalid y le pido consejos... pero mis preguntas son sencillas, vanas, nada confesionales y sus respuestas son igualmente ligeras y huecas...

Regreso a la Sala de Plenarias arrastrando los pies. Lo que en realidad necesito es desahogarme con alguna persona sabia en quien pueda confiar. Por supuesto no en José Carlos, porque él es el centro de mis principales conflictos.

Al entrar al Aula Magna después de la comida noto una algarabía inusual; murmullos fuera de control. Algunos me miran y sonríen como si yo fuera la causante del caos. Me pregunto qué rayos pasa. Tardo en darme cuenta. Miro al frente y siento que estoy ante una alucinación. ¡No puede ser cierto! ¿Él hizo eso? ¡Tuvo que haber sido él! ¿Quién más? ¿O acaso le pagó a alguien para que lo hiciera?

Hay una enorme manta colgada a un costado del escenario con cuatro renglones en color rojo trazados a mano.

La manta es visible desde todos los puntos del salón. Ostenta una leyenda explícita:

Sheccid, mi bien amada:
Tus ojos han dado luz a las sombras de mi mente y tu belleza ha inspirado mi futuro junto a ti. ¡Te adoro, princesa!

Hundo mi cuerpo en la silla mirando discretamente hacia todos lados. Las mejillas me arden. Algunos se dan cuenta de mi sonrojo. ¿Cuántos en ese salón saben que me apodan Sheccid? Mi padre, por supuesto y mis compañeros de la secundaria... de los cuales hay pocos... ¿Esos pocos habrán corrido la voz?

Mariscal Adalid llega a escena y nota de inmediato el atentado amoroso. Se para frente al letrero y lo lee dos veces en voz alta. No se enfada. Al contrario. Hace una confrontación pública al quijote que tuvo valor de poner esa manta para que se descubra y suba al estrado a darle la cara a su dulcinea.

Como el motivador elogia el valor y la astucia del poeta anónimo, algunos graciosos bromean atribuyéndose la autoría. Pero al fin ocurre lo inaudito. José Carlos se pone de pie y pasa al frente.

Mariscal lo felicita, luego le da el micrófono y le pide que diga algo a la mujer que lo motivó a perpetrar esa osadía.

Y él habla...

No trata de lucirse en público. Al contrario. Su voz es fuerte pero humilde. Como quien sólo pretende expresar el cariño sincero que siente por alguien... Aunque no pongo atención a sus palabras, comprendo el mensaje: desde hace años ha escrito, ha sido deportista y ha trabajado con esmero para que una mujer a quien él ama voltee a verlo algún día y lo valore. Dice que todo lo que ha hecho, de alguna forma se lo ha dedicado a esa chica. Su Sheccid. Nunca dice mi nombre real. Tampoco me mira directamente, para evitarme el disgusto de ser delatada.

Los asistentes aplauden. Él regresa a su lugar, Mariscal comienza su conferencia y yo me quedo imposibilitada para concentrarme...

A la mitad de la charla abandono mi silla y voy al baño. Necesito mojarme la cara, tal vez salir a la calle y caminar. Me hace falta el frescor y el ruido estridente de la fuente Waterwall, junto a cuya caída de agua solía pararme a meditar. Sobre todo me hace falta la paz de Dios que tanto me confortó en el fragor de la cascada.

Voy caminando por el pasillo rumbo al baño cuando escucho que alguien me llama por la espalda. Una mujer se acerca a mí a toda prisa.

Tardo varios segundos en reconocerla. Es Ariadne.

¿Será posible?

—¡Ariadne! —la saludo—. Mira nada más. ¡Qué bien te ves! Ya casi no tienes... —dejo la frase a medias.

—¿Pecas?

—¡Sí!

Se ha convertido en una mujer hecha y derecha, de cuerpo extraordinariamente proporcionado y cara como de muñeca. Si alguna vez tuve celos infundados de ella, ahora podría tenerlos con fundamento.

—Tú sigues igualita —me dice, y al compararme con ella, siento esa verdad como un desdeño. Yo me desarrollé tempranamente y soy muy parecida a la de antes. Aunque José Carlos me dijo que el rostro se me ha afilado y parezco mayor.

—No sabía que estabas en el congreso, amiga —le digo.

—Sólo vine hoy de visita —habla como si estuviese ahí con un propósito específico y distinto.

—¿No te inscribiste? ¿Por qué? ¿Te enteraste a tiempo?

—¡Claro que me enteré! El planeta entero se enteró. "Corporativo Deghemteri invita a los jóvenes deseosos de iniciar una nueva etapa...". Los afiches estaban por todos lados.

—Imprimimos cien mil.

—¡Cien mil!

Evito hablarle de las verdaderas intenciones de mi padre al difundir esa propaganda.

—Queríamos convocar a los viejos compañeros —le doy un leve giro a la verdad—. Los que conocieran nuestro apellido y tuvieran deseos de volver a reunirse con nosotros. Pero no resultó. Sólo vinieron algunos y ni siquiera se han acercado a mí.

Su gesto es entre dulce y acre; no parece del todo feliz por mi rimbombante irrupción en la ciudad.

—Sí... —explora los alrededores; hay una banca de madera en el pasillo—, ¿puedo hablar contigo unos minutos?

Trago saliva. Yo estimo a Ariadne, pero también le tengo miedo.

Entiendo que está a punto de exponerme ese propósito específico que la ha traído aquí. Nos sentamos en la banca.

¿Tienes corazón de piedra?

Ariadne me confronta desde su primera duda.

—Lorenna, ¿porque te fuiste sin avisarle a nadie? ¿Y a dónde te fuiste?

—Tuvimos que viajar al extranjero, amiga. Tú sabes lo que pasó después de esa fiesta horrible.

Se encoge de hombros como si no tuviera idea de lo que digo. Pregunta:

—¿Te refieres a la fiesta, en la que José Carlos y yo te confundimos con tu prima Tina?

—O sea que sí sabes de qué estoy hablando.

—Sólo esto sé, Lorenna: que después de esa noche tu casa quedó sitiada por la policía y tú y Joaquín y tus padres se evaporaron.

—Sí. Has hecho un buen resumen de lo que pasó. Estuve fuera del país cinco años; mi padre y yo regresamos aquí sólo a tocar base, pero nos vamos a ir de nuevo. Después del congreso. Estoy comprometida con un norteamericano.

—¿Comprometida, dices? —mira mis manos buscando el anillo—. ¿De verdad? —su pregunta interjectiva no es alegre sino rasposa y desconfiada; frunce las cejas y aprieta los labios—. Eso... Lorenna, eso —replantea sus palabras—. ¿Ya se lo dijiste a José Carlos?

—No.

—¿Por qué? —su enfado repentino le descompone la cara—.

¡El pobre está devanándose los sesos para sorprenderte! Te enteraste de lo que acaba de hacer allá adentro, ¿verdad? —señala el Aula Magna—. ¡Sólo le faltó ponerse de rodillas frente a los mil quinientos asistentes y pedirte matrimonio! ¡Caramba, Lorenna! ¡Qué clase de persona eres!; ¿por qué juegas con él? ¿Tienes corazón de piedra? Ya lo decepcionaste una vez. ¡No puedes hacerle eso de nuevo!

Mi amiga se ha girado para arengarme de frente con vehemencia. Pocas personas podrían hablarme así. Ella fue la única compañera de antaño a quien yo escuchaba. Y aunque solía departir con dureza, detrás de sus regaños siempre había buenas intenciones. Siento deseos de confesarle mi angustia. Sin embargo, profiero una idea banal:

—Está bien, Ariadne… Hace mucho dije que te iba a dejar el campo libre con José Carlos. Tú siempre lo has querido.

—¡Sí, Lorenna! —esta vez su rabia suena a lastimadura secreta—, yo siempre lo he querido, pero él no me ve. Jamás ha sentido atracción por mí, ni por ninguna otra mujer, ¡porque tu brillo lo ciega! Está atado a ti de una forma enfermiza. ¡Por eso me molesta que juegues con él! ¡Sé honesta y libéralo ya de esa atadura maldita!

Sus palabras son rudas, recalcitrantes, ciertas. Yo no quiero ser una "atadura maldita" para nadie.

Agacho la cara.

Entiendo que el amor idealizado de José Carlos, su "fuerza de Sheccid", no sólo lo ha llevado a ser una mejor persona, sino que lo ha obsesionado a grado extremo. Pienso que si el hijo que llevo en mi vientre fuera de él, y yo se lo dijera, él estallaría de alegría y haría cualquier cosa por brindarme un hogar... Casi creo que incluso si me atreviera a renunciar a William y le expresara a José Carlos que estoy embarazada de alguien más, pero lo amo a él, me aceptaría con mi embarazo y se volvería padre del niño con agrado.

Sin duda, es el tipo de hombre que yo quisiera a mi lado... Pero Ariadne tiene razón. Hay un problema: no sería justo para él.

—Voy a confesarte algo, amiga —no tengo a nadie más a quién decírselo—. Yo estoy enamorada de José Carlos. Pero antes de venir a México estuve viviendo una especie de amor libre con otro chico —veo su mirada crítica; la evado; termino—, y acabo de enterarme de que estoy embarazada.

Ariadne se queda muda, con un gesto de asombro y frustración. Quizá fue un error desenmascararme con ella porque su punto de vista siempre estará contaminado por un conflicto de intereses.

—No puedo creer lo que acabas de decirme —habla con un matiz grave, silbante y gutural—. ¿A qué estás jugando, Lorenna? Tienes que decírselo a José Carlos...

—Claro... —coincido—. Estoy de acuerdo. He tratado de hacerlo... sin embargo, no he podido, porque cada vez que lo he intentado siento que me voy a quebrar... Cuando él me mira a los ojos, ve más allá de las apariencias. ¡Casi pienso que puede leer mi alma! ¡Se va a dar cuenta de todo! ¡Va a saber que lo amo y que estoy en medio de un terrible dilema!

Me detengo. Viene a mi mente un diálogo que tuve con él hace años:

—*Yo nunca te voy a decepcionar.*

—*¡Todos los hombres me han decepcionado! Ya dejé de creer en cuentos de hadas.*

—*Pues vuelve a creer.*

—No le dile las cosas —insiste la Pecosa—, háblale claro. La verdad te hará libre.

—No, Ariadne —protesto—. Entiende que él casi puede leerme la mente. Dice que tengo los ojos de su princesa. Va a comprender cuánto lo quiero, y tal vez sea capaz hasta de perdonarme y pedirme que me quede a su lado... aunque esté embarazada...

Mi amiga estalla:

—¡Pues entonces díselo de otra manera! ¡No permitas que te mire a los ojos! Ni lo dejes hablar. Sé dura, Lorenna. Sé decidida. ¡Arráncale esa dependencia insana que tiene hacia ti! Dile que es descuidado en su trabajo, que es malo para declamar, que es un desadaptado social, que sus escritos son basura, que sólo escribe pasquines, que lo consideras un acosador, que es un necio insufrible, ¡que es una mosca de panteón!

—Estás loca, Ariadne. Yo no puedo decirle eso.

—Sí puedes. ¿Lo amas de verdad? ¡Pues no le hagas más daño! Tú estás comprometida con un norteamericano. Corta con José Carlos para siempre, regresa con tu novio y haz las cosas correctamente de una vez por todas.

Tengo la cara empapada. Ni siquiera me di cuenta de en qué momento comencé a llorar.

Ariadne permanece en silencio junto a mí, dejando que el llanto me consuma. Me tapo el rostro con las manos y sigo llorando por un largo rato.

Algunos jóvenes congresistas que han salido de la plenaria se acercan para preguntarme qué tengo. No puedo hablar. Volteo hacia arriba. Estoy rodeada de curiosos que tratan de brindarme ayuda. Ariadne se ha ido. Les digo que tengo un fuerte dolor de estómago. Es verdad. Llaman a la asistencia médica del lugar. Cuando trato de ponerme de pie, vomito.

TERCERA PARTE

DOS AÑOS Y MEDIO DESPUÉS

1987

MI PADRE NO PUDO RESCATARLA

Estoy sentada en un columpio de madera contemplando a mi hija mientras juega a arrojar piedras en la orilla del río.

Desde aquí puedo ver la imponente entrada del Little Cotton Wood Canyon en xUtah. William Williams ha rentado una casa hermosa, cerca de Snow Bird y Alta, los mejores *resorts* de esquí avanzado, para su gusto.

Amo este lugar. La paz que se siente aquí es inigualable. Pero paso mucho tiempo sola, con mi hija, mientras William se va al Moab o a las montañas, a sus frecuentísimas expediciones. Casi nunca he podido acompañarlo. Tuve un embarazo difícil. Con muchos dolores y náuseas durante los nueve meses. Vomité más de cincuenta veces. Los médicos consideraron mi caso como algo inusual. Pero todo salió bien al final. Mi hija es hermosa y traviesa a más no poder. Ahora me dedico a cuidarla. Soy empleada del trabajo más hermoso, más sublime, más agotador y peor pagado del mundo. Soy mamá.

A veces he llegado a pensar lo que sentiría si mi hija llegara a morir ahogada en ese río que pasa detrás de mi patio, como murió ahogado mi hermano Luigi... Y entonces comprendo a mi madre. Creo que yo también enloquecería.

Veo a mi pequeña de dos años jugando. Jamás pensé que pudiera quererse tanto a alguien. Y ese amor me ha dado nuevas fuerzas. Porque tuve que renunciar a todo por él.

Terminando el congreso juvenil regresé con William. Y William me recibió "con los brazos abiertos". Es un buen hombre. No puedo quejarme.

Mi padre se quedó a vivir en México. Lo decidió aquella noche cuando fue con Joaquín a buscar a mi prima Tina en un taxi, y dos horas después volvió derrotado, con la boca seca. Me dijo que sí, la había visto. Tina estaba en el bar, con su amiga... y apenas podía moverse. Aunque el tipo que la golpeó evitó tocarle la cara (los maltratadores se vuelven artistas para torturar sin dejar marcas), el daño más grande de mi prima era psicológico. Papá me explicó que ella no quiso huir; que dijo estar "enamorada" de su hombre y debía regresar a su lado. Yo no podía dar crédito al relato de mi padre. Entonces él declaró que cuando el congreso terminara retomaría sus recursos legales para rescatar a mi prima. Y se quedó en México.

Ahora vive con Bertha.

Yo creo que no sólo organizó aquel congreso para propiciar un reencuentro con Joaquín. También pensaba en Bertha.

Por mí está bien. Papá merece rehacer su vida.

Joaquín volvió a su taller de motos. En cuanto a mí respecta, sigo escribiendo mi libreta de *Conflictos, creencias y sueños*. Eso me ha ayudado a mantenerme bien. Bien a secas. Me encanta experimentar el equilibrio que sólo pueden dar las letras escritas. Pero a veces las sombras del pasado me alcanzan hasta aquí. Y siento angustia.

Hoy es un día de ésos...

Hace rato recibí una llamada telefónica que me robó la paz.

Tina era amante incondicional del Patrón.

Mi padre no pudo rescatarla.

Y ayer el Patrón la mató.

¿TE LLEVO AL AEROPUERTO?

—¡Amor! —escucho la voz de William que acaba de llegar—, ¡traje *pizzas*; es hora de comer!

Me pongo de pie. Rescato a mi pequeña, y la cargo para reunirme con su padre.

—No me gusta la *pizza* hawaiana —mi hija apenas sabe hablar y protesta; hace un berrinche y se tira al suelo—. ¡Quiero *pizza* de *pepperoni*!

William y yo la ignoramos. Ambos estamos de acuerdo en que a un niño no hay que consentirlo.

—Ésta es la comida de hoy —le digo—, si no la quieres, te quedarás sin comer.

—Pues me quedo sin comer —se levanta y va a su cuarto. Azota la puerta.

—Heredó tu carácter —le digo a William.

—Sí —acepta—, por eso me urge llevarla de excursión. La naturaleza calma hasta a los leones... Lástima que está muy chiquita para acompañarme mañana.

—¿Irás en *jeep*?

—No. Es una ruta de ciclismo de montaña.

—Vas a tener que esperar como diez años para que te pueda acompañar a una ruta de ésas.

—La puedo llevar en tándem.

—Deja de decir tonterías. William, escúchame, yo también voy a viajar. Con la niña. De hecho ya nos tenemos que ir al aeropuerto. En dos horas sale nuestro avión.

—¿Por qué? ¿A dónde van?

—A México. Mi prima Tina murió. Mañana es el sepelio.

Se asombra, no pregunta qué pasó.

—¿Cómo conseguiste boletos de avión?

—Hablé a la agencia.

—Oh, okey.

—Pero hay algo más —voy al grano; él tiene déficit de atención y si no soy muy puntual, acaba contemplando a los mosquitos—. No regresaré pronto. Aquí me siento muy sola. Necesito convivir con mi papá y con su esposa. También tengo ganas de ver a mis viejos amigos.

—¿Cuánto tiempo te irás?

—Dos meses, quizá tres.

Él también va al grano:

—¿Quieres separarte de mí?

—No lo sé, William —hay algo en mi interior que no me deja en paz, un ciclo que dejé abierto, que necesito cerrar—. Tú y yo ni siquiera estamos casados.

—¿Qué importa si estamos casados o no? Ya lo hemos discutido. Lo importante es que yo te respeto, mantengo esta casa, cuido a nuestra hija y nunca te he sido infiel.

—¡Exacto! ¡Para ti ése es el resumen de nuestra relación! Respetar, mantener la casa, cuidar a la niña y no ser infiel, es lo único importante para ti. Para mí, no.

—¿Qué es lo importante para ti entonces?

Voy al librero y saco mi libreta de *Conflictos, creencias y sueños*. Dentro hay dos hojas sueltas. Cuando las escribí puse un papel carbón debajo y me aseguré de dejar una copia en la libreta.

Le doy las hojas.

—Te escribí una carta. Necesito que la leas con atención y me digas qué opinas.

Asiente. A William no le gusta discutir. Suele condescender con facilidad.

—¿Quieres que la lea ahorita?

—No. Después. Cuando estés solo y puedas meditar.

—¿Y cómo te digo lo que opino, si ya te vas?

—Te dejo el teléfono del sitio en el que estaré. Y la dirección, por si quieres escribirme una respuesta.

Asiente. Termina de comer su rebanada de *pizza*.

—¿Te llevo al aeropuerto?

—Sí. Por favor.

Se pone de pie y va por las llaves.

Querido William

El viaje en avión es una pesadilla. Mi hija no deja de moverse, reír, gritar y cantar. Los pasajeros a mi alrededor están hartos de la niña. Yo no; la tolero con el estoicismo de una madre que se siente orgullosa de su extensión tempestuosa. Por fortuna durante el segundo vuelo de conexión, se queda dormida.

Miro el reloj. Falta una hora para que el avión aterrice. Estoy muy cansada. He tenido una racha de varias semanas en las que no he dormido bien.

Saco mi libreta CCS y busco la copia al carbón de la carta que le escribí a William. Releo.

Querido William:

Eres un buen hombre. Y yo, modestia aparte, soy una buena mujer. Creo que podríamos llegar a ser buena pareja, pero hasta el momento no ha sido así.

Estamos juntos porque yo me embaracé. Nuestra unión está motivada por el amor a esa niña y es casi sacrificial, pero ha llegado el momento en que debemos dejarla a un lado y pensar en nosotros. En ti y en mí, evaluar si tenemos o no futuro.

Hace mucho tiempo aprendí que en este mundo hay quienes intentan una o varias relaciones y siempre fracasan (¡con todas!), pero también hay quienes aciertan y triunfan, no porque hayan sabido elegir perfectamente (pues no existe la elección perfecta) sino porque hacen las cosas bien desde el principio. ¡En ese sentido, hay formas de hacer bien las cosas! Hay requisitos que vale la pena revisar.

El primero se llama TENER DISPOSICIÓN AL AMOR. Quien tiene ese don, sabe comprometerse y apostarlo todo por su pareja, piensa en ella, disfruta hacerla sentir bien, la sorprende con detalles y elogios; la cuida, la procura, la conquista día a día... William querido: disculpa que te lo diga, pero tú eres demasiado cuadrado y frío para cumplir con este punto. Aprendiste a ser independiente, a seguir reglamentos y a ver las relaciones como negocios prácticos. Mi padre era igual a ti, y mi madre era peor. Sin embargo yo estoy mucho más dispuesta a amar que tú porque alguien en mi pasado me enseñó esa virtud... No quiero que suene a ultimátum, pero tendrás que aprender a amar de veras y a perdonarme y a tomarme de la mano como mi socio de por vida, o lo nuestro no va a prosperar.

Hay un segundo requisito. SABER FUNDIRSE EN PALABRAS. Esto significa usar el buen idioma; ser claros, abundantes y precisos para comunicarnos. Tú y yo hablamos poco. Ni siquiera me dices los pormenores de tus viajes de ecoturismo; tengo que sacarte las cosas preguntando; y casi siempre contestas con monosílabos. Si bromeamos, a veces logramos conectar y nos reímos. Pero ¿cuándo hemos tenido una charla de verdad profunda? ¿Cuándo me has escrito una carta para abrir tu corazón? William, ¡qué pena decirlo, pero tampoco cumplimos ese segundo punto!

Hay un tercero. COMPARTIR LA MISMA BRÚJULA. Aquí tenemos algunas coincidencias: ambos amamos la naturaleza, ambos disfrutamos hacer expediciones (aunque yo no he podido hacer muchas, por la niña), y a los dos nos encantan los animales. Nada más. El resto de nuestros valores son distintos. Tú no crees en Dios y yo al menos tengo sed de creer. Tú no crees en el matrimonio y yo pienso que es una aventura realizable. Tú a duras penas soportas tener una hija y yo quisiera tener una familia grande. William querido: nuestras brújulas apuntan a nortes desiguales.

El cuarto y último requisito se llama VIVIR LA PASIÓN DE LOS CUERPOS. Bueno, en eso sí coincidimos. Si por nosotros fuera, haríamos el amor todos los días. Al menos somos buenos ejemplares del reino animal.

Perdona que sea tan dura. Sin embargo, estamos en el momento exacto para decidir si podemos o no continuar viviendo juntos. Por el bien de *nuestra hija. Voy a esperar a que leas esta carta y me contestes… Si no lo haces (por desgracia creo que eso sucederá), te comunico que no voy a regresar.*

TINA SE LO BUSCÓ

Llegamos a México. Cargo carriola, maleta y niña.

Paso al baño. Me veo al espejo. La racha de insomnios me está cobrando su factura. Tengo unas enormes ojeras y parezco más delgada que nunca. Me maquillo. Mi pequeña pide que la maquille también. Le pongo un poco de colorete. Se siente orgullosa del retoque.

Papá me recibe en la sala del aeropuerto. Viene acompañado de Martín.

—¿Él es mi abuelo? —pregunta la niña dirigiéndose al chofer.

—No preciosa. Tu abuelo es este señor.

Ella se prende del cuello de mi padre y lo llena de besos. Papá se asombra, sonríe y deja caer una lágrima al mismo tiempo.

—¡Cómo has crecido, princesa! —le dice a su nieta—. Cuando naciste cabías en una caja de zapatos.

—¿Dormía en los zapatos?

—Claro que no. Dormías en tu cuna. Pero eras muy pequeña.

Papá ahora es dueño de un edificio habitacional. Vive con Bertha en el *penthouse.* A mí me ha reservado un departamento amueblado del tercer piso.

Después de la cena protocolaria, Bertha se ofrece a cuidar a mi hija para que papá y yo podamos ir al velorio de Tina. Detesto ese tipo de encerronas luctuosas. Pero se supone que a eso vine.

Apenas entramos al velatorio me asaltan pensamientos acerbos. Mi prima no debió morir así. Tampoco mi madre.

Me aparto de papá y voy a un rincón lejos del féretro.

Pienso en la muerte: ese paso decisivo y velado que todos debemos dar… Me pregunto si Tina seguirá viva, de alguna manera, en otra dimensión… Me pregunto si un Padre amoroso la habrá recibido en sus brazos ahora… Porque en el mundo, ese Padre nunca la protegió… Tal vez porque ella no lo permitió.

Recuerdo lo que alguna vez leí en aquel libro sobre la cúpula de Dios: "Sólo con fe en el Creador de Amor nos ponemos bajo el paraguas de resguardo espiritual, y recibimos recursos prestados por una fuente poderosa, que nos defiende de ataques visibles o invisibles". Si eso es verdad, nadie en mi familia ha estado bajo ese paraguas.

Alguien se sienta a mi lado. Escucho su voz. Es un muchacho.

—Esto nunca debió suceder…

Volteo. José Carlos. No me sobresalto. Ni siquiera me asombro. Estaba esperándolo. Siempre sabe cuándo voy a llegar, y siempre me encuentra. Viste traje negro y corbata roja. Lleva en la solapa el distintivo metálico de una escuela comercial. Con ese atuendo se ve más formal, pero también más enclenque, más bajo de estatura.

—¿Cómo estás? —lo saludo—, no nos hemos visto desde el congreso.

—Sí —me lanza un reproche de entrada—, desde que me dijiste esa lista de groserías... Aunque, no. Pensándolo bien, la última vez que nos vimos fue cuando te di la segunda novela que escribí para ti... y también me rechazaste.

Es lógico. Las heridas que le hice no han cicatrizado. Pero yo en realidad no vine al sepelio de Tina. Vine a hablar con él. A decirle la verdad; a cerrar ese ciclo. ¡Tengo que hacerlo!, porque en estos últimos años nuestras vidas han tomado rumbos distintos y ahora he sido yo la que ha vivido como sujeta a una atadura maldita, con una carga que me ha impedido no sólo volar sino alejarme de él. A veces, cuando hago el amor con William, pienso en José Carlos. A veces me despierto por las noches y me atormento por el recuerdo de la forma en que lo ahuyenté: estaba terminando el congreso juvenil; él se acercó a darme un discurso de clausura que escribió con todo su cariño, para que yo lo leyera en público. Entonces lo rechacé de tajo. Seguí el consejo de Ariadne. Le dije que estaba harta de él, que era un acosador, una mosca de panteón, un pésimo escritor, autor de los peores pasquines; y tuve un acceso muy raro; sentí náuseas; náuseas extremas; una reacción psicosomática provocada por mis propias palabras. Le revelé con mofa que estaba embarazada y me asaltó una fuerte arcada; vomité; en el pasillo; junto a él. Fue vergonzoso. El recuerdo de ese acto me ha quitado el descanso nocturno. Por meses.

Ahora él está aquí. Y no sé cómo comenzar a pedirle perdón... Pero tengo que hacerlo. Me relajo.

—Leí tu segundo libro —le digo—, tienes mucha imaginación.

—¿Qué querías? —me pone un brazo sobre la espalda con un descaro brusco—, los escritores no siempre podemos apegarnos cien por ciento a la verdad. Nos mueven impulsos egoístas.

Desconozco sus palabras. Y su tono de voz. Él jamás ha hablado de "impulsos egoístas" ni se ha atrevido a ponerme un brazo encima de esa forma. Esto está muy raro.

—José Carlos, te he extrañado mucho... ¿Cómo has estado?

—Bien. Ahora soy discípulo de Mariscal Adalid. Me ha enseñado a no ser emocional o blando, a sacar el mayor provecho de la vida, a odiar libremente y a defenderme atacando.

—¿Odiar libremente? —nada tiene sentido—. Eso es contrario a ti.

—El odio reprimido produce enfermedades... Y muerte... como le pasó a tu prima...

No puede ser... ¿Cómo le sucedió esto a José Carlos?

—Mírame a los ojos —le digo.

—¿Para qué?

—Hazlo.

—Ya.

—¿Qué ves?

—Dos iris azules.

No puede mantenerme la mirada.

Ahora lo observo yo. Algo ha cambiado. Ya no tiene la transparencia de un joven idealista movido por sueños de amor. Parece haberse contaminado de superficialidad. Parece incluso ocultar hechos vergonzosos que le impiden mirar de frente.

Se escucha el llanto de alguien en el velatorio. Éste es un lugar de recogimiento y reflexión; los sentimientos dolorosos se mueven como el vapor tenebroso que se desprende en verano de los lagos septentrionales. Siento ganas de llorar... El José Carlos que yo conozco no soportaría verme sufrir sin decirme palabras afectuosas. Así que lo pruebo. Me acurruco en su pecho y sollozo; un poco en verdad y otro poco fingiendo.

—Tranquilízate —frota mi cabeza—. Tina se lo buscó. Siempre anduvo en sitios peligrosos.

¿Dijo "se lo buscó"?

—¡Pero eso no justifica lo que le hicieron!

—No, ¡por supuesto! El mundo es una porquería.

Definitivamente lo es. Puede acabar con la pureza de las personas más nobles.

—José Carlos —me separo; ardo en deseos de gritarle "¿qué rayos te pasó? ¡Eras un árbol con raíces fuertes!"—, gracias por venir...

—La verdad, Lorennita, no conozco a nadie aquí... Vine sólo a consolarte —me acaricia el brazo. Siento su tacto rasposo. Patético.

Ya no me dice *Sheccid*. Ni quiero que lo haga.

Se ha vuelto duro. Su rostro es distinto. Ya no tiene la ingenuidad ni la inocencia que detecté aquella vez, cuando nos quedamos solos en las oficinas del congreso y correteamos con las brochas de pintura. En aquella ocasión, me acarició el brazo con dulzura y yo adiviné con profunda certeza que no había tenido relaciones sexuales, que había estado en espera de su princesa anhelada. Ahora es distinto. Su mirada parece la de un hombre que sabe abrirse paso en el laberinto de los cuerpos, y seducir. Perdió su esencia, incluso su fuerza espiritual. ¿Es eso posible?

Aunque no hace falta corroborarlo, en un rapto de masoquismo, le digo algunas mentiras y le hago insinuaciones absurdas con el único fin de verlo envilecerse en sus respuestas.

—Necesitaba tu consuelo... amigo —musito—. Tuve a mi bebé. Pero mi novio me rechazó. Y regresé a buscarte. Vivo sola con mi hija en un departamento. Te invito a visitarme. Para que conozcas a la niña —le doy mi teléfono y dirección—. Ve a verme. Estaremos solos y podrías quedarte conmigo a pasar la noche.

Repentinamente (¡ahora sí!), los ojos le brillan como a los machos que persiguen hembras en celo. No está decepcionado de mí por lo que acabo de decirle. No le interesa mi probidad moral. No ha descifrado mis mentiras. Es incapaz de leerme la mente como antaño. He dejado de interesarle.

Echa un vistazo a mi cuerpo y dice que claro, por supuesto, me buscará.

Se va y me quedo temblando.

Entonces me acerco al féretro de Tina y lloro de verdad.

PERO A MÍ SÍ ME GUSTAN LAS RELIGIONES

Busco a Ariadne.

Los siguientes días me dedico a visitar sitios turísticos de la ciudad con ella. Volvemos a ser buenas amigas. Revivimos los mejores momentos y evitamos hablar de José Carlos. Sólo tocamos el tema una vez. Y coincidimos en que él ha cambiado. Le sucedió algo. Ariadne me informa que al parecer, se dedicó a viajar con el equipo nacional de ciclismo y en vez de enfocarse en el deporte, practicó con sus compañeros el viejo pasatiempo de tenorio de seducir mujeres. Al parecer, acabó enredado en un juego enajenante que lo desvió de sus creencias.

Me encanta ver a Ariadne feliz. Al menos en apariencia. Su novio es fornido, alto y musculoso. Más guapo que Kalimán y que William. Lo malo es que las mujeres lo admiran y él se deja admirar. Lo bueno es que le da su lugar a Ariadne y que le encantan los niños. Mi hija lo adopta como transporte oficial. Pide a gritos subirse a su cuello y andar en su espalda, de caballito.

En una semana, Ariadne, su novio, mi hija y yo visitamos varios lugares. En algunas ocasiones se nos unen papá, Bertha y Joaquín. Mi hermano se ha dedicado a su propio negocio de motocicletas Harley y sigue teniendo apariencia de renegado. Con ellos vamos a Xochimilco, a Coyoacán, a Chapultepec, al Zócalo, a varios museos y a las pirámides de Teotihuacán.

Pero yo estoy ansiosa, incompleta, preocupada.

Todos los días procuro regresar temprano al departamento.

Sé que William puede llamarme para darme su respuesta a la carta que le escribí. Y temo que no sea favorable. Lo más seguro es que lo nuestro termine. Tengo el presentimiento amargo de que él no podrá comprender mis exigencias.

Al fin, una noche, recibo la llamada.

Aprieto el auricular con fuerza.

—Hola, Lorenna —su voz se nota cautelosa.

—Hola, William.

Hablo de pie, dando pasos laterales con nerviosismo.

—¿Cómo está la niña?

—Bien. Se acaba de dormir.

—¿Y tú?, cómo estás.

—Expectante... no he podido dejar de pensar en ti. En lo que vas a decirme.

—Ah, pues todavía no sé lo que voy a decirte.

Soplo con tristeza.

—¿De verdad?

—Antes necesito saber algo.

—Dime.

—¿Ya pasó lo de tu prima?

—Sí, fue muy doloroso.

—Ah, ¿y lo de tus amigos? ¿Los viste? ¿Arreglaste lo que tenías pendiente con ellos?

—¿A qué te refieres?

—¿Cerraste el ciclo?

—¿Eh?

—Lorenna, tú dices que yo me comunico poco contigo y no sé lo que piensas, pero estás equivocada. Te conozco muy bien. Siempre he sabido que tienes un viejo amor en México... Me dices en tu carta que yo no cumplo con los cuatro requisitos para que nuestra relación prospere. Pero tú tampoco los has cumplido. No te has entregado a mí completamente. Los fantasmas de tu pasado siempre se interponen entre los dos. Por eso te pregunto si ya cerraste tus asuntos pendientes.

No lo puedo creer. Ahora es William quien parece descifrarme. El hallazgo me llena de una alegría explosiva.

—Sí, William. Ya los arreglé.

—¿Para siempre?

—Para siempre.

Hace una larga pausa; sé que está a punto de decirme algo importante. Tomo asiento.

—Entonces, déjame leerte lo que te escribí. Dame unos segundos —escucho que manipula un papel—, yo no soy bueno para decir las cosas por este medio —comienza—, pero lo hago porque quiero dejarlas grabadas en piedra —su lectura es lenta—. Dices que estamos juntos porque te embarazaste. No es así. Estamos juntos porque nos queremos, porque los dos sabemos que tenemos futuro, juntos. Y me gustaría hablarte de ese futuro. Yo no soy muy cariñoso. Es cierto. Pero puedo aprender, si me enseñas. Tengo ganas de amar; disposición, como tú dices. Me gusta verte feliz y trataré de hacer muchas cosas para que lo seas. Dices que soy muy frío y cuadrado, pero por ti puedo ser más caliente y más redondo. No sé si eso tenga sentido. Voy a aprender a amarte como a ti te gusta y voy a perdonarte porque a veces me fuiste infiel con el pensamiento. También voy a tratar de comunicarme con detalles; te prometo que hablaré más y hasta te escribiré cartas de vez en cuando. Respecto a eso de la brújula, tendremos que platicar, pero estás equivocada al pensar que no creo en Dios. Sólo que no me gustan las religiones. ¿Por qué piensas que trabajo en lo que trabajo? Porque encuentro a Dios en la naturaleza, y hablo con Él a veces... también quiero tener una familia grande. Sólo que me asusta nuestra hija. Todavía no hemos podido domesticarla. Por último, tú lo dijiste, si por nosotros fuera, haríamos el amor todos los días... y ya llevo varios de abstinencia... Lorenna querida. Hice la carta más larga que pude, pero en realidad, sólo deseaba decirte una cosa y podía haberlo hecho en un renglón. Quiero que te cases conmigo.

Tardo en reaccionar. Tengo un nudo en la garganta.

—No puedo creer lo que acabas de decirme.

—¿Está mal?

—No, William. Está bien.

—¿Te casarás conmigo?

—¡Por supuesto!... Pero a mí sí me gustan las religiones. Y quiero una boda con vestido blanco y largo para que nuestra hija me levante el velo.

—Escoge la iglesia que quieras.

—Mañana voy para allá.

CUARTA PARTE

VEINTISIETE AÑOS DESPUÉS

2014

LATE DESLACTOSADO

José Carlos entra al Starbucks y pide un té. No le gusta el café de esa franquicia.

Lee un mensaje en su celular.

Lorenna viene retrasada. Según dijo, llegará en diecisiete minutos.

Han vuelto a citarse. En el mismo lugar.

Treinta años atrás, en ese predio se encontraba la nevería en la que Lorenna Deghemteri y él compraron un helado de chocolate para compartir.

Sube al segundo piso y elige una mesita del balcón. Mira hacia la calle. Hay un embotellamiento de tránsito colosal. ¿Quién lo hubiera pensado? Antaño, esa avenida estaba siempre despejada.

Las películas de ficción de los años ochenta pronosticaron que en la segunda década del siglo veintiuno los autos volarían. Pero se equivocaron. Los autos no sólo no vuelan sino que ahora tienen que "guardarse" en los garajes alternadamente por el programa "Hoy no circula", que el gobierno ha implementado para evitar niveles letales de contaminación. Hubo pocos avances en el transporte. Por otro lado, nadie imaginó que en el futuro todas las personas tendrían un dispositivo móvil que sería a la vez teléfono, televisión, radio, discoteca, radar, localizador, enciclopedia, cámara, biblioteca, cine, correo, telégrafo, agenda, centro de juegos, máquina de escribir, calculadora, banco, calendario y robot para platicar.

José Carlos le da un pequeño sorbo al té, mira el reloj. Ella llegará en seis minutos. Siente mucha curiosidad de volver a verla.

Deja la mesa apartada con su bebida y va al baño. Está un poco nervioso. Alisa su cabello frente al espejo. Tiene cuarenta y nueve años; sus patillas se han vuelto grises por las canas, pero él está en buena forma. Nunca ha dejado de ejercitarse, ni de escribir. Eso le da vitalidad. Cree en la teoría de que, aunque el cuerpo dé señales de decadencia, la mente sana no envejece jamás.

Sale del baño y camina de vuelta hacia la mesa del balcón.

Entonces la ve. Acababa de llegar.

Lorenna Deghemteri está junto la escalera, mirando para todos lados. No la llama de inmediato. Se da el gusto de contemplarla a lo lejos. Es una mujer grácil. También de cuarenta y nueve años, pero aparenta diez menos. Tiene el cabello corto, castaño oscuro con mechones teñidos de rubio. Usa pantalones negros brillantes y una blusa roja de corte jovial.

Ella lo identifica.

En su época de estudiantes los amigos se saludaban de mano; nunca de beso. Así que cuando están frente a frente, él sólo le tiende la mano; ella reconoce el gesto y corresponde igual.

—Hola.

Toman asiento.

—Disculpa la tardanza —Lorenna trae consigo una especie de valija diplomática—, había mucho tráfico. Mi auto no circuló. Tuve que tomar un uber.

—Está bien. ¿Te traigo un café?

—Late, deslactosado.

José Carlos va al mostrador. Ella al baño. Tal vez también necesita acicalarse el pelo.

Se han localizado por Internet. Ahora es fácil encontrar a las personas. Años atrás, cuando ella desapareció, él la buscó por cielo, mar y tierra sin éxito; entonces una persona podía esfumarse con el simple hecho de subirse a un avión. Ahora, tomar un avión es como tomar un taxi y nadie en el planeta puede desaparecer.

Vuelve a la mesa.

Ella ya está esperándolo.

PENSÉ QUE TE HABÍAS "IDO"

Ninguno sabe cómo empezar la charla. El encuentro es incómodo para ambos.

—¿Dónde vives? —pregunta José Carlos optando por lo obvio.

—En Salt Lake City. La empresa de mi esposo ha crecido mucho. Es la principal manejadora de ecoturismo en Utah.

—¿Y qué haces en México?

—También paso largas temporadas aquí, ayudándole a mi padre. Imagínate. Ya tiene ochenta y tres años.

José Carlos pisa el terreno con cuidado.

—¿Y tus hijos? ¿También te echan la mano en los negocios?

—Claro. Aunque dos de ellos todavía están estudiando.

—¿Cuántos tienes?

—Cuatro. Tres hombres y una mujer. Ella es la mayor.

Él se asombra.

—¡Cuatro hijos! ¿En Utah no venden píldoras anticonceptivas?

—Venden, pero mi esposo no se las quiere tomar.

—¿Y tu hija mayor, cómo se llama?

Lorenna parpadea. Ella sabía que él lo sabría...

—Sheccid —dice con voz baja—. Se llama Sheccid.

—Qué curioso —no es una coincidencia—. Mi primogénita también se llama Sheccid.

Lorenna abre la tapa de su vaso y le agrega endulzante al café.

—He tratado de investigar el origen de ese nombre —mueve el líquido con el agitador—, y no he encontrado referencias etimológicas. Todo lo que hay en Internet tiene que ver con lo que tú has escrito.

José Carlos le brinda un aire casual a la respuesta.

—Sheccid es la princesa que inspira a un prisionero a escapar del calabozo y a sobresalir para poder conquistarla. Eso significa.

—¿Según quién?

—Mi abuelo me contó ese cuento, aunque el nombre de su princesa era otro. Ni siquiera lo recuerdo.

—O sea... —replantea—. No me digas que... —hace una pausa para enfatizar la pregunta—, ¿tú inventaste el nombre de Sheccid?

—Los escritores creamos personajes integralmente —le da un sorbo a su infusión—. ¿Cuántas mujeres en el mundo se llaman Olivia, Miranda, Celia o Jessica? Miles, ¿no es así? ¡Pues Shakespeare inventó esos nombres para sus obras de teatro! Vanessa también es un nombre inventado por Swift en su libro *Los viajes de Gulliver* y Wendy fue inventado por J. M. Barrie para el libro de *Peter Pan*.

Ella levanta las cejas asombrada; decide tomar el hallazgo con filosofía.

—Al menos nuestras hijas serán las primeras mujeres del mundo que se llamarán Sheccid. Después de ellas tal vez habrá miles.

—Ojalá. Eso significará que los dos libros serán muy populares.

—Los tres.

—¿Cómo?

—Te falta escribir un tercero. La historia de Sheccid, desde el punto de vista de ella —abre su valija y saca varios cuadernos viejos; los pone sobre la mesa—. ¿Sabes qué es esto?

—Ni idea.

—Son mis libretas personales de *Conflictos, creencias y sueños*. En ellas está relatada mi juventud...

—No entiendo, Lorenna... ¿También escribías esas libretas?

—Si. Tú me enseñaste.

—¿Cómo?

Ella vuelve a agacharse y extrae del velís otro fajo antiguo con un centenar de hojas reconstruidas. Las cuartillas están escritas a máquina, perforadas, pegadas con cinta adhesiva, y sujetas por un broche de metal.

José Carlos toma el fólder entre sus manos; lo hojea.

—¡Es increíble! ¿Por qué tienes esto?

—Dejaste esta carpeta en el taller literario. Cuando te fuiste, los estudiantes se mofaron de ti, rompieron tus escritos y los tiraron a la basura. Ariadne los recuperó, los reconstruyó y luego me los dio... He leído estas hojas más de cincuenta veces. Algunas me las sé de memoria.

José Carlos hace el mentón hacia delante con incredulidad.

—¿De veras?

Lorenna recita:

—*Me volveré un poeta hasta la muerte. Estoy dispuesto a todo por cuidarte, protegerte, atenderte, conquistarte; defenderte, servirte, acompañarte.*

Un hálito de melancolía los cerca.

Él la mira de frente, con esa mirada diáfana y directa que traspasa sus barreras y la descifra. No hablan. Sólo se observan a los ojos casi sin parpadear. Ella se siente niña de nuevo y él quiere acariciarle la mano, pero no se atreve.

—Eres tú... —musita Lorenna.

—Claro que soy yo.

—Durante veintisiete años he estado preocupada por ti... Pensé que te habías "ido".

—¿De qué hablas?

—Aquella vez que te vi en el velorio de mi prima, llegaste dizque a consolarme, pero eras otro, tenías la mirada vacía; como perdida. Ya no eras el José Carlos que yo conocía... te habías "ido".

—¿Y dices que ya volví?

—Sí... ¿Qué sucedió, amigo? En aquella ocasión yo quise cerrar el ciclo y hacer las paces contigo. Pero no pude, porque tú fuiste a verme, pero no estabas ahí.

José Carlos se separa de la mesa y mira hacia otro lado. Se siente repentinamente afrentado por la metáfora de idas y venidas.

—Sigues siendo un poco cínica, ¿verdad, Lorenna?

Ella también se separa de la mesa poniéndose a la defensiva.

—¿Por qué me dices eso?

—No te hagas la inocente. Sabes muy bien lo que pasó en el congreso. Fuiste grosera. Me insultaste. Me atravesaste con una daga. Por segunda vez. Y en esa ocasión no te confundí con Justine. ¡Eras tú! La de siempre. La que toda la vida se la pasó jugando a seducirme y a rechazarme, a elogiarme y a escupirme... ¿Cómo querías que me presentara ante ti después de todo eso? ¡Claro que estaba "ido"! Y, la verdad, no tenía esperanzas de "volver"...

Lorenna carraspea y oculta su rostro tomando café. Luego baja la mano y se da cuenta de que ha llegado la hora de la verdad...

Eras mi Sheccid, en versión masculina

—José Carlos —comienza a hablar—, tú no sabes todo por lo que yo pasé —se aclara la garganta; no quiere sonar como mártir, así que hace un esfuerzo para articular bien—. Por eso te traje mis libretas personales —pone una mano sobre ellas—, necesitas leerlas. Tú te enamoraste de mí sin conocerme a fondo; a veces creo que me convertí para ti en un capricho; en la compulsión de un trastorno obsesivo. Me amaste a niveles ilógicos, y luego, por supuesto, como no me conocías bien ni sabías nada de mi vida privada, te decepcioné mucho.

José Carlos se acerca de nuevo a la mesa.

Ella ha captado su atención.

—Continúa. Quiero conocerte ahora.

—Tendrás que leer esto. Sólo puedo anticiparte que cuando me embaracé, no supe manejar las cosas... yo quería que dejaras de amarme.

—Y lo lograste.

—Pero el problema iba más allá. También yo quería dejar de amarte...

—¿Cómo?

—Estaba loca por ti, José Carlos. Eras mi Sheccid, en versión masculina.

—¿De qué hablas?

—Me inspirabas, te admiraba, me ayudabas a ser mejor, por amor.

—¿Y por qué nunca me lo dijiste?

—No podía decírtelo. Estaba embarazada.

—¡Te hubiera comprendido!

—¿Y qué sentido tenía que me comprendieras? No podías hacer nada. Cualquier solución a mi problema hubiera sido injusta para ti.

—¿Injusta para mí? ¿Según quién, Lorenna? ¿Con qué derecho me ocultaste las cosas? ¿Para protegerme? ¡Proteger a otro ocultándole la verdad es arrogancia pura!

Lorenna asiente. Agacha la cara. Su padre ejerció esa arrogancia con ella. Le negó el conocimiento de las cosas para mantenerla a salvo.

—¿Qué te digo, amigo? Tienes razón...

—¿Así de simple? Lorenna, ¡tú y yo pudimos salir de ese callejón con más dignidad! Haber estado de acuerdo en las decisiones. Al menos, habernos despedido con el respeto y el amor que siempre nos tuvimos...

Las facciones de Lorenna han sido cruzadas por un rayo de quebranto. Opta por abrir todas sus cartas.

—Ariadne me aconsejó que te arrancara la ilusión de tajo.

—¿Ariadne? Ella no podía ser tu mejor consejera.

—Lo sé. Era parcial. Así que también le pregunté a Mariscal Adalid. Y él me dijo lo mismo: "El amor al prójimo es un engaño. El que ofrece la otra mejilla es un cobarde. Sólo te necesitas a ti misma. Acaba con tus dependencias enfermizas. Rompe las ataduras de tu adolescencia y vuela libre a la adultez". Mariscal era gran orador. Tenía una sabiduría radical. Siempre decía algo que nos ayudaba a vivir mejor.

—¿A vivir mejor? —susurra José Carlos—. Qué estupidez. ¡Mariscal era un imbécil de convicciones negras y prácticas promiscuas! Se paraba frente a multitudes y las hacía gritar "¡somos triunfadores!", pero yo lo sorprendí teniendo relaciones sexuales con la jefa de edecanes.

—¿Estás hablando en serio?

—Por supuesto. Él era casado, con dos hijos. Cuando le pregunté por su familia me dijo: "No soy esclavo de mis hijos; no daría la vida por ellos, ni me permito sufrir a causa de ellos; mi esposa y yo no estamos lastrados por romanticismo inútil, vivimos juntos porque a los dos nos conviene". Lorenna, al motivador que te quiera enseñar a vivir, cuestiónalo siempre sobre sus resultados familiares, personales y secretos.

—¿En qué momento conociste tan bien a Mariscal?

—Cuando tú me diste la espalda y regresaste a Estados Unidos con tu novio, él se acercó a mí, me dijo que era *coach* ontológico y me ofreció sus servicios motivacionales. Yo necesitaba desesperadamente recibir asesoría. Mariscal me nombró su discípulo. ¡Y me dio una interpretación de los hechos muy distinta! ¿Sabes lo que me dijo?: "Has sido un ingenuo, encerrado en tu mundo de poesía, pero ¡ya es hora de que despiertes! No dejes que las mujeres te vuelvan a hacer como trapo y te vomiten encima. ¿Quieres ser visto como el típico gusano pendejete, o estás dispuesto a salir del hoyo en que te encuentras? Entonces deja de pensar en princesas y vuélvete un guerrero. Atrévete a devolver golpe por golpe, desprecio por desprecio, ruina por ruina, ¡y devuélvelos con interés del ciento por ciento!".

—¿De verdad eso te dijo?

—¿Lo dudas?

—¡Para nada! Los dos sufrimos su influencia nociva disfrazada de superación personal.

—Exacto... —José Carlos se ha vuelto un experto del tema; también da conferencias y no soporta el engaño de otros conferencistas; así que agrega—: Hay muchos oradores que sugieren al público soluciones contrarias al amor. Hace poco fui a la puesta en escena de un tipo idéntico a Mariscal Adalid, también se puso un seudónimo rimbombante; lo escuché despepitar un monólogo sobre la importancia de *¡a vivir!, arriesgarse, ser valiente* (muy loable), ¡pero en un debate posterior insultó a una jovencita que lo cuestionó! El tipo, megalómano y majadero, dejó entrever que su verdadero mensaje de "superación" estaba movido por una soberbia narcisista. Dijo con sorna que Dios no existe, que las personas somos sólo animales y debemos vivir con intensidad mientras podamos. ¡Y la gente en el teatro le aplaudió!; las masas se dejan llevar por filosofías destructivas vestidas de optimismo. Y es muy peligroso. A mí me pasó. Después del congreso me separé de mi casa, seduje a varias chicas; las usé para adquirir experiencia sexual, fingí amor, y busqué salirme con la mía, aunque hiciera daño a los demás.

Lorenna dice que sí moviendo la cabeza, pero no sonríe.

—A eso me refería, José Carlos... Cuando murió Justina y me fuiste a "consolar" al velatorio, estabas viviendo esa etapa.

—Así es... y quería vengarme de ti...

—¿Por qué no lo hiciste?

Él no responde de inmediato; enciende su teléfono y busca una fotografía.

—Por esto —se la muestra.

—¿Es tu esposa?

—Sí.

Una mujer de ojos claros, entre azules y verdes, mira a la cámara que tomó esa foto.

—Pronto cumpliremos treinta años de casados.

No se lo permitiría a nadie más

—¡Treinta años! Parecen muchos —dijo Lorenna.

—Sí, caray, ¡pero se van demasiado rápido!

—¿Cómo fue que tu esposa evitó que te vengaras de mí?

—Fácil —guarda su teléfono y agrega—: Me cambió la programación mental.

—No entiendo.

—Por todo lo que te expliqué, yo estaba programado para "un tipo" de superación personal ególatra, de adoración a uno mismo. Cuando la conocí a ella me puse muy nervioso; sentí que en su rostro había un brillo espiritual extraño. Entonces hice cosas contradictorias: le abrí mi corazón, le di a leer mi libro, pero también le expliqué mi credo hedonista de *¡a vivir!* e insistí en convencerla de que se acostara conmigo. Entonces ella me invitó a un congreso diferente, donde el mensaje central era el amor, el perdón y la reconciliación con el Creador. Tú sabes... yo siempre he tenido sed de Dios... Y cuando lo busqué desde el fondo de mi ser, tuve un choque ideológico que me dejó noqueado. Hallé evidencia de su presencia, lloré como niño durante horas... Espiritualmente morí y volví a nacer. Soy testigo de que eso puede suceder. Así cambió mi programación mental y encontré el verdadero amor.

Lorenna asiente y esta vez sonríe. El relato de José Carlos le ha hecho sentir paz. La paz de comprender, muchos años después de acontecimientos incomprensibles, que para quienes tienen sed de Dios, todo se acomoda favorablemente.

Se atreve a decir:

—Amigo, hay una duda que siempre me ha martirizado.

—Dime.

—¿Tú has sido feliz al lado de tu esposa?

—Sí.

—¿Y hubieras sido feliz a mi lado?

—Sí, sin duda.

—¿Y si te hubieras casado con otra mujer diferente a tu esposa o a mí, también hubieras sido feliz?

—Yo creo que sí. No es tan difícil construir una buena relación de pareja; sólo se requiere que las dos personas...

—Espera, espera —ella le arrebata la palabra—. Me lo sé de memoria: que las dos tengan disposición al amor, sepan fundirse en palabras, compartan la misma brújula y vivan la pasión de los cuerpos...

José Carlos refleja una mueca brillante.

—¿Dónde aprendiste eso?

—¿Dónde crees? —recita otro texto combinándolo con sus propias reflexiones—: Creo que entre los siete mil millones de seres humanos en este planeta, hay más de uno con quien podríamos hacer buena pareja. Tal vez cientos o miles, pero debemos escoger... Y renunciar a las demás personas con la confianza de que cada una cumple su misión en nuestras vidas. Así, todas las relaciones del pasado tuvieron un propósito: los viejos amores; los que sucedieron; los que no sucedieron; los que terminaron mal; los que ni siquiera empezaron —se interrumpe un instante para limpiarse las lágrimas que han enrojecido sus párpados—. José Carlos, tu amor me sostuvo en los momentos más críticos y tus escritos me ayudaron a sanar. Cumpliste un propósito muy grande en mi vida. Y de alguna forma yo cumplí otro en la tuya... Fuimos pareja sin serlo. Y eso está bien.

Él la mira de frente otra vez, irradiando un amor sublime y contenido. Han encontrado una explicación racional a su triste historia de amor. Y así deben dejarla. Aunque en el fondo de su ser hay algo que quiere rebelarse, que no está conforme con la racionalidad.

José Carlos recita en su mente un resumen del cuento de hadas, sin dejar de observarla.

Princesa: yo no te tuve, porque no te tuve. Las circunstancias me hicieron no tenerte. ¡A mí nadie

me dio a escoger! No se me presentaron las opciones
para que yo eligiera rechazarte. Simplemente, no te
tuve, ni tú pudiste tenerme. Y estando lejos, fuimos
felices para siempre.

—¿Escribirás el libro? —pregunta ella empujando
sus libretas un poco para que él las tenga en su poder.

—Claro… —hojea algunas—. Lo haré en primera
persona. Tú serás la protagonista. Pero no te aseguro
que la historia sea cien por ciento real. Soy escritor…
Mis personajes toman vida propia y se mueven a
su antojo. A veces me sorprenden. No sé escribir
biografías exactas.

—Ya lo sé —Lorenna hace una mueca de complicidad—. Puede ser que acabes escribiendo escenas
que ni tú mismo reconozcas… como pasó en tus dos
primeros libros.

—¿Tendrías problema con eso?

—Ninguno; siempre que conserves la esencia.

—Lorenna, mírame… —ella lo hace poniendo las
manos sobre la mesa para evitar que le tiemblen—,
la esencia está en tus ojos… Y no se puede perder.

Ambos piensan lo mismo, al mismo tiempo.

Quiero tocarte. Tocarte con mis manos y palabras.
Tocarte cada noche. Cada mañana. Cada día.
Cargarte y rescatarte del dragón que te custodia.

—¿Y por qué no me tocas? —pregunta ella…

—¿Cómo adivinaste lo que estaba pensando?

Se encoge de hombros.

—Ya ves…

Él quiere acercar su mano y rozarle el dorso de la
palma muy despacio.

—Me muero de ganas. Por eso no lo hago.

Hace falta la fusión de los cuerpos para engran-decer las almas.
El toque mágico que convierte el sueño de amor en realidad es el que brindan los besos y caricias.

—Es tarde —dice ella mirando el reloj.
—Sí...

Se ponen de pie. Ellos jamás se besaron de verdad. Nunca se tocaron con sensualidad. Y así se han engrandecido mutuamente. Así han cumplido su misión.
—Adiós, José Carlos...
—Adiós... —detiene la frase y pregunta—: ¿puedo decirte *Sheccid*?
—No se lo permitiría a nadie más.
—Adiós, Sheccid.
Ella echa una mirada rápida a la boca de él. Él se da cuenta. Ambos recuerdan aquel primer impulso que tuvieron de besarse: habían ido a comprar un libro. Ella estaba a punto de bajar del autobús. El chofer gritó: "¿Nadie baja?". Y ella se fue. Y no se besaron.
Lorenna toma su velís vacío. Da la vuelta y comienza a alejarse. Él quiere detenerla por el brazo. Pero se queda quieto.
Ésa es su historia. Y está bien. No puede ser de otra forma.
Ella comienza a bajar los escalones de lámina.
De pronto se detiene y gira. Ella le dice:
—Nunca me preguntaste si yo he sido feliz.
Se miran. Ambos luchan contra las lágrimas con-tenidas.

—Tienes razón, perdóname... —apenas puede completar—: ¿Eres feliz?

—Durante un tiempo no lo fui, pero gracias a ti, a lo que me enseñaste, a lo que me inspiraste, también encontré a mi Sheccid... Y también me casé con él y también vamos a cumplir treinta años juntos. Sí, José Carlos. Soy muy feliz...

Él asiente. La voz se le ha cerrado. Aprieta las manos para ayudarse a decir con palabras entrecortadas:

—Me alegra mucho.

Es verdad. Y es increíble la forma en que el amor puede inspirar y doler al mismo tiempo, causar dicha y tristeza a la vez.

Ella se da la vuelta otra vez y acaba de bajar las escaleras.

Él vuelve a la mesa.

Se queda contemplando hacia el balcón. Ella va caminando.

Él observa desaparecer su silueta por entre los enormes árboles del bulevar.

Nunca más vuelve a verla.

Este libro se terminó de imprimir en marzo de
2017 en los talleres de:
Eddel Graph S. A. de C. V.
Peral núm. 16 Col. Las Huertas, 10920,
Magdalena Contreras, México, D.F.

ESD 1e-b-90-6-M-5-03-17